アルティザン・トゥレトゥール
L'artisan traiteur

フォン、グラス、フュメ、ジュレ／ソース／生地／フール・サレ／ミニ・サンドウィッチとプティ・パン・フーレ
カナッペ／ミニョネットゥ／温かいブーシェ／グロス・ピエス／冷製ブロシェットゥ

**Fonds, glaces, fumets et gelées-Sauces-Pâtes-Fours salés-Mini sandwiches et petits pains fourrés-
Canapés-Mignonnettes-Bouchées chaudes pour cocktails
Grosses pièces pour buffets-Brochettes froides**

ドゥニ・リュッフェル
Denis Ruffel

アシスト
assisté de

ローラン・ルビー　アラン・エスコフィエ
Roland Bilheux et Alain Escoffier

フランス語版●刊行に寄せて

自分の仕事を愛する者にとって、弟子が良きライバルに成長し、また、自分にとって、心の息子ともなったと言えること以上の喜びがあるでしょうか？
私が前書きを通して皆様にお伝えしたいのは、そのことであります。

なぜなら、その弟子とは、本書『アルティザン・トゥレトゥール』の著者であるドゥニ・リュッフェルに他ならないからです。自分が最高に尊敬し、愛情さえ感じるまでになった人物に対して敬意を表すればよいのですから、この前書きは簡単に引き受けました。

ある日"女神様"が、私の職人としての人生の途上に、小さな男の子を連れてきました。彼は14歳でした。その顔つきにはすでに厳しさがありました。しかし、それ以上にその眼差しには賢明さ、意欲、活力、寛容さ、そして自分が選んだ仕事への敬意と愛情が溢れていました。

そんな彼の前に、CAP（Certificat d'Aptitude professionelle：職業適性証書）パティスィエ、CAPキュイズィニエ、パティスィエ、コンフィズール、グラスィエBM（上級資格証書）と数々の扉は次々と開かれていきました。料理にも情熱を傾け、作り、探求し、創作し、その道の第一人者となりました。彼は仕事に邁進し、それをずっと残していきたいと思ったのです。そのために、自身の知識、技術、を人と分かち合いたいと願っています。なぜなら、自分の仕事の持つ深い価値を尊重するすべての人達のように、収穫のためには種まきが、受け取るためには与えることが必要なんだと、彼は知っているからです。

彼はまず、パリのエコール・ドゥ・ヴァレンヌから始めました。明確で効果的なその教え方は、最初から多くのアメリカ人や、その他世界各地から来た研修生達に大好評でした。

その後パリ周辺で社会人教育として教えましたが、料理も大好きな受講者のパティスィエ達は一度も欠席しませんでした。それからもちろん彼はイッサンジョーのE.N.S.P（国立高等製菓学校）の講師も務めてくれましたが、それはまさに彼の才能を再確認する場でした。スペインや日本からも招聘され、フランスのガストロノミーを広く紹介してくれています。

このように多忙な身でありながら、彼はこの素晴らしい著作を書き、刊行するための時間を作りました。それはこの職業に対する彼の信念のすべて、そして何よりこの本を通して、自分のプロとしての豊富な知識を多くの仲間と分かち合うことができる、ということを知っている、彼の心のこもった仕事であったに違いないと、私は確信しています。

疲れを知らないドゥニ、私は君をとても誇りに思っているよ。

ジャン・ミエ
Jean MILLET

ドゥニ・リュッフェルの職人としての類いまれな成長に注目してからもう15年になります。ジャン・ミエの弟子として、彼はアプランティ（見習い）の時から、基本というものが仕事の質を決めるということを知っていました。我々の仕事というものに対する限りなく大きな信念にみなぎっていて、努力家で、この仕事が彼にとって天職なのだとわかります。そして友人達に対してはとても優しい。

数多くのセミナーを通して、彼の技術以上に、その謙虚なふるまい、根っからの人の良さ、絶え間ない笑み、そして何より教えることのうまさに感心しました。

それから、手先の器用な仕事ぶり、知識はパティスリーの分野だけにとどまらず、トゥレトゥールや、料理においても限りなく、他に類を見ません。

彼の著した『アルティザン・トゥレトゥール』シリーズには、膨大な量の真剣な仕事が詰め込まれています。それは"アミューズ・グール"からガラのためのパーティ料理まで、そしてトゥレトゥールのショーケースを飾る数々の品を網羅した、実によく練られた独自の作品です。

この本の中で、ドゥニ・リュッフェルは完璧さとシンプルさを融合させました。

まだ初心者の職人でも、この本の中から数限りないカナッペやプティ・フール・サレ、ブーシェ、テリーヌ、クルスタッドゥ等々の真髄を汲み出すことができるに違いありません。

ルセットゥは明快でわかりやすく、多彩な写真によってさらに丁寧に説明されています。

ここまで素晴らしく仕上がった本に賞嘆と感謝の念が尽きません。このように質が高く、深い情熱を持った人達がいれば、私達の仕事、ガストロノミーの世界は発展し続けることができると考えます。

M.A.ルー
M.A.ROUX

ドゥニ・リュッフェル
みんなが賞賛する屈指のシェフ

52歳のドゥニ・リュッフェルは、新世代の才能あふれる屈指のシェフの一人として、めきめき頭角をあらわした。

クリエイティブで、熟練し、正確であり、疲れを知らない。教育に熱心で、自分のノウハウを伝えることに心を砕く。まさに『アルティザン・トゥレトゥール』の著者としてはうってつけの人物である。

実際ドゥニ・リュッフェルをおいてほかに誰が、材料の手配から複雑な料理の技術まで、これほど大きく、多様性に富んだ分野を紹介し得ただろうか？ごく初歩的なプロの動作からルセットゥの"コツ"やスペシャリテ"高級料理"まで、ドゥニ・リュッフェルは食に携わるプロたちに、不可欠な仕事道具を提供してくれた。

1950年生まれ。14才でパティスリーの道に入る。パリのフェランディ・センターでCAPパティスィエ取得、彼のアプランティサージュ（見習い）の師、ジャン・ミエは彼の適正をすぐに見抜いた。

料理にも情熱を持ち、主に『ブルゴーニュ』（オーナー：モナシエ氏）、『アルケストラート』（オーナー：サンドランス氏）で働きながらCAPキュイズィニエを取得。

《料理とパティスリー》のコンクールでの優勝を果たし、兵役は、パリのサン・トーギュスタン広場の国立軍事サークルで料理人を務める。

常に"より遠くへ"をめざし、パティスィエ、コンフィズール、グラスィエのBM（上級資格証書）を取り、『ワインアカデミー』で講習を受けた。

ジャン・ミエに代わり、10年前からミエ店で采配をふるい、中でも彼の得意なトゥレトゥールの評判は高い。この重責を果たしながらも、さまざまなプロの活動を続けている。

- パリ商工会議所での授業
- サンジョー国立製菓学校の講師
- パリ、ヴァレンヌ校での主任講師
- サンミッシェル協会100周年記念コンクール優勝
- メートル・パティスィエの国際組織"ルレ・デセール"のメンバー
- フランス、パティスリー・コンフィズリー・グラスリー世界連合で、1985年に金メダル
- 日本洋菓子工業会の名誉会員
- キュリナリー・トロフィー1985年の優勝
- スペイン、パティスリー・コンフィズリー協会（1986年食品展）での優勝

これらのさまざまな活動により、ドゥニ・リュッフェルはアルティザン・トゥレトゥールのさまざまなテーマを執筆した。

日本語版●刊行にあたって

私が本書『アルティザン・トゥレトゥール』の日本語版を自らの手で刊行したいと強く感じるようになったのは、ほぼ10年前である。その最大の理由は、この本の著者、ドゥニ・リュッフェルが、料理と菓子の領域で、必ずやフランスにおける屈指の巨人ともいえる存在になるであろうことを予感したからであった。そして、彼が成したことや彼の考えを、正確にこの日本に伝えうるのは自分以外にはないであろうという、私なりの自負があった。

以来、版権の取得など日本語版の制作準備を進めてきたが、編集作業に伴う諸問題をクリアするのに思いのほか時間を割かれ、少し手をつけては中断、そしてまた手をつけては中断という状況が続いた。

しかし、それは今、かえって望ましい結果をもたらしたように思える。何故なら、振り返ってみると、当初の私は、まだ彼の正しい輪郭を掴んでいなかったと言わざるを得ない。ところが、幸いなことに私は、編集の遅れで"図らずして得た時間"の中で、彼のさらなる大きさと心の在り方を、より正しく知ることができたのである。

このあと皆さんは、彼へのインタビューをまとめた文章をお読みになって、必ずや彼の生き方、仕事への考え方に鮮烈な印象を持たれると思う。それは、ひとえに、彼がフランスの伝統と文化の底力の中から生まれた比類なき正統性を持った職人であるからである。

彼の料理と菓子は、一時代を築き上げた実に多くのパティスィエとキュイズィニエとの交流の中で、彼らの精神の輝きを自らの心に照らすことによって築き上げられた。しかし、ドゥニ・リュッフェルの料理における"核"ともいうべきものは、彼の母が愛を持って作り続けてきた料理と、それを共に食べることによって育まれてきた彼と家族との絆から生まれた。

これは、彼の料理と菓子がどのように年代を経ようと少しも輝きを失わないことの所以でもある。彼は、彼を育んでくれた懐かしさと温かさに満ちた家庭、友人、そして、それらを育んだフランスの根底に流れるものを一時も忘れることがなかった。

彼の持つ、あたかも聖人の如き比類のない謙虚さは、パティスィエ、キュイズィニエの本質的な存在の理由につながる。つまり、彼の料理を食べたいと思う人のために、最善の素材と最高の意思の緊張をもって作ることが、彼にとっての全てなのである。

このことは、特にマスコミの介在によって食文化が一般の人間にもはっきりとした形をもって意識されて以来、おそらく彼が最初の人であり、そして最後の人であろうと私は思う。そのほかに、彼にとって自らの天職を全うする意味はどこにもない。

●

私達日本人の感覚では、どうして菓子屋が料理を作るのかと疑問に思われるかもしれない。しかし、フランスでは、初めに菓子作りを学び、それから料理を始め、大きな名を成した料理人は数多くいる。ドゥニ・リュッフェルも同じ道を辿り、今ではキュイズィンヌ・クラシックの名手としてその名を馳せている。

彼は言う。「菓子作りをしっかり勉強してから料理に入れば、料理作りはとても理解し易く、楽しいものになる」と。

菓子は見込みによって作られ、作ってからお客様を待つ。お客様が持ち帰られてからは、いつ、どのような状態で食べてくださるか分からない。料理の場合、普通は最もよい状態でその場で食べていただける。

つまり、本当においしい菓子作りには、それが食べられるまでの長い時間と、多少の悪条件の中でもおいしさを保つためのより厳密な考え方、技術が必要なのである。

料理においても、最も大事な基本は、常に正確に作り続けること以外にはあり得ない。まず正確な下準備をしてお客様を待ち、注文をいただき、その上で、はじめて短い時間内での味の組み立てが舌の感覚によって行われる。この舌の感覚も、日頃からの正確な正しいものの捉え方の習慣が培われていなければ、安定して卓越した料理を作り続けることはできない。

また、料理を勉強して初めて、配合や素材に寄りかかりすぎずに味の感覚を磨くことが可能になり、菓子作りも進歩するという。

●

私にとって最も驚嘆すべきことは、彼は見習いでパティスリー『ミエ』に入って以来、一度も『ミエ』を離れることなく、独学で彼自身の料理の体系を築き上げたことである。

彼は、1日4時間弱の睡眠を除き、人生のほぼ全ての時間を料理と菓子に向けてきた。この本には、従来からの料理に加えて、料理の本質を忘れぬ独創的な彼自身のオリジナルも数多く披露されている。そして、いずれの料理一品にも、それを作る人、食べる人への熱い一途な心が込められている。

数年前から私は、特に次のことをはっきりと意識するようになってきた。「今、この日本には、食べ物を含めて"正しいもの"はどこにあるのだろうか」ということである。

日本の食の現状は、あまりにも破滅的な状況にまで陥っている。そんな中で、「料理こそが、人と人を強く結びつける」というドゥニ・リュッフェルの考え方が、この日本の恐るべき行き着く先を変えてくれるのではないか、たとえ変えるのは無理でも、絶望の淵に至るまでの時間を少しは遅らせてくれるのではないか――私はそう考えるようになった。

以来、私はあらゆる機会をとらえて「今こそ、彼の料理と菓子作りの考え方を、この日本に伝えねばならない」と言ってきた。

●

彼は、ことさら人の意識の中に存在しようとは考えない。常に若々しい感覚と、たとえようもない繊細さをもって、ただ料理と菓子を作り続ける。

しかし、彼の軌跡は、間違いなく私の心に、人生に、そして日本人のパティスィエ、キュイズィニエに鮮烈な足跡を残している。彼なくして、私の人生を語ることはできない。

イル・プルー・シュル・ラ・セーヌ
代表 弓田 亨

ドゥニ・リュッフェルと、監修の弓田 亨。2人の親交は四半世紀に及ぶ。

目次
Sommaire

~ドゥニ・リュッフェルの履歴書~ 聞き手 弓田 亨 ——— 1
Son chemin

概要 ——————————————————— 31
Présentation

1章 Les fonds, glaces, fumets et gelées
フォン、グラス、フュメ、ジュレ

1. 仔牛のフォン・ブラン ——————————— 36
   Le fond blanc de veau
2. 家禽のフォン・ブラン ——————————— 38
   Le fond blanc de volaille
3. 仔牛の褐色のフォン ——————————— 39
   Le fond brun de veau
4. 茶色いフォン《エストゥファッドゥ》 ————— 40
   Le fond brun dit《estouffade》
5. ドゥミグラスとグラス・ドゥ・ヴィアンドゥ —— 42
   Les demi-glaces et glaces de viande
6. ウサギのフォン ————————————— 43
   Le fond de lapin
7. 鴨のフォン —————————————— 45
   Le fond de canard
8. ジビエのフォン ————————————— 46
   Les fonds de gibiers
9. リ・ドゥ・ヴォーのフォン ————————— 47
   Le fond de ris de veau
10. 鳩のフォン —————————————— 48
    Le fond de pigeon
11. 仔羊のフォン ————————————— 49
    Le fond d'agneau
12. ほろほろ鳥のフォン —————————— 50
    Le fond de pintade
13. ジュ・エ・デグラッサージュ ——————— 51
    Les jus et déglaçages
14. フォン・エ・ジュ・ドゥ・ブレザージュ ——— 52
    Les fonds et jus de braisage
15. フュメ・ドゥ・ポワソン ————————— 53
    Les fumets de poisson
16. ジュレ・エ・クラリフィカシオン ————— 55
    Les gelées et clarifications
17. ジュレ・ドゥ・ヴィアンドゥ ——————— 57
    La gelée de viande
18. ジュレ・ドゥ・ヴォライユ ———————— 59
    La gelée de volailles
19. ジュレ・ドゥ・ポワソン ————————— 59
    La gelée de poisson
20. クールブイヨン ————————————— 60
    Les courts-bouillons
21. ナージュ、キュイソンを使ったポシェ ——— 61
    Les nages, cuissons et pochages
22. コンソメ ——————————————— 61
    Les consommés

2章 Les sauces
ソース

1 ソース・ブランシュ
Les sauces blanches

1. ソース・ベシャメル ——————————— 70
   La sauce Béchamel
2. ソース・スービーズ ——————————— 71
   La sauce Soubise
3. ソース・モルネイ ———————————— 71
   La sauce Mornay
4. ソース・パルムザン ——————————— 71
   La sauce Parmesane
5. ソース・クレーム・サバイヨン ——————— 72
   La sauce crème sabayon
6. ソース・フルレットゥ・オ・トゥリュフ ——— 72
   La sauce fleurette aux truffes

2 魚のソース
Les sauces poisson

1. ソース・アメリケーヌ —————————— 74
   La sauce Américaine
2. ソース・ノルマンドゥ —————————— 75
   La sauce Normande
3. ブール・ブラン ————————————— 75
   Le beurre blanc
4. ソース・ナンチュア ——————————— 76
   La sauce Nantua
5. ムール貝のカレーソース ————————— 76
   La sauce <moules au curry>
6. セルフイユのクリームソース ——————— 76
   La sauce <crème de cerfeuil>
7. ライムのクリームソース ————————— 76
   La sauce <crème au citron vert>
8. シブレットゥのクリームソース —————— 77
   La sauce <crème à la ciboulette>
9. 海の幸のブーシェのソース ———————— 77
   La sauce <bouchées aux fruits de mer>
10. 舌平目のブーシェのソース ——————— 77
    La sauce <bouchées aux filets de soles>
11. シブレットゥのサフランクリームのソース — 78
    La sauce <crème safranée à la ciboulette>
12. ソース・デュグレレ —————————— 78
    La sauce Dugléré
13. 魚のヴルテ —————————————— 78
    Le velouté de poisson
14. ブルターニュ風ソース ————————— 78
    La sauce Bretonne
15. ソース・クルヴェットゥ ———————— 79
    La sauce <crevettes>
16. サフランのオレンジソース ——————— 79
    La sauce orange safranée
17. ソース・バタルドゥ —————————— 79
    La sauce bâtarde
18. ソース・ジョワンヴィル ———————— 79
    La sauce Joinville

3 肉、家禽のソース
Les sauces pour viandes et volailles

1. ブーシェ・ア・ラ・レーヌのソース — 81
   La sauce <bouchées à la reine>
2. フランボワーズビネガーのソース — 81
   La sauce au vinaigre de framboises
3. ソース・オ・ゼレス — 82
   La sauce au Xérès
4. ソース・ポワブラード — 82
   La sauce poivrade
5. ソース《クレーム・モンテ・アセゾネ》 — 82
   La sauce <crème montée assaisonnée>
6. ソース・シュプレーム — 82
   La sauce suprême
7. ソース・ペリグー — 83
   La sauce Périgueux
8. ソース・フィナンシエール — 83
   La sauce financière
9. シャンピニオンのブーシェのソース — 83
   La sauce <bouchées de champignons>
10. ソース・ブリュンヌ — 83
    La sauce brune
11. ソース・オーロラ — 84
    La sauce Aurore
12. ソース・イヴォワール — 84
    La sauce ivoire
13. ソース・プーレットゥ — 84
    La sauce poulette
14. ソース・ボルドレーズ — 84
    La sauce Bordelaise
15. ソース・ベルシィ — 84
    La sauce Bercy
16. ソース・マデール — 85
    La sauce Madère
17. ソース・ピカントゥ — 85
    La sauce piquante
18. ソース・ガストゥリック・ア・ラナナ — 85
    La sauce gastrique à l'ananas
19. ソース・ア・レーグルドゥ — 85
    La sauce à l'aigre-doux
20. ソース・シャスール — 86
    La sauce chasseur
21. ソース・ディアブル — 86
    La sauce diable
22. ソース・ビガラードゥ — 86
    La sauce bigarrade
23. ソース・シャルキュティエール — 86
    La sauce charcutière
24. ソース・グラン・ヴヌール — 87
    La sauce Grand Veneur
25. ソース・マトゥロートゥ — 87
    La sauce matelote
26. ソース・ア・ラ・モワルー — 87
    La sauce à la moelle

4 冷製乳化ソース
Les sauces émulsionnées froides

1. ソース・マヨネーズ — 88
   La sauce mayonnaise
2. ソース・コクテル — 89
   La sauce cocktail
3. ソース・アンダルーズ — 89
   La sauce Andalouse
4. アンチョビのカレーソース — 89
   La sauce curry aux anchois
5. ソース・シャンティイ — 89
   La sauce chantilly
6. ソース・ヴェルトゥ — 89
   La sauce verte
7. ソース・イタリエンヌ — 89
   La sauce Italienne
8. ソース・タルタル — 90
   La sauce tartare
9. ソース・アイオリ — 90
   La sauce aïoli
10. ソース・ルイユ — 90
    La sauce rouille
11. ズッキーニのムースのソース — 90
    La sauce <mousse de courgettes>

5 温製乳化ソース
Les sauces émulsionnées chaudes

1. ソース・オランデーズ — 91
   La sauce Hollandaise
2. ソース・ベアルネーズ — 92
   La sauce Béarnaise
3. ソース・シャンティイ — 92
   La sauce Chantilly
4. ソース・マルテーズ — 92
   La sauce Maltaise
5. ソース・ミカド — 92
   La sauce Mikado
6. ソース・ムタールドゥ — 92
   La sauce moutarde
7. ソース・パロワーズ — 93
   La sauce Paloise
8. ソース・チロリエンヌ — 93
   La sauce Tyrolienne
9. ソース・ショロン — 93
   La sauce Choron
10. ソース・フォワィヨ — 93
    La sauce Foyot

6 クルスタッドゥのためのクリーム入りアパレイユ
Les appareils à la crème

1. ロックフォールのアパレイユ — 94
   Appareil au roquefort
2. 海の幸、サフラン風味のクルスタッドゥのアパレイユ — 95
   Appareil à quiche pour croustade de fruits de mer safranés
3. キッシュロレーヌのアパレイユ — 95
   Appareil à quiche lorraine
4. 野菜のジュリエンヌのクルスタッドゥ、バジリコ風味のアパレイユ — 95
   Appareil à quiche pour croustade de julienne de légumes

5. アンディーブのクルスタッドゥのアパレイユ ——— 95
　Appareil à quiche pour croustade d'endives
6. クルスタッドゥ・トゥリアノンのアパレイユ ——— 95
　Appareil à quiche pour flan Trianon
7. ポロねぎのフラミッシュのアパレイユ ——— 95
　Appareil à quiche pour flamiche aux poireaux
8. アスパラガスと蛙のもも肉のクルスタッドゥのアパレイユ —— 96
　Appareil à quiche pour croustade d'asperges et cuisses de grenouilles
9. ピストゥ風味、ムール貝のクルスタッドゥのアパレイユ —— 96
　Appareil à quiche pour croustade de moules au pistou
10. 5種類のキノコのクルスタッドゥのアパレイユ ——— 96
　Appareil à quiche pour croustade aux cinq champignons
11. チーズのクルスタッドゥのアパレイユ ——— 96
　Appareil à quiche pour croustade au fromage

7　ショーフロワソース
Les sauces chaud-froid

1. 家禽のショーフロワソース ——— 97
　La sauce chaud-froid de volaille
2. 魚のショーフロワソース ——— 98
　La sauce chaud-froid de poisson
3. ハーブのショーフロワソース ——— 98
　La sauce chaud-froid aux herbes
4. カレーのショーフロワソース ——— 98
　La sauce chaud-froid au curry
5. パプリカのショーフロワソース ——— 98
　La sauce chaud-froid au paprika
6. ペリグー風ショーフロワソース ——— 99
　La sauce Périgueux en chaud-froid
7. ケチャップのショーフロワソース ——— 99
　La sauce Ketchup en chaud-froid
8. 鴨のオレンジ風味、ゼリー寄せのショーフロワソース - 99
　La sauce canard à l'orange en chaud-froid

8　ソース・ヴィネグレットゥ
Les sauces vinaigrettes

1. しょう油風味のソース ——— 101
　La sauce au soja et gingembre
2. サラドゥ・ミックスのソース ——— 101
　La sauce vinaigrette salade mixte
3. サラドゥ・トロペジェンヌのソース ——— 101
　La sauce vinaigrette salade tropézienne
4. サラドゥ・メリメロのソース ——— 101
　La sauce salade méli-mélo
5. サラドゥ・シノワーズのソース ——— 101
　La sauce salade chinoise
6. サラドゥ・サンドリヨンのソース ——— 101
　La sauce vinaigrette salade Cendrillon
7. サラドゥ・エキゾチックのソース ——— 101
　La sauce salade exotique
8. サラドゥ・ブレジリエンヌのソース ——— 102
　La sauce vinaigrette salade brésilienne
9. 地中海風クスクスのサラダのソース ——— 102
　La sauce pour taboulé
10. 海の幸のサラダのソース ——— 102
　La sauce salade de crustacés
11. 松の実とタラのサラダのソース ——— 102
　La sauce salade de haddock
12. フレッシュパスタと海の幸のサラダのソース ——— 102
　La sauce salade aux pâtes fraîches et fruits de mer
13. 家禽の胸肉とリ・ドゥ・ヴォーのサラダのソース ——— 102
　La sauce vinaigrette salade de suprêmes de volaille et ris de veau
14. フォワ・グラのサラダのソース ——— 102
　La sauce vinaigrette salade gourmande
15. ランド風サラダのソース ——— 103
　La sauce vinaigrette salade landaise
16. オーヴェルニュ地方の牛肉のサラダのソース ——— 103
　La sauce vinaigrette salade de bœuf rustique
17. シブレットゥのソース ——— 103
　La sauce vinaigrette à la ciboulette
18. ソース・ラヴィゴットゥ ——— 103
　La sauce vinaigrette ravigote

9　ブール・コンポゼ、ムース、クレーム
Les beurres composés, les mousses, les crèmes

1. メートゥル・ドテルバター ——— 105
　Le beurre maître d'hôtel
2. エシャロットゥバター ——— 105
　Le beurre d'échalotes
3. エストラゴンバター ——— 105
　Le beurre d'estragon
4. ホースラディッシュバター ——— 105
　Le beurre de Raifort
5. ベルシィ風ソース ——— 106
　Le beurre Bercy
6. 居酒屋風ソース ——— 106
　Le beurre Marchand de vin
7. ブール・サレ ——— 106
　Le beurre salé
8. クルミとロックフォールのバター ——— 107
　Le beurre au roquefort et aux noix
9. フォワ・グラのムースとクリーム ——— 107
　La crème et mousse de foie gras
10. 卵のムースリーヌ ——— 107
　La mousseline d'œufs
11. サーモンのムース ——— 107
　La mousse de saumon
12. サルディヌバター ——— 107
　La beurre de sardine
13. ウナギの燻製のバター ——— 107
　Le beurre d'anguille fumée
14. オーロラ風バター ——— 107
　Le beurre aurore
15. アンチョビバター ——— 107
　Le beurre d'anchois
16. タラマ ——— 107
　Le Tarama
17. マスの燻製のバター ——— 107
　La beurre de truite fumée
18. 鴨のムース ——— 107
　La mousse de canard
19. ゴルゴンゾーラのクリーム ——— 107
　La crème de Gorgonzola
20. マンステールのクリーム ——— 107
　La crème de Munster
21. シブレットゥとフレッシュチーズのムース ——— 107
　La mousse de fromage frais à la ciboulette

22. クルミとレーズン入りフレッシュチーズのムース —— 107
   La mousse de fromage frais aux noix et raisins
23. ロックフォールのクリーム —— 108
   La crème de Roquefort
24. ハーブのクリーム —— 108
   La crème aux fines herbes
25. パプリカとフレッシュチーズのムース —— 108
   La mousse de fromage frais au paprika
26. エスカルゴバター —— 108
   Le beurre d'escargot
27. プレールのファルシのバター —— 108
   Le beurre pour praires farcies
28. ムール貝のファルシのバター —— 108
   Le beurre pour moules farcies

10 その他のソース
Sauces diverses

1. トマトソース A —— 109
   La sauce tomate A
2. トマトソース B —— 110
   La sauce tomate B
3. ピザ用トマトソース —— 110
   La sauce tomates pour pizzas
4. ソース・カンバーランドゥ —— 110
   La sauce Cumberland
5. マリネ —— 111
   Les marinades

3章 Les pâtes
生地

1. パータ・シュー —— 114
   Pâte à choux
2. パータ・パテ —— 116
   Pâte à pâté
3. パータ・ブリオッシュ —— 118
   Pâte à brioche
4. パートゥ・フイユテ —— 120
   Pâte feuilletée
5. パン・ドゥ・ミ —— 123
   Pain de mie
6. パン・オ・レ —— 125
   Pain au lait

4章 Les fours salés
フール・サレ

A シンプルなフール・サレ
Fours salés《simples》

1. アーモンド —— 128
   Fours salés <amandes>
2. クルミ —— 129
   Fours salés <noix>
3. ヘーゼルナッツ —— 129
   Fours salés <noisettes>
4. けしの実とごまのアリュメットゥ —— 130
   Allumettes <pavot/sésame>
5. チーズのアリュメットゥ —— 131
   Allumettes <fromage>

B クリームを詰めたフール・サレ
Fours salés《fourrés》

1. パルメザンチーズのフール・サレ —— 132
   Fours salés <parmesan>
2. スライスアーモンドのフール・サレ —— 133
   Fours salés <amandes effilées>
3. クミンとマンステールのフール・サレ —— 133
   Fours salés <cumin/munster>
4. パプリカのフール・サレ —— 134
   Fours salés <paprika>
5. けしの実のフール・サレ —— 134
   Fours salés <graines de pavot>

C 小さなパイ包み焼き
Fours salés《composés》

1. パテ —— 135
   Fours salés <pâtés>
2. チョリソのフール・サレ —— 136
   Fours salés <chorizo>
3. アンチョビのフール・サレ —— 137
   Fours salés <anchois>
4. クロワッサン・ジャンボン —— 138
   Croissants jambon
5. カクテルソーセージのフール・サレ —— 139
   Fours salés <saucisses cocktail>
6. オリーブ・ファルシのフール・サレ —— 139
   Fours salés <olives farcies>
7. シポラタのフール・サレ —— 140
   Fours salés <chipolatas>

D ピザ、グジェール、クロック
Pizzas, gougères et croques

1. ピザのフール・サレ —— 141
   Fours salés <mini-pizza>
2. グジェール —— 142
   Fours salés <gougères>
3. クロック・ムッシュウ　バリエーションA —— 143
   Fours salés <croque-monsieur>
　　　　　　　　　　バリエーションB —— 144

E "クルスタッドゥとバルケットゥ"のフール・サレ
Fours salés《croustades et barquettes》

1. サーモンのクルスタッドゥ —— 145
   Croustades de saumon
2. オニオンとロックフォールのバルケットゥ —— 146
   Barquettes oignons/roquefort
3. ムール貝のクルスタッドゥ —— 147
   Croustades aux moules
4. シャンピニオンのクルスタッドゥ —— 148
   Croustades aux champignons
5. キシェットゥ —— 148
   Quichettes
6. ピサラディエール —— 149
   Pissaladières
7. 野菜のジュリエンヌのバルケットゥ —— 150
   Barquettes de julienne de légumes
8. アンディーブとシブレットゥのクルスタッドゥ —— 150
   Croustades d'endives/ciboulette

5章 Les mini-sandwiches et petits pains fourrés
ミニ・サンドウィッチとプティ・パン・フーレ

A ミニ・サンドウィッチ
Les mini-sandwiches

1. ハムのサンドウィッチ — 154
   Les sandwiches au jambon
2. グリュイエールチーズのサンドウィッチ — 154
   Les sandwiches au gruyère
3. フォワ・グラのムースのサンドウィッチ — 155
   Les sandwiches à la crème de foie gras
4. トマトとサラダ菜のサンドウィッチ — 155
   Les sandwiches tomate/salade
5. サラミのサンドウィッチ — 156
   Les sandwiches au salami
6. 鶏の胸肉のサンドウィッチ — 156
   Les sandwiches au blanc de poulet
7. モルタデルソーセージのサンドウィッチ — 157
   Les sandwiches à la mortadelle
8. 卵のムースリーヌのサンドウィッチ — 157
   Les sandwiches à la mousseline d'œufs
9. きゅうりとサラダ菜のサンドウィッチ — 158
   Les sandwiches concombre/salade
10. カニのサンドウィッチ — 158
    Les sandwiches au crabe
11. クルミとロックフォールのサンドウィッチ — 159
    Les sandwiches au roquefort et aux noix

B プティ・パン・フーレ
Les petits pains fourrés

バリエーション A — 161

バリエーション B — 162

6章 Les canapés
カナッペ

A カナッペ
Les canapés

1. 舌平目とカワカマスのムースのカナッペ — 168
   Canapés de sole mousse aux herbes
2. フレッシュサーモンのカナッペ — 169
   Canapés au saumon frais
3. サーモンの燻製のカナッペ — 169
   Canapés au saumon fumé
4. サーディンのカナッペ — 170
   Canapés à la sardine
5. ツナのカナッペ — 170
   Canapés au thon
6. アンコウのカナッペ — 171
   Canapés au médaillon de lotte
7. ウナギの燻製のカナッペ — 171
   Canapés d'anguille fumée
8. ニシンの酢漬けのカナッペ — 172
   Canapés harengs au vinaigre
9. カニのカナッペ — 172
   Canapés au crabe
10. エビのカナッペ — 173
    Canapés de crevettes
11. ムール貝のカナッペ — 173
    Canapés de moules
12. 姫ホタテ貝のカナッペ — 174
    Canapés au pétoncle
13. キャビアのカナッペ — 174
    Canapés au caviar
14. アンコウの卵のカナッペ — 175
    Canapés œufs de lump
15. イクラのカナッペ — 175
    Canapés œufs de saumon
16. アンチョビのカナッペ — 176
    Canapés aux anchois
17. タラマのカナッペ — 176
    Canapés au tarama
18. マスの燻製のカナッペ — 177
    Canapés mousse de truite fumée
19. サーモンのムースのカナッペ — 177
    Canapés mousse de saumon
20. 茹で卵のカナッペ — 178
    Canapés œuf dur
21. うずらの卵のカナッペ — 178
    Canapés œuf de caille
22. 卵のムースリーヌのカナッペ — 179
    Canapés œuf mousseline
23. ロースハムのカナッペ — 179
    Canapés jambon blanc
24. 生ハムのカナッペ — 180
    Canapés jambon de Parme
25. 牛舌のカナッペ — 180
    Canapés langue écarlate
26. にんにく入りソーセージのカナッペ — 181
    Canapés saucisson à l'ail
27. 乾燥ソーセージのカナッペ — 181
    Canapés saucisson sec
28. 腸詰のカナッペ — 182
    Canapés à l'andouille
29. ムース・ドゥ・フォワのカナッペ — 182
    Canapés mousse de foie
30. ムース・ドゥ・カナール — 183
    Canapés mousse de canard
31. フォワ・グラのカナッペ — 184
    Canapés de foie gras
32. ブーダンとりんごのカナッペ — 184
    Canapés boudin aux pommes
33. ミニョネットゥ — 185
    Canapés "mignonnettes"
34. トマトのカナッペ — 185
    Canapés quartiers de tomates
35. ズッキーニのカナッペ — 186
    Canapés courgettes poêlées
36. ラディッシュのカナッペ — 186
    Canapés radis
37. きゅうりのカナッペ — 187
    Canapés concombre/maïs/poivre vert
38. チェリートマトのカナッペ — 187
    Canapés tomates cerises
39. かぶのカナッペ — 188
    Canapés navets frais

40. さやいんげんのカナッペ ——————— 188
　　Canapés haricots verts
41. アスパラガスの穂先のカナッペ ——————— 189
　　Canapés pointes d'asperges
42. アーティチョークの芯のカナッペ ——————— 189
　　Canapés fonds d'artichauts
43. ブロッコリーのカナッペ ——————— 190
　　Canapés brocolis
44. パルミエの芯のカナッペ ——————— 190
　　Canapés coeurs de palmier
45. ベビーコーンのカナッペ ——————— 191
　　Canapés au maïs
46. シャンピニオンのカナッペ ——————— 191
　　Canapés aux champignons
47. ピーマンのカナッペ ——————— 192
　　Canapés aux piments doux
48. マセドワーヌのカナッペ ——————— 192
　　Canapés à la macédoine
49. コンテチーズのカナッペ ——————— 193
　　Canapés au comté
50. ロックフォールのカナッペ ——————— 193
　　Canapés au roquefort
51. パルメザンのカナッペ ——————— 194
　　Canapés parmesane
52. ゴルゴンゾーラのカナッペ ——————— 194
　　Canapés au gorgonzola
53. マンステールのカナッペ ——————— 195
　　Canapés à la crème de munster
54. フレッシュチーズとシブレットゥのカナッペ ——————— 195
　　Canapés fromage frais ciboulette
55. フレッシュチーズとクルミのカナッペ ——————— 196
　　Canapés fromage frais noix/raisins
56. フレッシュチーズとパプリカのカナッペ ——————— 196
　　Canapés fromage frais paprika
57. プティ・シェーヴルのカナッペ ——————— 197
　　Canapés "petit chèvre"

B カナッペ・アスピック
　Les canapés aspics
1. 鶏のレバーのアスピック ——————— 199
　　Canapés aspics foie de volaille
2. サーモンのアスピック ——————— 199
　　Canapés aspics saumon
3. ラングスティーヌのアスピック ——————— 200
　　Canapés aspics langoustine
4. 牛舌の塩漬けのアスピック ——————— 200
　　Canapés aspics langue écarlate
5. 鶏のアスピック ——————— 201
　　Canapés aspics au poulet
6. アンコウの卵のアスピック ——————— 201
　　Canapés aspics œufs de lump

7章 Les mignonnettes
ミニョネットゥ

A ミニョネットゥ・コクテル
　Les mignonnettes cocktail
1. カクテルソーセージとマスタードのクルスタッドゥ ——— 205
　　Saucisses cocktail en croustade moutarde
2. ブーダン・ブランとりんごのクルトン ——————— 205
　　Croûtons de boudins blancs aux pommes
3. アンティエ風ブーダンとりんごのコンポットゥのクルスタッドゥー 206
　　Boudin antillais en croustade sur mousse de pommes
4. カクテルソーセージのベーコン巻き ——————— 206
　　Saucisses cocktail à la poitrine fumée

B 冬のフルーツを使ったミニョネットゥ
　Les mignonnettes à base de fruits d'hiver
1. バナナのベーコン巻き ——————— 207
　　Banane surprise en rondelles sur poitrine fumée
2. プルーンのベーコン巻き バリエーションA ——— 208
　　Pruneaux au bacon farcis
　　　　　　　　　　　バリエーションB ——— 209

C 魚介類のミニョネットゥ
　Les mignonnettes à base de poisson
1. 小エビのマリネ ——————— 210
　　Crevettes bouquet en marinade
2. タラのアクラム ——————— 211
　　Acrame de morue
3. 舌平目のポピエットゥ ——————— 212
　　Paupiettes de sole en gelée
4. ラングスティーヌのベニエ ——————— 213
　　Beignets de langoustines
5. アンコウのベニエ ——————— 214
　　Beignets de lotte

D 野菜を使ったミニョネットゥ
　Les mignonnettes à base de légumes
1. ブロッコリーのベニエ ——————— 215
　　Beignets de brocolis
2. セロリとロックフォール ——————— 215
　　Branchettes de céleri au roquefort
3. アンディーブのサーモンとフォワ・グラのフイヤンティーヌ — 216
　　Feuillantines d'endives au saumon ou au foie gras
4. ブドウの葉のファルシ ——————— 217
　　Feuilles de vigne farcies

8章 Les bouchées chaudes pour cocktails
温かいブーシェ

1. アスパラガスのフイユテ ——————— 221
　　Feuilletés de pointes d'asperges
2. ピーマンのクルスタッドゥ ——————— 222
　　Croustades à la fondue de poivrons doux
3. うずらの卵のクルトン ——————— 223
　　Croûtons d'œufs de caille
4. エスカルゴのブーシェ ——————— 224
　　Bouchées d'escargots

Sommaire

5. ムール貝のクルスタッドゥ、カレー風味 —— 225
   Croustades de moules au curry
6. カニのミニ・ブリオシェットゥ —— 226
   Mini-briochettes au crabe
7. 姫ホタテ貝のクルスタッドゥ、セルフイユのクリームソース — 227
   Croustades de pétoncles à la crème de cerfeuil
8. ラングスティーヌのフイユテ —— 228
   Feuilletés de langoustines
9. 舌平目のフイユテ、ライム風味 —— 229
   Feuilletés de sole au citron vert
10. ミニ・ブーシェ・ア・ラ・レーヌ —— 230
    Mini-bouchées à la reine
11. 鶏レバーのクルスタッドゥ、ビネガー風味 —— 232
    Croustades de foies de volailles au vinaigre
12. リ・ドゥ・ヴォーのクルスタッドゥ、シェリー風味 —— 234
    Croustades de ris de veau au xérès

9章 Les grosses pièces pour buffets
ビュッフェのためのグロス・ピエス

A パン・シュルプリーズ
Pain surprise

1. カニとクレッソン —— 237
   Pain surprise aux olives, crabe et cresson
2. ハムとコンテチーズ —— 238
   Pain surprise au jambon et comté
3. 若鶏とハーブ —— 238
   Pain surprise au poulet et aux fines herbes
4. クルミとロックフォールチーズ —— 239
   Pain surprise au cumin, roquefort et noix

丸いパンで作るパン・シュルプリーズ
Les boules de pain surprise

1. 2種類のチーズ —— 240
   Pain surprise aux deux fromages
2. ブリオッシュ・ムスリーヌ —— 240
   Les brioches mousseline
3. シャルキュトゥリー —— 241
   Pain surprise avec charcuteries diverses
4. 生野菜 —— 242
   Pains surprise de crudités
5. 魚 —— 243
   Pains surprise au poisson
6. ルイ14世風 —— 244
   Brioche Louis XIV
7. クルミとレーズン —— 245
   Pain surprise aux noix et aux raisins

B 海賊船
Le Drakkar

1. 海賊船 —— 246
   Le Drakkar

C 針ねずみ
Le hérisson

1. 針ねずみのカナッペ —— 248
   Le hérisson de canapés sur piques
2. クレープ・フーレの針ねずみ —— 250
   Le hérisson de crêpes fourrées

D クリュディテ
Le buisson de crudités

1. 野菜のブーケ —— 252
   Le buisson de crudités

10章 Les brochettes froides
冷製ブロシェットゥ

1. 鶏のブロシェットゥ、ハーブのショーフロワ —— 258
   Brochettes de volailles glacées au chaud-froid aux herbes
2. ストゥロゴノフのブロシェットゥ、パプリカ風味 —— 261
   Brochettes Strogonoff au paprika
3. 仔羊のブロシェットゥ、カレー風味 —— 264
   Brochettes d'agneau au curry
4. ハムとパイナップルのブロシェットゥ —— 267
   Brochettes de jambon à l'ananas
5. 魚と野菜のブロシェットゥ —— 269
   Brochettes de poissons aux légumes
6. 甲殻類とエキゾチックフルーツのブロシェットゥ —— 272
   Brochettes de crustacés aux fruits exotiques

バリエーション
Variation

1. 鴨の胸肉と桃のブロシェットゥ —— 275
   Brochettes de magret de canard aux pêches
2. コンテとアンディーブのブロシェットゥ —— 275
   Brochettes de comté aux endive
3. リ・ドゥ・ヴォーと野菜のブロシェットゥ —— 276
   Brochettes de ris de veau aux légumes
4. 豚肉とあんずのブロシェットゥ —— 276
   Brochettes de porc aux abricots
5. レバーとブロッコリーのブロシェットゥ —— 277
   Brochettes de foie aux brocolis
6. ウサギとりんごとプルーンのブロシェットゥ —— 277
   Brochettes de lapin aux pommes et aux pruneaux

Son chemin

DENIS RUFFEL
L'ARTISAN TRAITEUR

〜ドゥニ・リュッフェルの履歴書〜

聞き手 弓田 亨

幼年期 1950-1964

Épisode 1　1950年代、つましいけれど、穏やかで、幸せな日々。

私が生まれたのは1950年。戦後間もない、だれもが厳しい生活を余儀なくされていた頃です。物心がつく年頃になると、よく母の買い物について行きました。小さい商店やマルシェ（市場）で買うことが多かったのですが、今と違って、店に並べられていたのは手作りのものが多かったようです。

当時、人々の生活にとって、余暇はそれほど重要ではなく、旅行などめったにしませんでした。日常の暮らしでも、今では当たり前になっている"快適さ"のほとんどが未知のものでした。ほとんどの家に冷蔵庫はありませんでしたし、テレビも電話も出始めたばかりでした。あれこれ比べて選べるものなどごくわずかでした。生活のスタイルはどこの家庭もほぼ同じで、ほとんどの家庭が金銭的には決して裕福ではありませんでした。しかし、それで十分まかなえていましたし、今よりもずっと幸せに暮らしていました。少なくとも私にはそう思えるのです。

今は、すべてがものすごい速さで通り過ぎます。欲求ばかりが肥大して、"だれもが・何でも・すぐに"手に入れたがります。若いうちから車を持つことができるようになり、生活は快適になりました。以前は、それらを手に入れるにはものすごく働かなくてはなりませんでした。だからこそ、望むものを手に入れたときはうれしかった。目的に向かって懸命に努力することが大事だと思います。

覚えているのは、生活が今より穏やかだったこと、家庭が温かで静かな雰囲気だったことです。親戚もよく集まりました。誕生日や、色々な行事、おじいさん、おばあさん、いとこ達との楽しい思い出…。子供にとっては、それだけでも十分幸せでした。家族の関係が今よりずっと濃密で細やかでした。これはとても大事なことです。何よりも家庭が大切にされていました。今は、だれもがより個人主義になって、昔に比べると家族の関係が希薄になっているように思います。

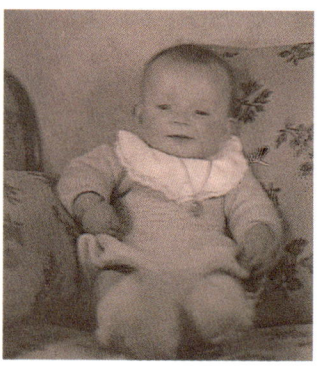

私達一家は、パリの町はずれ、いわゆる"バンリュー（郊外）"に住んでいました。パリの中心から南へ20分弱のところです。アパルトマンではなく、小さな庭のある一軒家でした。その頃でも、パリやその周辺で大きな庭を持つのは難しかったようです。パリといっても市街地ではありませんし、しかも50年代ですから、今ほどにぎやかではなく、車の往来もそれほどありませんでした。家族構成は、父、母、兄、私の4人。兄は1948年の7月21日生まれで、私は1950年の7月21日生まれ。同じ誕生日のピッタリ2つ違いです。父はパリ生まれです。新聞社に勤めていて、とても忙しく、ほとんど家にはいませんでした。土・日も働いていたので、私は幼い頃から、仕事って大変なんだなと思っていました。そのぶん母が兄と私の面倒を見て、教育をしていました。家の中のことを決め、切り盛りしながら、いつも私達と一緒にいてくれました。

私達兄弟は同じ環境で育ったのに、まったく性格が違います。子供の頃から、兄は物静かで知的なタイプでしたが、私は活動的。体や手を動かすことが好きで、母の家事や炊事の手伝いをしていました。

Épisode 2　家族を大切にした、仲むつまじい両親。父には威厳があり、母は優しかった。

当時の私の生活は、朝は7時頃起きて朝食を摂り、学校へ行きます。学校は家の近くでした。正午には母が迎えに来て家に帰り、お昼を食べて午後2時ごろ学校に戻ります。夕方4時半〜5時にまた母が迎えに来ます。

家でのおやつは質素なものでした。パンにバターやチョコレートを付けたり、ジャムを付けたり、パン・デピス（ジンジャーブレッド）、そういったものです。暑い季節は果物です。いちご、サクランボ、桃…。そのあと宿題をします。母が教えてくれたりしました。それから夕食を摂ります。これが子供の頃の平均的な1日でした。

祖母が徒歩で10分ほどのところに住んでました。土曜日の午後と日曜日、そして水曜日は学校が休みでしたので、兄と一緒に、ときには1人で祖母の家に行き、一緒に食事をしたり、色々なことをして遊びました。

母は、よく映画や動物園や美術館に連れていってくれました。父が新聞記者で、休みが決まっていないうえ、夜中も働いてい

DENIS RUFFEL

幼年期 1950-1964

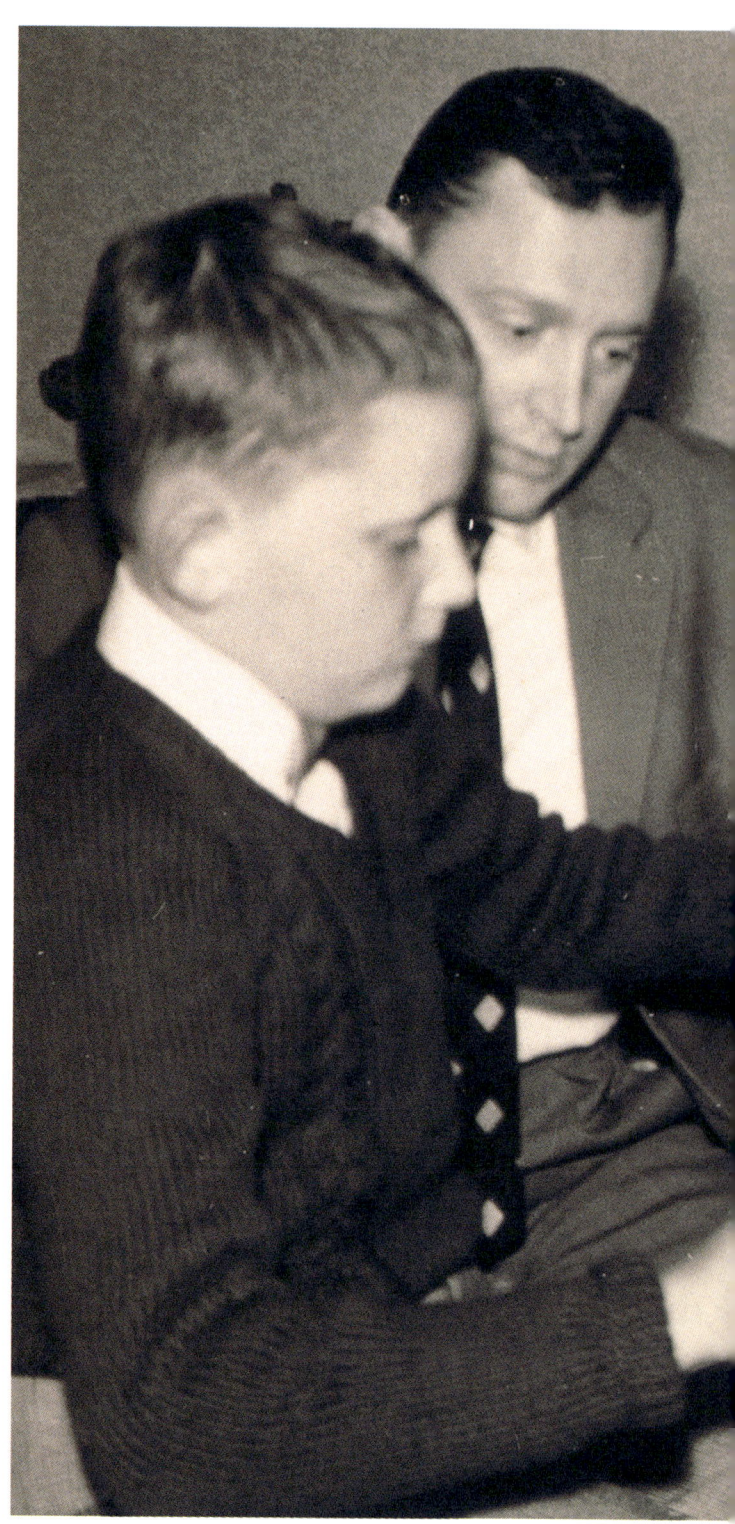

ましたので、父親が決まった時間帯で働いている家と違って、週末に家族そろって出かけることはほとんどありませんでした。でも、7〜8月の夏休みには、両親がロワール渓谷に持っていたもう1軒の家へ家族そろって出かけました。その家には大きな庭があり、野菜を栽培していました。初めは小さい家でしたが、両親がパリを引き払ってそこに住むようになって大きくしました。両親は、とにかく仲が良くて、協調性があり、穏やかな夫婦でしたが、兄と私を育てるために、たくさんの決まり事をつくっていました。子供の頃どのように育てられたかということが、その人のその後の人間形成に大きく影響すると思います。

父は朝早く出かけて、夜遅く帰ってくるので、その頃には兄と私はもう寝てしまっていて、ほとんど顔を合わせることはありませんでした。父は本当によく働いていました。しかし、たとえ家にいる時間は少なくても、当時の多くの家庭がそうであったように、父が厳然とした威厳を示し、その意に添って母が子供をしつける、という役割分担ができていました。

母は、物静かで、優しく、働き者でした。フランス東部のボージュ地方の生まれです。わりと裕福な家庭だったようですが、幼くして母親を亡くし、5人の姉達に育てられました。私は母方の祖父も祖母も知りませんが、祖父はワインのネゴシアンでした。ワインを買い付けて卸す仕事です。主にフランス東部のワインを扱っていたそうです。

私は、父方の祖父も知りません。戦争で亡くなったのです。父でさえ自分の父親を知りませんでした。つまり、私は父方の祖母しか知らないのです。

Épisode 3　四季折々の"旬"の素材で作る、シンプルで、おいしい母の料理。

母の料理は、とてもシンプルでおいしく、良い素材から作られる"普通"の家庭料理でしたが、どの料理も本当においしかった。母は料理の上手な人でした。

当時は、まだ冷蔵庫もありませんでした。我が家に冷蔵庫が来たのは、たしか私が7歳のときでした。つまり、それ以前は毎日買い物をしていたわけです。どの商店もまだ小規模で、ニンジンを少し買い、別の店でその日に食べる分の肉を買っていました。魚は主に金曜日に食べました。フランスはカトリックの国ですが、

当時は今より伝統を重んじていましたから、金曜日は肉を食べるのを禁じていたのです。つまり、金曜日が魚を買う日です。そして、ウイークエンドの土曜日と日曜日には、普段よりちょっと凝った料理を作ります。これも伝統的な習慣でした。日曜日には親戚が集まるのでごちそうを作りました。

今よりもずっと多く"旬"の素材を使いました。今とは流通機構が違い、季節を問わず何でも手に入るということがなかったので、春にはいちごを食べる、夏にはこれ、というように、食においては季節、すなわち"旬"が大事にされていました。冷蔵庫や冷凍庫の登場、流通の革命などによって食のスタイルに変化が起きたのはずっとあとになってからのことです。

季節の料理といえば、春には、気候が暖かいので、例えば、アスパラガス、ラディッシュや生野菜などをよく使いました。4月にはイースターがあり、仔羊をよく食べました。もっと暑くなると、サラダ、肉料理ならローストして温かいうちに、あるいは冷たくして食べたりしました。秋・冬になって寒くなると、食卓には、ポテ、ポトフ、ブッフ・ブレゼといった伝統的な煮込み料理がよく出されました。豚肉、たくさんの野菜、じゃがいもなどの普通の素材で作る家庭料理。母はとても料理が上手でした。いつも色々なものを作ってくれました。

それから、日曜日や水曜日にはよく菓子を作ってくれました。簡単な家庭の菓子です。とてもおいしいタルトゥやジェノワーズ（スポンジケーキ）、ケーク（パウンドケーキ）などです。母は菓子作りも好きでした。結婚前に通っていた家政学校で習ったのです。

当時は、今よりずっと季節や年中行事を重んじていました。パテ、テリーヌ、アスピックなども家で作りました。母や祖母は、季節の果物でジャムを作りました。どの家でも行われていたことです。ジャムのような果物の保存食のほかに、野菜も自分の家で保存食として加工してました。例えば、インゲンの季節にはインゲンをたくさん買ってきて自分で殺菌加工するのです。母は、そういった保存の方法をすべて知っていました。

幼い頃に母親を亡くした母は、色々なことを姉達から教わったのです。大家族では、家族1人1人の役割がきちんと決まっています。母親がいない家はなおさらです。そうやって母は家の中のことを覚えたそうです。

幼年期 1950-1964

Épisode 4 料理はパズルのようなもの。本能が興味を持ち、自然に惹かれて…。

母が私に料理を教えてくれたというわけではありません。私が自然に影響を受けたのです。母が作っているのを見て料理に惹かれるようになり、少しずつ手伝うようになりました。どうしてそうなったか…？ これといったきっかけは思いあたりませんが、影響を受けるというのは自然なことです。私は手作業、手を動かすところで影響されました。人が受ける影響は性格によっても違ってきます。兄はいつも本を読んでいました。私の面倒も見てくれましたが、とにかくよく本を読んでいました。私はというと、本ではなくて料理に惹かれ、母の手伝いをするのが楽しかったのです。いつでも体を動かしていたかったのです。何もせずにいるのが嫌いでした。母が、私が台所で手伝うのを受け入れてくれたので、料理がより身近なものになりました。面白かったし、うれしかった。どうして料理の匂いに惹きつけられたのか、理由なんて分かりません。私の本能が興味を持ち、見たり手伝ったりしているうちに影響を受けたのです。

母の料理を手伝うことで、自分の手でものを作り出すことの楽しさを知りました。私にとっては、まさにゲームのようなものでした。もちろん友達とも遊びましたが、何にもまして"料理を作ること"が私の楽しみでした。私の人生、ずっとそうでした。それは今でも変わっていません。常に体を動かし、それに歓びを感じるのです。私にとって、私の仕事は、まず自分の歓びのためなのです。エゴイストという人がいるかもしれませんが、子供の頃も今も、そのことだけは変わっていません。

母の料理を手伝うのは、まさに"遊び"でした。パズルのようなものでした。さまざまな素材を混ぜ、型に入れ、オーブンに入れて焼く。オーブンの中で菓子がふくれる…。出来上がれば、それを手伝いの"ご褒美"として食べさせてもらえることは分かっていました。でも、菓子にせよ料理にせよ、食べるのが大好きだったので、私にとっては"ご褒美"でも何でもなかったのです。楽しんで作ったのですから。何にせよ、それを食べることができるのです。私は、そのつど生つばを飲み込みながら出来上がりを待ち、興奮して食べたものです。

母親が、女の子ならともかく男の子に、わざわざ料理を教えるということはありません。にもかかわらず私は、幼い頃から、親戚や友人達との会食のとき、その料理が何から作られたのか、どうやって作られたのか、全部説明できましたので、こんな小さい男の子がよく知ってるものだと皆に驚かれていました。

女の子に対する家事の"しつけ"は、今よりずっと厳しかったと思います。女性にとって家事ができるようになること、また、お客様を招いて家でもてなすことは、自分の歓びでもあったのです。ですから、おばあさんなりお母さんにとっては、娘や孫娘に、家事、裁縫、料理を教えること、すなわち"しつけ"は、誇りある仕事でした。女の子達も、それを覚える必要を感じていました。大きくなって結婚したら、家事をしなくてはならなくなるのですから。昔の女性は家のことをするしか選択肢がなかったのです。外で働く女性は少なく、家事をこなせることは、女性の仕事であり、誇りであり、女の子達には「家事ができないと結婚できない」という漠然とした不安感がありました。

昔は、高等教育は男性が受けるものと考えられていました。男の子は手に職をつけ、社会に出て働くために学校に行きました。高校を出た女の子の多くは、20歳くらいで家政学校に通って家事全般を習い、25歳までには結婚するのが普通でした。今よりずっと早く結婚したのです。

今では、フランスに家政学校はほとんどありません。「残念ながら」というべきでしょうか、女性が家で料理を作らなくなってきています。若い女性は、家事よりも仕事を覚えたがり、外で働き、家の中のことはできる範囲でしかしていないようです。家のことはお手伝いさんにやってもらったりします。昔はお手伝いさんを雇うなんて、よほどのお金持ちにしかできませんでした。最近は女性も高等教育を受け、仕事を持ち、社会的地位も上がり、そして家事も便利になりました。以前は自宅でするものと決まっていた洗濯も、今ではクリーニング店がどこにでもあります。

女性の結婚年齢が高くなりました。自分の意志で結婚しない女性も増えています。皆それぞれの生き方をしています。大きな変化があったのです。それが良いか悪いか、いちがいには言えませんが…。

Épisode 5 仕事をもつことは人生の基本。どんな職業も尊いのです。

郊外でしたから、きちんとした純粋なパティスリー（菓子店）はありませんでしたが、ブーランジェ・パティスィエ（パンと菓子を販売している店）が通りの端にありました。普段はパン・ドゥ・ミやパン・ドゥ・カンパーニュを買うだけですが、たまにはパン・オ・ショコラやショソン・オ・ポンムなどを買います。フランスではパンをたくさ

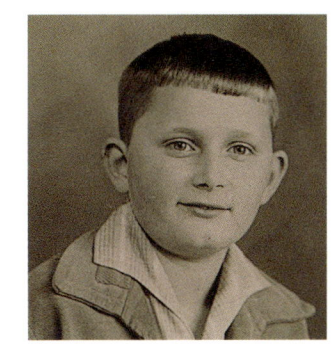

ん食べます。パンは毎日、ときには1日に2回買いに行くこともありました。

昔から匂いには敏感でしたので、焼きたてのパンや菓子の香りが大好きでした。もちろん工場には入れませんが、ショーケースを眺めるのが大好きでした。週末にはケーキを買うこともありました。両親ともおいしいものが大好きだったので、家族でパリ市内に出かけたときは、有名なパティスリーでケーキを買ったりもしました。サロン・ド・テにも行きました。今はもうなくなってしまったパティスリーもあります。

14歳になるまで、つまり、実際にこの道に入るまで、ずっとこの仕事に就きたいと思っていました。しかし、それは両親の希望とはまったく違うものでした。両親は、私に進学させたいと思っていました。しかし、私自身は、成績はそれほど悪くなかったものの、勉強が好きではありませんでした。本を読むより体を動かしたかったのです。兄が優秀でいつも1番の成績だったので、両親は私も兄のように進学することを望んでいました。職人の道には進んで欲しくなかったのです。当時、職人仕事というのは、低く見られてたというか、正しく評価されていませんでした。

手仕事はきつい仕事と思われていました。祝日や夜中にも働かなくてはならないと知っていましたから、とくに父が反対しました。しかし、私も粘りました。そのうちに、母が「好きなようにしなさい」と言い始めました。年を経るごとに、私を説得するのは困難だと分かってきたのでしょう。私は決して譲りませんでしたから。父の同意を得るのは簡単ではありませんでした。私がこの道に入りたいと言い始めたのは8歳くらいのときでしたが、それからずっと反対されていたわけです。しかし、ついに父が折れてくれるときが来ました。14歳のとき、ようやく父が「Oui（ウィ）」と言ったのです。もっとも、もろ手を挙げて賛成してくれたわけではありませんでした。でも、今は喜んでます。20代前半の頃、仕事がうまくいくようになってからです。私が結構よく働いていると分かったとき、初めて心から理解してくれました。家族で集まったときに、私がおいしい料理や菓子を作り、それをみんなで食べたのがきっかけになりました。

父があれほど反対したのも分かります。父も働き者でしたが、パティシィエ（菓子職人）の仕事の難しさをよく知っていたのです。昼も夜も仕事、私にはそんなことはさせたくないと思っていたのでしょう。分野は違いますが、父もハードな仕事に就いていましたから、もっと時間的に余裕のある仕事をさせたかったのだと思います。だれでも自分の子供には楽な道に進んでもらいたいものです。父自身、父親を知らずに育ち、厳しい子供時代を過ごしました。おまけに戦争で大変苦労しました。5年間ドイツで収容所にとらわれ、2回脱走を試みたり、すごく苦労したのです。だから、私を厳しい世界から守りたいと思ったに違いありません。この仕事で、私が頑張って成長し結果を出したのを見て、父も認め始めたのだと思います。もし私がいつまでも片隅の小さな菓子店で働いて、世の中の日陰にいるようだったら、父は、私の選択に反対し続けなかったことを悔やんだでしょう。だからこそ、私も、1日も早く一人前のパティシィエになろうと、必死で仕事を覚えたのです。

日本では違うかもしれませんが、かつてのフランスでは、職人というのは取るに足らない仕事と低く見られていたのです。その仕事をしているのは「子供の頃から勉強が嫌いで、ほかにできることもなく、手仕事をするしかないから」と当の職人達が言っていたのです。だから、知的な職業に比べると、どうしても低く見られてしまいます。家族としても、自分の息子は弁護士だ、医者だと言ったほうが、配管工だ、石工だと言うよりは聞こえが良い。これが旧弊なフランス人の平均的な職業観でした。もちろん、今はそうでもなくなりましたが。

私の個人的な意見ですが、すべての仕事がすばらしいのです。それをしっかり務めてさえいれば。医師はなくてはならない存在です。弁護士もそうです。同時に、菓子職人も、料理人も、石工も、庭師も必要なのです。どの職業も尊いのです。庭の手入れをする人がいる、農作物を作る人がいる…、すばらしいことです。どの仕事も、人々の生活を支えていることに変わりありません。私の考えでは、仕事を持つということは人生の基本です。そして、それは歓びなのです。人生はあっという間に過ぎてしまいます。もし嫌々仕事をしている人がいるなら、その人は不幸です。人は1日の生活の70％のエネルギーを仕事に費やします。仕事を楽しむことができれば、人生はすばらしいものになりますが、仕事を好きになれない人生は不幸です。そして、仕事の90％を楽しめている人は幸運な人、10％しか楽しめていない人は不運な人、私はそう思います。

私は14歳で見習いを始めましたが、14歳なんてまだ子供です。朝3時に仕事を始め、夜も休日も働くというのは大変なことです。仕事は大好きでしたが、肉体的にはとても辛かった。学校を出たばかりの14歳でそんな風に働くなんて、本当にきついことです。

Jeunesse
青年期 1964-1974

でも、当時はそれが当たり前という考え方がありました。今では、14歳で働くことは禁じられています。少なくとも16歳までは学校に行かなくてはなりません。そして、1日の労働時間を守ることや、日曜日は休むことが義務づけられています。以前は、たとえ子供であっても、大人の肉体労働者と同じように働いたものです。文句を言う権利はありませんでした。皆そういう考え方だったのです。今はそんな風に人を働かせることはできません。労働に関する規則が厳しすぎるのでは、という気がしないでもありません。少なくとも手仕事の領域においては、必ずしも良い結果をもたらすとは思えないのです。

Épisode 6
あっという間に過ぎていく人生だから、常に成長し、何事かを成し遂げたい。

14歳で職人の道に入ったとき、それはもう幸せでした。ずっと望んでいたことが実現したのですから。
プロになるためには、2つの選択肢があります。1つは、初めから店の見習いになって、その傍ら学校の授業を受ける。もう1つは、職業学校に入学する。私の場合は、両親が「学校へ行った方がいい」と強く勧めましたので、当時はわずかしかなかったパティスリーの職業学校の入学試験を受けました。商工会議所の経営する学校で、食に関するすべての業種がありました。パン店、菓子店、精肉店、鮮魚店、惣菜店、料理とそのサービスなど。私は菓子店のオプションを取り、平日は毎日、一般の科目や会計学などを学び、実習や職業に関する技術的な授業を受けました。非常に質が高いと評判の学校でした。2年間は毎日学校で授業を受け、最後の1年は学校からの推薦で店に実習に入り、学校へは週1日ほど行って研修期間を務めるのです。良い先生がそろっていて、とても良い雰囲気の中で学ぶことができました。フランスには年3回のバカンスがあります。クリスマス休暇とイースターの休暇が2週間ずつ、それに夏休みが2カ月。こういったバカンスで菓子店が忙しくなるときは、1年生でも菓子店で研修ができます。先生方が私をまぁ「優秀な生徒」だと判断してくださり、ある店がクリスマスに手伝ってくれる生徒を募集していて、実習させてくれるという話をくれました。もちろん私は「いつから

でも」と心の準備ができていましたので、お願いすることにしました。先生は私の両親にも話を通してくれましたが、両親は「そんな1年生のうちから働くなんて」といい顔はしませんでした。私は先生に懇願して両親を説得してもらい、1年生のときからパリのパティスリー『ジャン・ミエ』（以下『ミエ』と略）でお世話になることになったのです。クリスマス休暇に初めて『ミエ』に研修に行き、そしてイースター休暇にも、さらに夏休みには1カ月間の研修に行きました。夏休みの研修を終えたあと、8月は家族でバカンスに行きました。

なぜ1年生のときから研修に行ったかというと、少しでも早く仕事を覚えたいと思っていたからです。いつも学びたいという欲求がありました。今でも、学ぶために常にほかの職人達と接したり、何かに取り組んだりするのが好きです。何歳になっても新しいものを作り出すために何かに取り組むことが大切だと思っています。それは決して好き勝手をするということではありません。ぼんやりしていれば、人生はあっという間に過ぎていきます。常に成長したいという欲求を持っていなければならないと思うのです。私には、仕事だけでなく、ほかにも挑戦していることがあります。死ぬまでに何事かを成し遂げ、穏やかな気持ちで旅立ちたいと、今も必死なのです。何事かを成し遂げたくて、努力して生きてきました。だれもがすばらしいことを成し遂げるわけではありませんが、努力はしなくてはなりません。何かが天から降ってくるわけではないのです。人生はそういうものではありません。日々絶え間なく取り組み、闘い、常に向上するために努力するものです。だから私は1年目から研修をしたのです。

私が通っていたのは職業学校なので、それだけで普通の学校の生活とは違いました。ましてや実際に店で働くということは、普通の学生生活にはないことでした。仕事にリズムがあり、張りつめた雰囲気がありました。とくに『ミエ』は、とても良い店ですが、職人達はきわめて厳しく、仕事中は冗談を言うこともありませんでした。かなり乱暴な昔からの習慣もありました。研修なので報酬があるわけでもありません。それでも私はうれしかった。私は性格的に、嫌なこと、辛いことを人に言ったりしませんでした。ミエ氏（『ジャン・ミエ』元オーナー）も厳しく、冗談を言わない人で、まだ子供だった私にとっては、かなりきつい経験でした。もちろん、後悔などしていません。もう33年間も彼のもとで働き続けているのですから。

ミエ氏は、人を正当に評価する人でもありました。きちんと仕事をしていれば、よく見ていてくれるのです。働きに応じて少しずつ仕事を任せてもらえるようになりました。そうやって人は成長できるのです。

学校は3年間で、最終学年の3年目は実習です。私の場合、ミエ氏とは2年来の知り合いでした。ある程度仕事が分かって色々できるようになっていたので、声をかけてくれたのです。『ミエ』のような有名店で学べるのです。もちろん、私のほうも異存はありませんでした。双方にとって好条件だったわけです。私は3年生の1年間を『ミエ』で実習し、見習いを締めくくるとともに、CAP（Certificat d'Aptitude Professionelle；職業適性証書）の試験を受けました。

ミエ氏は完璧主義者です。仕事が好きで、とても理想が高く、自分自身に厳しい人でした。それだけに、人に対しても多くを期待します。彼と一緒に働いていた人達は皆そうでした。当時、ミエ氏はいつも厨房にいました。いつも朝一番に来ていました。材料も厳しく選んでいました。仕事に定時などありませんでしたが、当時は皆それを受け入れていました。『ミエ』は当時まだほんの小さな店でした。私が初めて『ミエ』に行ったときは、オープンしてまだ3～4年目で、ミエ氏のほかには職人が3～4人だけでしたが、その後、少しずつ店は大きくなっていきました。

ミエ氏は、いつも新しいことを始めようとする人です。仕事で一人前になり、MOF（Meilleur Ouvrier de France；フランス最高職人賞）を取り、自分の店を開き、順調にいくようになるとトゥレトゥール（惣菜）を始め、ショコラトリー（チョコレート工場）を始め、店を大きくしていきました。自分の店を軌道に乗せると、今度はパリのパティスィエの組合に関わるようになり、フランスのパティスリー協会の会長になりました。いつも新しい何かを始める人で、ひとたび始めると、人を適所に配置し、アシスタントを使って運営していく、そういう人です。とにかく理想が高く、仕事には厳しいのですが、いつも学びたいと思っている私にはちょうど良かったのです。

青年期 1964-1974

Épisode 7 仕事が好きで、仕事を覚えたいから、与えられた仕事だけでなく…。

すでにお話したように、学校に2年通ったあと1年間の実習に入りますが、それを"アプランティ(見習い)"と言います。3年目の終わりにCAPの試験を受け、職人として就職すると、"コミ"になります。つまり、実際に働くのはコミとしてです。通常CAPを取ったら、例えば、基礎の生地や基礎のクレームを作ることなど、基礎的な仕事がすべて1人でこなせるようになっています。コミというのはアプランティより上の段階で、各部署の責任者ではありませんが、責任者の下で働き、ある程度の商品を1人で、あるいは皆で仕上げることができる人です。つまり、アプランティの上で、各部署の責任者の下といったところです。もっとも、これは店の規模によって変わります。

店によって従業員の"組織"は違います。小さい店ならオーナー・パティシィエと見習いしかないようなところもありますが、『ミエ』の場合、大企業ではありませんが、オーナーがいて、厨房のパティシィエがいて、その下に各部署の責任者がいます。責任者には、だいたい24〜25歳の人がなります。その下にコミがいます。

仕事は通常、平日なら朝6時から6時半に始まります。終わる時間は、仕事の内容によります。夜7時、8時、8時半、9時…。日曜日は朝3〜4時に仕事を始めて、午後3〜5時頃に終わります。曜日によっても、季節によっても違いますが、これがだいたいの労働時間です。休みは、日曜日の午後3時〜4時以降、仕事が終了次第ということになってしまいますが、それと月曜日です。

現在は、法律で従業員の週休2日(連続)が義務づけられていますし、決められた労働時間もずっと短くなっています。今も決められた時間以上に働いている人がいないわけではありませんが、一般的には、色々な技術の進歩で仕事時間の短縮が可能になりましたし、人々も働かなくなりました。食に関する仕事というのは、ほかの業種と比べて、どうしても働く時間が長くなります。それでも、時代が変わって労働時間と休日が規制されるようになりました。しかし、労働時間は早く終わっても、仕事が好きで、仕事を覚えたければ、もっと働いてもかまわないのです。その人の意欲次第ですが、だんだんそのような考え方が薄れているようです。昔のコミ達は、別の部署の仕事を覚えるために、皆自分の仕事を早く終わらせて——もちろん、与えられた仕事はきちんと仕上げるわけですが——まだ仕事が終わっていない部署の同僚を手伝いました。同僚で助け合うと同時に、お互いほかの部署の仕事も覚えられたのです。今は自分の仕事を済ませるとそれで終わり。それでは、より早く仕事を覚えることなどできません。

Épisode 8 パティスリーの"正確さ"に、料理で得た"味"の感覚を生かして…。

私は、パティスリーでは『ミエ』以外の店で働いたことはありません。ほかの店の職人達と交流したり、セミナーに参加したり、職人の会合に出席したりはしましたが。

料理では、サンデランス氏の『アルケストラート』で少し、それから、モナシエ氏の『ラ・ブルゴーニュ』というレストランで働きました。フランスでは、普通1年間の兵役があります。私はパリで料理人として徴兵されました。下士官や将軍達の料理を作っていました。兵役中は、わりと自由時間があったので、『アルケストラート』に通っていました。『ラ・ブルゴーニュ』のほうは『ミエ』の仕事をしながら通いました。とても近かったので、『ミエ』での仕事が終わってからディナータイムの仕事をしたり、『ミエ』の定休日にはランチタイムも勉強に行きました。

ちょうど料理のCAPを受ける準備をしていたので、ミエ氏の友人だったモナシエ氏の『ラ・ブルゴーニュ』で働かせてもらったのです。ここでは菓子も少し作りましたが、主に料理を習うために行きました。『ミエ』の仕事が終わるのが7〜8時、それから『ラ・ブルゴーニュ』に行って、ほんの短い時間でしたがパティシィエ達を手伝いながら料理を覚えました。私は『ミエ』から離れたことは一度もないのです。

レストランで学んだ料理は、トゥレトゥールとは違うものです。私が学んだ2つの店は、基本は同じですが、料理の出し方というのは、それぞれ独特なものです。とても勉強になりました。それに味覚を磨くのにも役立ちました。パティシィエの仕事というのは"正確さ"が生命です。材料も全部きちんと量ります。料理は"味"の世界です。菓子職人が一度料理を学んでから菓子を作るようになると、味覚が著しく発達し、とても良い結果が得られるのです。この2軒のレストランは、まったく違ったタイプの料理を作っていました。『アルケストラート』は創造的で変わった料理を作っていました。反対に『ラ・ブルゴーニュ』ではクラシックな料理を作っていました。最高の素材で作る、きわめて古典的なブルゴーニュの地方料理です。当時、モナシエ氏は60歳代、サンデランス氏は35歳くらい、世代も性格も味もインスピレーションも違いました。私にとって、まったく違う2つのレストランでの勉強は、とても興味深くて面白いものでした。

ちなみに、アルケストラートというのは、古代の料理人の名前で、古代に初めて料理の本を書いた人物です。サンデランス氏はいつも古い書物から大昔のルセットゥなどを見つけ出して研究していたので、こういった人物の名前を店名にしたのでしょう。

当時としては、変わったといいますか、独特な料理でした。アンティクレスという古代の料理人がいますが、この人の名前もレストランの名前になっています。

サンデランス氏のレストランについて、少しお話します。サンデランス氏は、3軒のレストランに携わりました。最初にエクスポジション通りの小さいレストランを買いました。『アルケストラート・アラン・サンデランス』という名前でした。そこは3〜4年続きました。本当に小さいレストランでした。その後1971年に『ミエ』からそう遠くないブルゴーニュ通りに引っ越しました。名前は同じ『アルケストラート・アラン・サンデランス』で、ロダン美術館の近くです。そこでは12年ほど営業していたと思います。その店を売って彼が若いとき修行していたレストランを継いだ『ルカ・カルトン』が3軒目で、現在も経営しています。

サランデス氏の作る料理はとても創造的で、古代の料理にインスピレーションを受けて彼なりに今風のアレンジをしたものです。このレストランは、当時、流行の最先端で、たくさんの顧客がいて、実にうまくいっていました。2ツ星をあっという間に獲得し、たしか1〜2年後には3ツ星になっていたと思います。

モナシエ氏のレストランもやはり人気がありました。ブッフ・ブルギニョンとか、モリーユなど、季節の素材を生かしたブルゴーニュの料理で、深い意味合いを持った伝統的な手法による料理でした。ソースの味わいも深く、また彼がブルゴーニュにブドウ畑を持っていたので、すばらしいカーブ（ワイン・セラー）がありました。時代は重なっていましたが、世代も性格も、そしてインスピレーションもまったく違う2つのタイプの料理を見ることができたことは、私にとって大変勉強になりました。

モナシエ氏の基本を守る料理と、サンデランス氏の創造的な料理。2軒とも7区にあって地理的にも非常に近かったのですが、『ラ・ブルゴーニュ』は国会に近く、政治家がよく来ていました。モナシエ氏の店は、たしか2ツ星だったと思います。ワインがとても高く、今の価格に直せば、モナシエ氏のレストランは多分1メニュー（コース・メニュー）で8,000フラン（16,000円）くらいはしたと思います。サンデランス氏のレストランも高かったです。なんといっても3ツ星なのですから。

モナシエ氏は、もう亡くなっています。ご存命なら90歳以上になると思います。のちにデュキャノワ氏が継ぎました。デュキャノワ氏は、その後破産してレストランを売ってしまいました。レストラン自体はまだあり、オーナーはモナシエ夫人ですが、今は違う料理を作っています。

私が働いていたときのブルゴーニュ通りにあったサンデランス氏のレストランは、今はアラン・パッサー氏が経営しています。今、やはり3ツ星です。

とにかく2軒ともすばらしいレストランで、それぞれ独自の雰囲気がありました。とても良い思い出です。

青年期　1964-1974

Épisode

9　菓子と料理の世界に革命をもたらした冷蔵設備、そしてマスコミ。

1965年頃、料理業界は大きく変化しました。マスコミ、メディアによってレストラン業界に革命が起きたのです。マスコミの影響を受けたのは、パティスリーよりも主に料理の方です。昔は料理に流行などありませんでしたが、雑誌や『ゴー&ミョー』の創刊などによって料理界に流行が取り入れられ、宣伝されました。マスコミがキュイズィニエ（料理人）達を取り上げるようになりました。新進気鋭の若手キュイズィニエや、新作の料理を紹介しました。普及し始めたテレビでも、料理の番組が放送されていました。私の記憶では、テレビで紹介された最初のキュイズィニエは、もう亡くなりましたがレイモン・オリヴェール氏です。日本でも有名だと思いますが、彼はミエ氏の友人だったので私もよく知ってました。彼のレストランは『グラン・ヴェフール』です。パレ・ロワイヤルにある有名なレストランです。クラシックなレストランですが、とても繁盛していました。

また、流行だけでなく、実際この時期にたくさんのキュイズィニエがレストランをオープンさせました。パリにも多くのレストランがオープンし、人々の話題に上りました。

戦後、経済が立ち直って、経済的に余裕が持てるようになりました。共働きの夫婦が増え、家で料理を作る日が減り、外で食べる機会が多くなり、企業でも得意先を招いて会食を催すようになりました。自宅に招くより、外でもてなす機会が多くなったのです。フランスでは、レストランで食事をするのは、料理人にすべてを任せ、家庭で食べるのとはまったく違う雰囲気に浸るということです。それに、1皿だけの菓子と違って、料理というのはアントレ、メインなど複数から成り立ちます。ですから、マスコミはパティスィエよりも、ずっとキュイズィニエのほうに関心があったのです。

自動車が普及し、簡単に移動できるようになり、週末に数10キロ離れたところまで食事に出かけるようになりました。菓子も、週末だけでなくウイークデーにも買うようになりました。料理の世界が変わったのは流行のせいもありますが、何より人々の生活スタイルが変わったからです。

フランスでは、伝統的にガストロノミー（美食学）が生活の中で重要な位置を占めていましたが、この時代はとくに前述のような条件がそろって、人々の好奇心をかき立て、だれそれの店に行ってみようということになり、料理業界が大いににぎわいました。パティスィエで最初にマスコミに取り上げられた人はガストン・ルノートル氏です。やはり65～70年頃のことです。

その頃、パティスリーにも大きな変化がありました。パティスィエの仕事の形態が変わったのは、やはり冷蔵設備の充実や新しい素材の登場のためです。以前にはなかった冷蔵のショーケースもできました。

菓子の買い方にも変化がありました。一部の人を除いては、菓子は主に土曜日、日曜日、あるいは祝日に食べるものでした。ウイークデーはせいぜいヴィエノワズリー（菓子パンのようなもの）を食べる程度なので、パン屋を利用します。菓子とパンでは値段が違うから当然です。当時は皆それほど裕福ではありませんでしたから。また、以前は菓子など最寄りにある店で手軽に買うものでした。ところが、ラジオやテレビの番組、ガストロノミーの雑誌などで菓子店が取り上げられるようになると、じゃあその菓子を食べにどこそこまで出かけよう、というようになりました。私の店にも、近所に住んでいたり、近所に働いていたりして頻繁に来てくださっていたお客様が、転勤などで遠くへ引っ越されてからも、わざわざ『ミエ』の菓子を買いに来られたりします。菓子に良い思い出があるからです。

昔から変わらずにある伝統的な菓子、タルトゥ、エクレール、ポロネーズ、フランやヴィエノワズリーなどは、私が小さい頃からほとんど変わりません。昔はもっと制約があったので、皆だいたい同じようなものしか作りませんでしたが、冷凍庫、冷蔵庫、冷蔵ショーケースの普及で、数多くの新しい菓子が"創作"されました。

パティスリーでは、クラシックな菓子をショーケースの端に、ババロワやムースやフルーツをベースにした新しいオリジナルの菓子を中央に並べるようになりました。

人々が旅行をして色々な味を知るようになりましたし、外国の食材、南国のフルーツなどが国内でも食べられるようになりました。そういったことのすべてが、菓子の種類を増やし、新しい"型"を生み出し、形に変化をもたらしました。グラサージュの種類も増えました。組み合わせも以前に比べて複雑になり、菓子の値段も上がりました。これだけ変化があれば、値段が上がるのも当然です。消費者もより新しい菓子を求めるようになり、そのスピードはどんどん加速します。お客様の舌も肥えてきます。

だれかが新作を出すと、ほかのだれかが、コピーするわけではありませんが、インスピレーションを受けて、また新しいものを作り出します。そうやってこの業界は動いていくのです。これはパティスリーに限らず、料理業界でも、ファッション業界でも同じで、一度発展があると流行が生まれ、さらなる発展のスピードが加速

されるのだと思います。そのうちに変化が速すぎることに気付き、少し戻ってみたりします。実際に今、少し昔に戻っている気がします。それは良いことです。とくに基本を忘れてはいけません。何か新しいものを作るとき、基礎がしっかりしていれば良いものになりますが、見かけは似ていても基本から外れているのでは、決して良いものにはなりません。

大切なことは、まず良い素材を選ぶこと、柔らかさ、甘さ、食感、見た目などのバランスを考えることです。例えば、モカというクラシックな菓子がありますが、よくアンビべしたビスキュイと上質のバターで作ったおいしいクレーム・オ・ブールで、ビスキュイ、ガルニチュール、クレームのバランスが取れていれば、すばらしくおいしいのです。どの菓子も、そのように考えて作ればおいしくできるのです。菓子を作るとき、もしムースばかりでビスキュイ生地がほとんどなかったら、本当のおいしさにはなりません。

料理には"ヌーベル・キュイズィンヌ"というのがありますが、私はこれは間違った呼び方だと思います。なぜなら調理法が多少違っても、同じ素材を使っているのですから。料理であれ菓子であれ、大切なのは、基本を守り、良い素材を使い、バランスよく作ることです。私は、あまりにも軽いものはおいしくないと思います。基本を忘れないことが大切なのです。

私が仕事を始めた頃のことで思い出すのは、当時は冷蔵設備がなかったので、もちろん、ショーケースの中にも今ほど種類は並んでいませんでした。菓子店はだいたい月曜日が休みで、週の初めはまずフールセックを作ります。これを一度作ると、密閉できる缶に入れて湿気を避ければ週末まで保存できるのです。

2日目はタルトゥの台を作ります。3日目はビスキュイを作り、4日目はケーキのモンタージュをする。こうやって、お客様がケーキを買いに来られる週末、土・日に合わせて菓子を作るのです。ウイークデーはシュー・ア・ラ・クレームやタルトゥとか、比較的安い菓子が売れ、アントゥルメは主に土・日か祝日にしか売れませんでした。製造の工程も今よりずっとシンプルだったわけです。

昔は、皆待つことを知っていました。週末に親戚や友人達を招待する場合、3〜4日前に菓子を注文にやってきたものです。今は、プティ・フールもフール・サレもトゥレトゥールもプティ・ガトーもアントゥルメも、毎日のように求めていかれます。10人分、20人分のケーキを、いきなり電話で「2時間後に取りに行く」などと言われます。だれもがわがままになってきました。生活の仕方が変わってしまったのです。すべてのことが予告なしに始まり、忙しく過ぎ、じっくり計画を立てる余裕などありません。共働きの夫婦が増えたことも大きいでしょう。もし突然の来客があれば、電話で料理やデセールを注文する。ここ数年、とくにこの傾向が強く、売り上げは伸びています。こちら側としては、そうしたニーズに応えなければいけないのですが…。

青年期　1964-1974

Épisode 10　レストランのディナーとトゥレトゥールの大きな違い

私が初めて『ミエ』で働いたとき、店はまだオープンして3年か4年しかたっていませんでした。トゥレトゥールは、わずかにガレットゥ・オ・フロマージュや、ガレットゥ・パルムザンヌ、ブーシェ・ア・ラ・レーヌ、ニョッキなどがあるだけでした。そのほかには、ラムカン、グジェールなどがトゥレトゥール的なものとしてありました。少しずつ注文に応じて魚の冷製料理やハムのパイ包みなどを作るようになりました。でも、トゥレトゥールの需要はほとんどありませんでした。33年前といえば、ほかの菓子店でもトゥレトゥールというものはほとんど扱っていませんでした。惣菜店がわずかに存在していましたが、菓子店が惣菜を作るということはまずありませんでした。シャルキュトゥリー（ハム、ソーセージ類を売る店）が惣菜を作って売っているのが普通でした。

『ミエ』でトゥレトゥールが発展したのは、私が料理の勉強を始めてからです。私はパティスィエのCAPを取ってから1～2年後に料理を始めました。私が料理を勉強したこと、そして、顧客のニーズに応えて菓子店でもトゥレトゥールを手がけるような時代の流れになってきたことなど、機が熟したというのでしょうか、『ミエ』でもトゥレトゥールの販売を拡大していきました。

トゥレトゥールを始めた頃は、メニューも1人分の小さいサイズのものばかりでした。舌平目のフィレのノルマンディー風、ホタテ貝のソース添え、冷製の魚料理、それから、大きいものではスズキのシャンパン蒸し、冷製の鮭の料理、ほうれん草を中に入れたハムのパイ包み、鶏のショーフロワ、桃やサクランボを添えた鴨料理各種などが初期のトゥレトゥールのメニューです。それからパーティ用のカナッペやパン・シュルプリーズも作っていました。その後、次第にメニューを増やしていきました。

パティスリーにおいても同じです。レストランでデセール（デザート）に出される菓子は、従来の店で売られる菓子には応用できません。ババロアという菓子は大変古いものなのですが、冷蔵設備がなかった頃は、ブルジョアかお金持ちの家の厨房で作られ食後すぐ食卓に出されるか、レストランでデセールとして供されていただけでした。それが冷凍庫や冷蔵のショーケースの登場によって、菓子店でも売ることができるようになりました。それでも、やはりレストランでし

か食べられない菓子はたくさんあります。温かいうちに食べなければならないグラタン・ドゥ・フリュイ(フルーツグラタン)やスープ・ドゥ・フリュイ、作ってすぐにサービスするクレープ・シュゼットゥなど、サロン・ド・テでなら作ることが可能でも、菓子店では売れないのです。

レストランの料理というのは、作ったらすぐにそのままお客様のテーブルにサービスされます。そしてすぐに召し上がっていただけます。1人分ずつに盛られたものであれ、大皿料理であれ、最良の状態で出せるのです。例えば、ソースはそれほどとろみを付けずにすみますし、すぐに食べていただけます。いっぽうトゥレトゥールは、すぐには食べていただけないことを前提に、お客様が温め直すことを考えなくてはいけません。素材は同じものを使っていても、違ったものになります。ソースは繊細すぎてはいけません。例えば、ブール・ブラン(ホワイト・バター・ソース)はバターでモンテ(仕上げる)したらすぐにサービスしなければなりません。温め直すのは非常に難しいのでトゥレトゥールには向きません。

お客様はプロではないのです。それに、トゥレトゥールを買っていかれるお客様は、自分が人を招いている立場ですから、キッチンに立ちっぱなしというわけにはいきません。招待客の相手をしなければいけませんから、温め直しに手間がかかったり、ソースの仕上げが難しかったりするものは喜ばれません。レストランの料理をすべてトゥレトゥールに応用することはできません。トゥレトゥールの場合、魚や肉、ソースもお客様が温め直すことを前提に加熱・調理をします。

しかし、『ミエ』がやっているように、トゥレトゥール料理を出張して作ることもあります。これは費用が高くつくので、それほど頻繁にはありませんが、ビジネス会食のために会社または個人のお宅に出張する場合は、レストラン料理と同じように作ることができます。お客様がお持ち帰りになる場合は、レストランと同じようにはいきません。

Adulte
成人期 1974-1997

Épisode 11
変えるものと、変えてはならないもの。継承することの大切さ。

私がシェフ・パティシィエになったのは、自然な流れでした。私が24〜25歳の頃です。『ミエ』の最初のシェフはミエ氏です。そのあとがアレマニー氏というスペイン人で、とても勤勉で親切な人でした。もっとも、その頃はまだミエ氏がいつも店にいました。厨房に立つことはなくても、存在感がありました。

私がシェフになったことで、とくに大きな変化はありませんでした。もしほかの店のシェフに就任するのでしたら、特別な何かがあるのでしょうが、私は『ミエ』で見習いからコミになり、部署の責任者になり、すべての部署を経験し、自然な流れでシェフになったので、何も難しいことはありませんでした。シェフになったからといって、店の中のさまざまなことをすべて変え、新しくする必要はありません。反対に、ミエ氏に敬意を払って仕事を継承しなくてはいけません。まずは、それまでのやり方を忠実に守って質を保たなければなりません。何年かたつうちに少しずつ従業員も変わっていきますが、店というものを変えてはいけません。とくに有名店であれば、菓子の作り方を変えてお客様をがっかりさせてはいけません。継承することが大切なのです。もちろん発展も必要ですが、すべてを変えてはいけません。大切なのは継承することです。

トゥレトゥールを拡大したり、新作を発表したり、少しは流行を追ったりはしましたが、『ミエ』そのものを変えてしまおうとは思いもしませんでした。店が大きくなり、売り上げが伸びるというのは自然なことですし、そのなかには発展もありました。もし私が違う店のシェフに新たに就任するのでしたら、従業員達も入れ替えて新しいことをしたでしょうが、私がシェフになったときの従業員は、師匠であるミエ氏の時と同じでしたので、そのまま受け継いだのです。

その頃、色々なものが"発展途上"でしたが、菓子店で最も可能性のある未知の分野がトゥレトゥールで、この頃大きく発展しました。その他については、それほど大きな変化はありません。冷蔵設備の登場で、ババロアやフルーツのムースなどが作られるようになりましたが、使っている素材は昔と同じです。アーモンド、チョコレート…。流行による発展があったとすれば、チョコレートとフルーツです。チョコレートは、どのような層にも常に人気があります。ガトー・ショコラも、春向け、夏向け、秋向けと季節によって作り分けられました。フルーツも外国から色々なものが入ってきました。

冷蔵設備によって、菓子に使う酒と砂糖の量が減りました。まだ冷蔵庫がなかった時代には、菓子を作るのに砂糖やアルコールをたくさん使いました。砂糖やアルコールが保存可能な期間を長くしてくれるからです。減らし過ぎてはいけませんが、たしかに昔の菓子は甘すぎたと思うのです。酒もそうです。酒は風味を豊かにするために適量を使うととても効果的ですが、酒の入りすぎた菓子はおいしくありません。

Épisode 12
毎日の仕事がコンクール。最高の素材を選び、最高の技術で。

コンクールに出るのが大好きな人がいますが、私はコンクールには消極的でした。いくつかは出場しましたが、ほとんど出ていません。理由はいくつかあります。まず、他人と競うのが大嫌いなのです。2つ目の理由は、ミエ氏が私にコンクールに出ることを勧めなかったからです。彼自身はたくさん出たのにもかかわらずです。

彼がいつも私に言っていたことで、私も本当にそうだと思うのは、「毎日の仕事がコンクールである」ということです。最高のコンクールとは、毎日おいしい菓子を作ることであり、芸術的なケーキを作ることではなく、お客様においしい菓子を提供することです。批判するわけではありませんが、コンクールに出るのが大好きな人でも、自分の職場に帰ると、おいしくも、きれいでもない菓子を作っていたりします。壁には立派な賞状が飾ってあります。ミエ氏は、「パティスィエとはコンクールに出るために存在するのではなく、おいしい菓子を作るためにいる。本当の意味でのコンクールとは、最高の素材を選び、最高の技術で、毎日おいしい菓子を作ること」と教えてくれました。毎日がコンクールなのです。決して人を押しのけてきれいなメダルをもらうことではありません。「コンクールに出た人すべてが、おいしい菓子を作っていない」とは言いません。というより、受賞者のほとんどは、受賞後もおいしい菓子を作り続けています。しかし、なかには名声を得たいがためにコンクールに出場し、受賞したあとは、受賞による知名度を最大限に利用して講習会の講師や有名ホテルのシェフにおさまり、安穏な暮らしに甘んじてしまう人もいます。学校の先生にでもなれば、決められた時間割以上は働く必要がありませんし、バカンスも長く取れて楽かも知れません。でも、私は違います。私はコンクールに興味がないのです。人と争うのも好きではありません。

審査員を頼まれることはよくあります。しかし、私は他人に点数を付けたりするのが苦手です。他人の生き方がそうであるように、作ったものも、それを評価したり批判したりするのは、本当に難しいことです。

私が受けたわずかな賞のうちの1つは、年間最優秀シェフ・パティスィエに贈られる《キュリナリー・トロフィー》で、たしか1983年度です。これを知らされたときは大変びっくりしました。そして、煩わしく思いました。賞というものが好きではないんです。不愉快というわけではないのですが、とにかく目立つことが苦手なのです。いい仕事をするのが一番の歓びで、こういった賞をもらっても、それほどうれしいとは思いません。肩書きなど欲しいと思ったことはありません。本を出したときも、著者紹介の欄に「何とか賞を受賞」だとか「若きキュイズィニエ・トゥルトゥール」だとか書かれると、もうゾッとします。そんな風に紹介されるのは、私にとってあまり気持ちの良いものではありません。人から評価されるのも嫌いなのです。日々の自分の仕事を全うする、興味があるのはそれだけです。それが私の歓びなのです。目立たないところにいたいのです。会合などで記念写真を撮るとき、必ず最前列に陣取る人がいますが、私はそういうのが嫌いで、必ず後ろにいます。

関心があるのは、自分の仕事を一所懸命にすること、尊敬する人達との間に友情をはぐくむことです。仕事はお金のためではありません。私にとっての報酬とは、仕事をする歓びと、大好きなこの人生を謳歌することです。賞や肩書きのために働いたことはありません。もっとも、大好きな人達からは褒められたいです。それは思います。

この仕事以外にも、色々なことができたかも知れません。けれど、この仕事以外には興味がわかないのです。

私はシェフ・パティスィエとしての責任で『ミエ』を切り盛りしていますが、自分自身の管理は、まるでできません。性格なんでしょう。業者に技術指導をしても、請求書を送り忘れてばかりです。興味がないのです。人に喜んでもらえればいいのです。請求されていないことに気付いて連絡をくれる業者もいますが、請求書が来ないのをいいことにそのままにしてしまうところもあります。死ぬまでこうでしょう。でも、それで幸せなんです。

Adulte
成人期　1974-1997

Épisode 13
"スーパーエポック"による深刻な状況。
私達は本物の素材を守るために闘うのです。

1970年から1990年までは、"スーパーエポック"で、人々はたくさん消費し、大きな発展があり、個人も企業もとにかくたくさん買い物をしていました。すばらしい時代でした。私が仕事を始めた頃に比べれば、90年までの変化は革命的です。しかし、店で作る菓子には特別大きな変化がありませんでした。ガトー・ドゥ・フリュイ(フルーツのケーキ)、ガトー・ショコラ、ババロワ、ムース・オ・フリュイ…。

料理については、いつも同じものとは言えませんが、基本的な、クラシックなもの、例えば、ブランケットゥ、鴨料理などを作っていました。

フランスと日本とでは、食生活を取り巻く状況にも違いがあると思います。例えば、食材や料理に関する流行についてはどうでしょうか? フランスでは"旬"の素材を使って、ほとんど同じものを作っています。多少季節に合わせた味付けの変化はありますが、とくに私の店はそうです。大切なのは季節の素材を使うことです。季節によって作り方を変えたりはしますが、すべてを変えるということはありません。流行にとらわれず、自分達の菓子を作ることを日々心がけています。そして、そんな考え方で菓子を作ってきたからこそ、お客様が私達の作る菓子を変わらず支持してくださっているのだと思います。

90年以降、経済が変わり始め、不況で生活水準も変わりました。現在までに、かなりはっきりとした人々の生活スタイルの変化がありました。失業者も増えました。国民の消費が減ったため、多くの企業が問題を抱えています。経費削減で労働時間も減りました。昔は、仕事を持つことが、人々の何よりの望みでした。たとえきつい仕事でもかまわないのです。仕事を覚え、たくさん仕事を頼まれても、すべて受け入れていました。ところが、現代の"いい仕事"とは、短い時間でたくさん稼げる仕事、きつくない仕事、休暇が取れる仕事…、私が見るところ、そういうことになっているようです。パティスィエやキュイズィニエの仕事でさえそうなっています。多くのレストランが悩んでいます。ランチかディナーのどちらかしか営業しないところが増えています。人件費の高いフランスではやむを得ないのです。

この仕事もやりにくくなりました。もうだめだというわけではありませんが、難しい問題が以前よりずっと多くなりました。昔と同じ量の仕事を、昔よりずっと少ない人数でこなさなければなりませんが、それでも、もちろん質は保たなくてはなりません。良い材料を選び続けるのも難しくなりましたし、そのうえ人々の財布のひもがかたくなりました。そうした障害や難題のすべてを克服しながら仕事をしなければならないのです。

人々の買い物の仕方も変わりました。グランド・シュルファス(『カルフール』のようなハイパーマーケット)ができ、そこでほとんど買い物をするようになりました。ファスト・フードも増え、食のスタイルも変わりました。そのために小規模のレストランは大変苦しんでいます。食べ物を大量生産する工場が次々に新製品を作り、お客様はそういうものを安い価格で買うようになりました。それによって人々の味覚まで変わってきました。年配の人は昔の食べ物の味を覚えていますが、若い人達は手作りの食べ物の味を知らず、大量生産の新しい食品ばかり食べています。そのために、若い人達の味覚が変わってしまい、昔の味、手作りのものが失われていくことを私は恐れています。

職人仕事にかかるさまざまな重圧に加え、製造・流通システムの変化があります。ピザなんて、信じられません。電話1本で夜中に配達してもらえるんですから。ローストチキンもそうです。年中、そして1日中"お手軽に"手に入るものがたくさんあります。こういうものが、人々の食を変えてしまいます。レストランにすら行かなくなり、街の小さい菓子店でケーキを買うこともなくなり、スーパーの冷凍ケースに並ぶアイスクリームを買い、菓子も大量生産のものですませてしまう…。手軽さと安さを求めるこの風潮が、パティスリー業界にも、レストラン業界にも大きく影響しています。

数年前、パティスィエ、キュイズィニエ、シャルキュティエ(豚肉食品製造職人)など、ガストロノミーに関するすべての分野の職人達が《味の週間》をつくりました。テレビ・ラジオ・雑誌とタイアップし、1週間にわたって、あちこちの学校で味や素材についての講演を行ったのです。現代の都会で育った子供達の多くは、野菜や果物についてよく知らないのです。私は子供達にリンゴやミラベルやインゲンがどこに生えているか聞きました。彼らは知らないのです。彼らはインゲンが木に生えているのかと私に質問しました。何にも知らないのです。魚の種類だって知りません。魚は切り身になっているものしか見たことがないのですから…。職人達が行った講演は、まったく難しいものではありません。「チョコレートはカカオの実からできる」というようなことを説明するだけです。子供達は、板状になって紙にくるまれているのがチョコレートだと思っているのです。

味を守っていくために、数年前からこの《味の週間》を続けています。将来の消費者はこの子供達なのですから。もし子供達

が味覚を失ったら、私達の仕事はなくなってしまいます。だから、いま闘わなくてはなりません。子供達に味を教えるのです。

子供達がキャラメル味のキャンディーを食べたとき、それは工場で大量生産されたもので、砂糖から作った本当のキャラメルではなく、キャラメルの香料が入っているだけの偽物なんです。そういうものしか食べていない子供は、当然その味に慣れてしまっています。もし砂糖を煮詰めて生クリームとバターで作った本当のキャラメルを食べたら、その子は顔をしかめて「おいしくない」と言うでしょう。

味覚は、そんな風にして"つくられて"しまいます。本当の砂糖と本当のバターと本当の生クリームで作ったキャラメルの味には慣れていないので、「おいしくない」と言うのです。だから闘うのです。本物の素材を守るのです。すべてにおいてそうです。ニンジンも、インゲンも、缶詰や冷凍食品ばかり食べるようになっています。メロンの味にしても、本物のメロンを食べたときに、慣れている味ではないことにショックを受けます。事態はきわめて深刻です。

ちょっとしたエピソードをお話ししましょう。本当にあった話です。ある日、お客様が私の店でバニラのアイスクリームを買っていかれました。数日後その人が店に来られて、「このあいだ、こちらでバニラのアイスクリームを買いました。とてもおいしかったのですが、中に胡椒の粒が入っていました」と言うのです。きっとこの人は、ふだんバニラの香料を使ったバニラのアイスクリームをスーパーで買って食べているのでしょう。私の店では、バニラのアイスクリームは本物のバニラ・ビーンズを煮出して作るので、黒い粒々が入っています。彼はそれを知らなかったのでしょう。この話は現状をよく物語っています。人はこういう風に"本物"の味に出会って、味覚を発達させていくのです。そういうことの積み重ねが大切なのです。

Maturité

熟年期 1997〜

Épisode 14 人生を決めた母の料理。 そして、ミエ氏との出会い。

好きな仕事、そして、かけがえのない友人…。たくさんの人達との出会いのなかで、最も深い影響を受けたのはミエ氏との出会いです。私にこの仕事を教えてくれた人ですから。気が付いてみれば、もう33年も彼のところで働いています。
ミシェル・ルー氏からも多くの影響を受けました。一緒に仕事をしたのはわずかな期間でしたが、今も変わらぬ友情で結ばれています。弓田氏もそうです。大切な人です。彼との出会いは、私の人生の中でとても重要なものです。
ルー氏はパティスィエ兼キュイズィニエで、彼の作る菓子は、主にレストランの菓子です。お兄さんと一緒にレストランをやっていて、デセールを作っています。彼らは、イギリスに店を出す前はレストランで働いてはいませんでした。見習いを終えた後、兄のアルベール氏はイギリス大使館で、弟のミシェル氏はカトリーヌ・ド・ロスチャイルド家の料理人になりました。ロスチャイルド家は有名な財閥で、お抱えの料理人がいます。ここで作るものはレストランの料理とはまた違うものでした。
プロ向けのセミナーに行ったときに彼らと知り合いました。その後、ミシェル・ルー氏がMOFのコンクールに出ることになり、研修でイギリスから『ミエ』に来たとき、私は彼の仕事ぶりを見て勉強することができました。このようなコンクールに出場する人の技を見ることができたのは、私にとって大変刺激になりました。それから、彼は私をイギリスのレストランに招待し、彼の料理をごち

そうしてくれました。本当にすばらしい人です。もう25年来の友人です。

それから、ジャン・ドラベーヌ氏。ミエ氏の友達だったので、私も若い頃から知っていました。私とは世代が違いますので、それほど親しくはありませんでしたが、よく彼のレストランへ食べに行きました。彼もキュイズィニエ兼パティスィエです。パティスィエのMOFですが、彼自身の店はレストランです。大好きな人です。彼の店で働いたことはありませんが、彼の店の若い従業員達がよく『ミエ』に研修に来ていました。ご本人も、日曜日の朝など、ミエ氏に会いがてら『ミエ』にクロワッサンを食べに来ていました。とにかくすばらしい人で、私はとても憧れていました。

私の母も、私に影響を与えた1人です。プロが作ったものでも、プロではない人が作ったものでも、心を込めて作ってくれた料理というのは、子供にとって大切な思い出です。パーティや親戚の集まりなど、子供にとっては、たくさんのすてきな思い出が残るものです。そして、新しい味との出会いは、とても大事な経験になります。味覚の覚醒になるのです。子供の頃の味覚に関する思い出の多くはお祝い事と関連しています。お誕生日のパーティで食べた菓子の味、何か特別な食事のときの味、そういったものが最良の思い出として記憶に残るのは当然でしょう。

私が思い出すのは、決して特別な食べ物ではありません。母が作ってくれたタルトゥ、いい香りのする菓子、そう、それらが私の心の奥底にあった味覚の感覚を呼び起こしてくれたのです。味の初めには、まず匂いがあります。オーブンから漏れてくる良い匂い、それが味を豊かに想像させ、家族団欒やパーティなどの楽しい思い出へとつながります。そんな"匂いと味"が私をこの仕事に誘い、上手に作りたいと思わせたのです。今でも仕事をしていてオーブンから焼き菓子の匂いが漂ってくると、子供の頃を思い出します。母が作ったおいしい菓子、おいしい料理…。私にとってはすばらしい思い出です。

昔は、食事の用意のために、よく母と一緒にマルシェへ買い物に行き、野菜を吟味して買い、肉屋さんで肉を、シャルキュトゥリーでハム・ソーセージを、そして魚屋さんで魚を買いました。今のように1カ所でほとんどのものが買えるということはありませんでした。母はプロではありませんでしたが、料理を作ることが好きだったのは確かです。家事としてやっていたわけですが、肉を焼いたり、ケーキの生地を焼き縮みしないようにゆっくりと混ぜたりするのを見て、私は自分もそうやればいいのだと、自然に覚えました。

今は、それほど若い人でなくても、料理といえば、缶詰を開け、出来合いのマヨネーズのチューブを絞ります。マヨネーズは卵黄と油を混ぜて自分の手で作るものです。料理をするというのはそういうことです。材料からすべて自分の手で作ることです。缶詰を開ける、袋を切ってお湯で溶く——母の料理はそういうものではありませんでした。まず材料を買いにマルシェに行き、それ相応の技術で調理しました。いつも調理に気を配ってました。そして、最後においしくできたものを食べる。母の料理や菓子作りは、精神的にも味覚の面でも、すばらしいお手本になりました。私にとっては良い思い出であると同時に、"プロとしての仕事"にも大きな影響を受けました。

フライド・ポテトを食べたいときは、じゃがいもを切ることから始めます。サラダは袋に入ったものではなく、サラダ菜をちぎって水で洗います。ドレッシングも、塩、胡椒、酢、マスタード、油で作ります。買ってきた瓶から振りかけるものではありません。私の家では全部自分の家で作っていました。

両親は、いつも「とにかく食べてみる」ということを、私達兄弟に教えました。今の子供達は、出されたものでも嫌いだといって食べなかったりしますが、私の家ではあり得ないことでした。キャベツが出た日にはキャベツを食べる、ニンジンが出た日にはニンジンを食べる。食べなければなりません。"食べる"ということを学ぶのです。今の子供達は、あれが嫌いこれも嫌いと言って、ピザやハンバーガーなど同じものばかり食べています。信じられません。私の両親は「今日はこれを作ったから、これを食べなさい。それが嫌でも、ほかに食べるものは何もありませんよ」「全部食べ終わるまで席を立ってはいけません」と言い続けました。大切なことです。私は嫌いなものがありません。何でも食べ、何でも好きになります。大人なのに、レストランで「これは嫌い、これも嫌い」と言ってる人がいます。私には信じられないことです。

私は、おいしいものは全部好きです。手の込んだ料理だけがおいしいのではありません。シンプルでおいしいものも、たくさんあります。緑の野菜を添えたグリヤードとか、おいしいサラダとか…。何でも好きです。すべての味が好きですし、あちこちに行って色々な味に出会うのが好きです。好きなものが少ない人は、淋しい人です。すべての味を積極的に試し、未知のおいしさとの出会いを逃がさないことです。私にとっては、それが生きる歓びなのです。

Maturité

熟年期 1997〜

Épisode 15
教えることは、学ぶこと。講習会での出会いと交流から得たもの。

ミシェル・ペルティエ氏や、『フォション』のボンテ氏からも多くの影響を受けました。また、私は若いうちから色々な講習会をやってきたので、たくさんの職人達と知り合いました。会合を持ち、セミナーにも積極的に参加しました。

私はパティスリーでCAPとメトリーズ（Brevet de Maîtrise；経営者証書）を取得し、料理でもCAPを取ったので、講習会を開催することをミエ氏が強く勧めてくれたのです。常に職人達と交流し、話をしたりルセットゥを交換したりしてきました。『ミエ』は有名店なので、『グラン・マルニエ』をはじめ多くの業者から商品のプロモーションのための講習会に招待されました。まず商品のサンプルを渡されて試作をし、感想を求められ、実際に講習会を行うといった段取りで、若い頃から自動的に勉強の機会を与えられてきたのです。

学校でも教えました。『ラ・ヴァレンヌ』という学校で、パリにあるアメリカ人の学校です。アメリカ人やオーストラリア人、イギリス人といったアングロサクソンが主な生徒です。そこには専任の講師もいましたが、私のように普段は自分の店で働く非常勤講師のシェフ達もいました。私も『ミエ』の仕事のあと教えに行きました。

『カルピジャーニ』などメーカーの主催する講習会や、プロ向けのそのほかの講習会も数多く行いました。パティスリー協会主催の講習会にも積極的に協力しました。そうやって業界での知り合いも増え、本を出す話にもつながったわけです。

Son chemin

Maturité

熟年期 1997〜

Épisode 16 よく働き、人生を謳歌する人。
信念に生きるジャン・ミエ氏。

尊敬する人は、何といってもジャン・ミエ氏です。私と同じように質素な家庭に育ち、自分で小さな店をオープンしました。仕事という梯子を自分の力だけでよじ登り、いちばん高いところまで到達したのです。いつも何かに取り組んでいる人です。そして人間が大好きな人です。決して後退しない人です。彼は実にたくさんのことを成し遂げてきました。私と彼は似ているところがあります。だからこそ、うまくいっているのです。

私は彼をよく知っています。もちろん、彼の人生のすべてを知っているわけではありませんが…。彼はさまざまな仕事と取り組んできたなかで、パティスィエであることから離れることは決してありませんでした。色々なコンクールに参加するのが好きでした。そして自分の会社をつくり、その経営に精魂を傾けました。その後、代わりの経営者を見つけて自分は少し距離をおき、組合の仕事をしました。私は組合というのがあまり性に合わないのですが、ミエ氏は献身的に貢献してきました。もちろん、組合の仕事から彼個人への見返りなど一切ありません。それどころか、会長としてどんなに一所懸命に働いても、何かと批判されることが少なくないのです。もっとも、ほとんどの場合、批判するのは「何もしない人」なのですが…。

ミエ氏は信念の人です。彼が組合のなかでしてきたことは、すべて菓子職人のためなのです。彼は自分のために何かをしたことはありません。もっと自分自身のために働けば、もっとお金を儲けることもできたはずです。そうすれば、今よりもずっと楽だったでしょう。しかし、ミエ氏は、富ではなく信念に生きる人なのです。もう何年もパティスリー協会の会長を務めていますが、彼のような人は2人といないと断言できます。

職人としても最高です。そして、周りの人のために惜しみなく働きます。自分自身を成長させるため、そして職人達がよりよい環境や条件で仕事ができるように働いているのです。これが、ミエ氏という人です。

ミエ氏は、じつに飾り気のない人です。歓びを人と分かち合い、人生を謳歌しています。よく働き、仕事の後は楽しく過ごす──ミエ氏と私は、そういうところが似ていると思います。

Épisode 17 手間と時間がかかる本物づくり。昔に還ることで、"食"の革命を！

私が望むことは、停滞している商業がまた活発になることです。現在、フランスの景気はあまりよくありません。仕事があればもっと良くなるのですが。お客様があまり買ってくださらないのは、悲しいことです。フランス菓子がどのように発展して欲しいかといえば、まずお客様がたくさん買うようになって欲しいです。

革命とは、伝統を守るために闘うことだと思います。伝統的な行事を尊重し、職人達が良い素材を使えるように闘わなければなりません。良い素材がなければ、おいしい料理も、おいしい菓子も作れません。料理も菓子も、基本は材料の買い付けです。良いものを手に入れるために工夫しなくてはなりません。基本を守らなくてはならないのです。

今、多くのパン屋や菓子屋が、出来合いの材料を使っています。たしかに、手間がかからない分、人件費の節約にはなるでしょう。人件費はとても高いですから。自分の仕事を愛していなければ、たしかに金儲けはできるでしょう。冷凍のクロワッサンを買ってきて、発酵させて焼いて店に出せばいいのです。もちろん、味はいつでもどこでも同じものになります。どこの店もみな同じクロワッサンを使っているのです。その味は、たとえ本物のバターが入っていても、本当においしいものにはなりません。

私はこの仕事のすべての工程が好きです。どの仕事も好きです。もし出来合いの材料だけを使っていたら、従業員の育成ができません。若い人達が、インゲンや果物が大地に育つものだということを知らなくなっているのと同じです。出来合いのものを使い続ければ、パティスィエたちはフイユタージュ（折りパイ生地）をどう作るのかさえ知らなくなります。クロワッサンの作り方も知らなくなります。それではもう職人ではなく、単なる工場の作業員に過ぎません。その辺にいる人を連れてきて、35gか40gになっている冷凍クロワッサンを渡して、発酵の仕方、塗り卵の仕方を見せ、このオーブンに5分、上のオーブンに5分、最後にここで3分、と教えればいいのです。そうなれば、もう職人はいなくなります。もし近い将来、"食"の革命を望むなら、昔に還ることです。でもそれは難しいことです。

どうしても納得がいかないのは、税制です。職人仕事というのは、雇用を生み出します。どんな分野にせよ、どうしても人の手がなければできない仕事だからです。失業者を仕事に就かせる機会を生み出すのですから、特典があってよいはずです。ところが、フランスでは逆なのです。人を雇えば雇うほど税金を多く払わなければならないのです。反対のはずです。雇用があれば、失業者が減るのですから。世の中、逆さまになっています。料理でも菓子でも、この仕事には人手と時間がかかるのです。

私に言わせれば、大量生産の工場こそ税金を多く払うべきです。今や、工場は少しも雇用を生みません。パティスリーであれ何であれ、機械を調節してスイッチを入れるだけで、大量の製品を作ります。人の手は必要ありません。人件費をかけずにどれだけ利益を上げるかがすべてなのです。これでは失業者を増やすばかりです。機械に任せれば任せるほど失業者が出るのですから、こういう業者ほどペナルティーとしての税金を負担すべきです。食品に限らず、すべての製造業は、雇用を生む職人仕事をもっと見直すべきなのです。

今、私達は金儲けがすべての世界に生きています。人件費をかけずに生産力を増す、空調の効いた施設で作った野菜や果物を買う――当然、品質は落ちていきます。世の中、どんどんおかしくなっています。いつも金儲けのことばかり。できるだけ働かずに、少しでも多く儲ける方法を追求しています。逆なんです。料理がそうであるように、人生においても、基本を守らなくてはいけません。生活の質を上げるためには、なるべく働かないで報酬を得ようなど、とんでもありません。私はインテリではありません。一所懸命に働いてきたからこそお金が得られるのです。働かない人にお金を得る資格はないはずです。今フランスでは、働く人が働かない人のためにお金を払っています。それは、あるべき正しい姿ではありません。

Maturité
熟年期 1997〜

Épisode 18 人生の価値を生み出すのは、働くこと、良き友を得ること、そして、食べること。

ガストロノミーは、フランスのアイデンティティーそのものです。それはずっと昔からあるもので、生活の中のさまざまな行事やお祝い事の際に、食事、菓子というものが関わってきました。例えば、ビジネスのための会食なども、雰囲気のいいレストランやサロン・ドゥ・テなどにお客様を招いて話し合えば、必ずうまくいきます。
食べることは、とても大切なことです。食べ物というのは、何より身体の成長のために、そして頭脳を活性化させるために、欠かすことができないものです。本当に大切なのです。お祝い事の席で食べた料理や、旅行先で食べた初めての食べ物は、心に刻まれる思い出となります。
発展途上にある多くの国が、人間にとってそんなにも大切な食べ物が不足し、人々は食べることにも事欠き、病気になり、身体も成長しないという、大変深刻な問題を抱えています。
食べ物を得るには何をしたらいいのでしょう。何もぜいたくな食事のことを言っているのではありません。古来、人間は毎日の"普通"の食事のために闘ってきたのです。原始、人間の生活の主な活動は、食べ物を確保することでした。動物を狩り、木の実を穫って、生きていました。年をへて原始の人達も生で食べることから調理することを覚え、次第に進歩して料理ができました。食べ物を得るために闘い続けてきたのが人類の歴史なのだと、私は思います。その間、舌や味覚が発達し、さまざまな進歩がありました。食べることを楽しめる人は、精神的にも豊かで、生きる歓びを謳歌できる幸せな人です。食べることを楽しめない人は、精神性に乏しく、人生に生きる歓びを見い出せない不幸な人です。生きることに歓びを見い出せないのなら、どんなに長生きできても、それが価値ある人生だとは思えません。
私にとって、人生の価値は、働くことと、良き友を得ること、そして、食べることから生まれます。それらを人生から取り除いたら、残るものはほとんどありません。
"食"を仕事としているのは、とても幸せなことです。この仕事は私にとって生き甲斐です。料理、菓子、ともに私が仕事として選んだもので、私のすべてです。

Épisode 19 「もらいたければ、与えることを知れ」他人の歓びが、自分の歓びになる人生。

私が影響を受けた人は、何も有名な人達ばかりではありません。世間的には無名で、マスコミには取り上げられなくても、私が尊敬する人達はたくさんいます。
私のバランスというのは、自然にできたものです。だれでも長所も短所も持っています。だれもが"本能"を持ち、それぞれに"性格"があり、だれひとり完璧な人はいません。私も完璧ではありません。
たくさんの人に出会い、それぞれに影響を受けましたが、私は飾らない人が好きです。出しゃばる人が嫌いです。自分のしていることがよく分かっている人が好きです。人によって、仕事の規模は違います。大きな店を上手に切り盛りしている人もいれば、小さな店ですごくいい仕事をしている人もいます。大事なのは、商いの規模ではなく、お客様を大切にすること、素材を厳選することです。自分のしていることをよく理解して、自分にできることを最大限努力する。そうすれば、マスコミの力を借りなくても、シンプルで良いものが作れると思います。
私の友人で、小さなレストランをやっている人がいます。とても良いものを作っています。大きなレストランで、良いものを作っている人もいれば、そうでもない人もいます。他人を批評するのは好きではありません。勤勉な人を大いに尊敬します。空からものが降ってくるのを待っているような人には興味がありません。仕事をしてそれなりの地位——その地位の高さは問題ではありません——に到達する人、自分の仕事を全うする人が好きです。
フランスのことわざに「もらいたければ、与えることを知れ」というのがあります。人生は、そういうことだと思います。例えば、菓子を作るとき、それは自身の歓びであると同時に、他人を喜ばせることにもなります。もちろん菓子屋もビ

ジネスですが、報酬を期待しているわけではありません。もしそうなら、それは軽蔑すべきことです。

人に何かをしてあげることは、その人を喜ばせたいからです。自分もうれしいし、周りの人にも喜んでもらう。これこそが人生だと思います。人生の目的、それは成長すること、常に何かに取り組むこと。人生とは小さな石をひとつずつ積み上げて、やがて大きなピラミッドを築いていくことに似ています。私達の人生は自然の営みからすれば、ほんの一瞬ですが、自分が生きてきたことの証に、小さな石のひとつでもこの地球に残していかなければなりません。何も残さずに通り過ぎてしまってはいけません。

私が本を書くのは、自分が他人より優れていると言いたいためではありません。私の本から、だれかが何かを得てくれればと願うからです。それが私にとっての報酬であり、歓びなのです。講習会を行うのも同じ理由です。来てくれた人が何かを得て欲しいのです。もちろん、自分自身の研究にもなります。他人に見せようと思うからこそ、研鑽が必要になるのです。他人のために講習をすると同時に、自分自身が大いに刺激を受け、それが自分の成長につながります。

私は欠陥だらけの人間ですが、もしゼロから人生をやり直せるとしても、私は同じ仕事を選び、同じことをするでしょう。今よりもっと頑張りたい。そして、もっと多くのことを、より多くの人達と分かち合いたいと思います。

概要

Présentation

本書アルティザン・トゥレトゥールで提案するビュッフェスタイルや各種パーティのための料理概要の紹介

1巻では料理の基本となるフォン、ソース、生地とパーティのためのトゥレトゥールを7種類紹介します。ここで紹介する全種類をひとつのパーティに出すこともできるし、客数に合わせていくつかの種類だけを選んで出すこともできます。それぞれのセクションから少しずつ選ばれた料理が並んだテーブルはバラエティー豊かで、さらにバランスのよい品揃えを可能にします。反対にひとつのセクションだけを選んだ場合は、個性的でより特徴のあるパーティになるでしょう。

1 フォン、グラス、フュメ、ジュレ

伝統的なフランス料理の基本は、フォン、グラス、フュメ、ジュレの綿密な仕上げ方に立脚しています。材料を厳選し、所要時間を守り、ていねいに作業することが原則です。そして、これが料理人たちの技のレベルを決めることになるのです。

3 生地

アルティザン・トゥレトゥールで多く使われる生地を紹介します。香り、味、食感が十分にあり、料理やソースに負けない、しっかりした生地を作り、料理とのコントラストが存分に感じられるよう焼き上げてください。フォンやソースとともに重要な位置付けにあります。

2 ソース

ほとんどのソースがフォンから作られます。料理を引き立てる役割と同時に、料理全体のでき栄えを大きく左右するものでもあります。フランス料理には、実にさまざまなソースがありますが、その中から厳選したものを種類別に分類して紹介します。

4 フール・サレ

パーティが始まるまでの食前酒に最適な軽い一口サイズのもので、パートゥ・フイユテやパータ・パテで作るのが一般的です。成形してから冷凍保存しておくことが可能です。また前もって早めに焼いておくことも可能です。盛り付けも簡単で、ビュッフェスタイルのパーティではとても食べやすい人気料理です。

5 ミニ・サンドウィッチとプティ・パン・フーレ

フレッシュでバラエティー豊かな組み合わせができるサンドウィッチはどのようなパーティにもかかせない料理です。人気のある料理でパーティメニューには必ずと言っていいほど登場します。

8 温かいブーシェ

寒い季節や夜のビュッフェスタイルのパーティには欠かせないメニューです。このブーシェは温かいので本格的な料理としての味わいも十分あり、よりディナー感覚を提供できるでしょう。ただしサービスのタイミングが重要なポイントになります。

6 カナッペ

カナッペは手をかければかけるほど、より繊細で手の込んだ料理になるのでパーティの内容や予算に合わせることが容易です。材料の選択と注文、作る段取りがポイントになります。たとえば、つや出し用のジュレは作っておいて使いやすい温度にしておきます。彩りも鮮やかでトゥレトゥールの中でもパーティには欠かせない大切な料理と言えるでしょう。

9 ビュッフェのためのグロス・ピエス

ビュッフェテーブルを飾る楽しい料理です。高さがあり、色とりどりで、全体を華やかな印象にして人目を引きつけます。下準備はそれほど難しくはありませんが、組み合わせと彩りがポイントになるので美的センスも発揮してください。

7 ミニョネットゥ

シンプルなものから凝ったものまでいろいろな種類があり、ミニョネットゥが入ることでテーブルがより賑わいます。どれもおいしく人気の高い料理ですが、作る時間がかかる上に作りおきできないものが多く、サービス直前に用意しなければなりません。

10 冷製のブロシェットゥ

バラエティ豊かで色とりどりの組み合わせはテーブルを華やかに演出します。付け合わせ用のソースも必要なので、下準備に時間がかかりますが、豪華な内容のビュッフェパーティには必ずのように登場します。とても贅沢な印象を醸し出す、すばらしい料理です。

Chapitre.1

Les fonds, glaces,
fumets et gelées

Chapitre.1

第1章
フォン、グラス、フュメ、ジュレ
Les fonds, glaces, fumets et gelées

フォンは、ソースや料理そのものの味付けに影響を与える大切な存在で、香り、色、味わいが濃縮されています。蒸し煮やポシェなど、色々な調理の際に用いられるほか、ジュレやソースのベースとなります。
フォンには色々な種類があり、中には多数の使い道を持つものもあるので、料理に合ったフォンを選ぶことが重要です。また、料理の品質を追求するために、その製造と保存の際には、いくつか注意しなければならない点があります。

第1章　フォン、グラス、フュメ、ジュレ

Chapitre.1 – Les fonds, glaces, fumets et gelées

ポイント

Point

材料

フォンはソース、煮込み、蒸し煮などに使う液体で、肉、魚、野菜の風味があるだし汁のことをいいます。

仔牛、牛、家禽、ジビエ、魚などを主材料とし、香味材料を加えて作り、そのまま、あるいは煮詰めてから使います。

昔はフォン作りには大量の肉や魚が使われていましたが、材料も手間賃も高いので、現在では使用する肉や魚の量は減ってきています。しかしながら、良質なフォンを作り上げるためには、その材料の質もよくなければなりません。

例えば、残った魚やアラだけを集めて作ったフォンには、決して魚の身を入れて作ったフォンにあるような繊細な風味は出せないからです。

また、フォンに使った肉は大抵再使用できます（オックステールはサラダに、すね肉はロールキャベツなどに）。もちろん、ビュッフェ料理や、従業員の食事にも使えます。

良質なフォンを作るためには材料を惜しまず作ることをおすすめします。

＜濃度＞

フォンは、調理中に水分が蒸発して濃縮し、味が濃くなるので、味付けには注意が必要です。また、さまざまなスパイスを加えたり、そのほかの材料を混ぜることで、さまざまな味わいが作り出されます。

料理にフォンを使う主な目的は、ほかの材料や香味材料の風味を引き立たせることにあります。作り始めは、香り、味などのバランスが取れていませんが、水分が蒸発してフォンが濃縮するにつれて、風味が増してきます。

さらに濃縮すると、味わいの濃いドゥミグラス、またはグラスが作られます。

また最近は、魚の骨やすね肉、豚の皮、骨や足先を加え、よりゼラチン質の多いフォンを作る傾向があります。この、ゼラチン質を多く含んだフォンによって、ソースやそのほかの味わいのバランスが取りやすくなります。これは最近の料理がおこした大きな革命です。

Chapitre.1 – Les fonds, glaces, fumets et gelées

作り方

料理の仕上がりやそれにかかる費用を考え、規則正しい作業を行うためには、正確に材料をはかり、準備して、ルセットゥに従うことが大切です。フォンはさまざまな材料が集まってできるものなので、味の調和が大切です。

作業をいい加減にしてはいけません。料理の手順に十分気をつけながら、ポイントをおさえ、作業を進めます。例えば、骨をオーブンで焼くとき、肉を炒めるとき、早すぎたり遅すぎたりしないよう、また、十分にアク取りをするなどのポイントに注意しないと、すべてが料理のでき具合いに影響してしまいます。フォンは、気を抜かないでしっかり作ることが大切なのです。

加えて、加熱、アク取り、冷却、裏ごし、保存などの時間もきちんと守りましょう。

＜冷却＞

でき上がったフォンは、氷や冷水などにつけて素早く冷やし、できるだけ早く冷蔵庫に入れます。表面に脂の膜が張ると水分の蒸発がさまたげられて冷めにくくなるので、冷ましている間はできた薄い膜をこまめに取ります。

短時間で冷やすことで次の効果が得られます。

- 短時間で冷やすことによって、水分の蒸発とともに逃げやすい香りを残し、味の質を落とさない。
- 菌が発生しにくく、保存しやすくなる。

＜保存＞

フォン作りには長い時間を要するため、あらかじめ大量に作り、保存しておきます。

保存の際には衛生面での注意点があるので、段取りやストック管理に気を使いながら行います。

24時間以内に使用するなら、4℃で保存します。

それ以降に使うフォンは、ふたのついた容器に移して冷凍します。できれば、小さめの容器に小分けして、必要なだけ解凍できるようにするとよいでしょう。

電子レンジ用のプラスティック製の容器を使うとより便利です。通常は使用時の直前に素早く解凍します。

ストック管理をより確実にするには、各容器に製造日とフォンの種類を記し、さらにノートに製造日やフォンの内容、使った量などを記録しておくとよいでしょう。フォンの品切れなどがなくなり、とても便利です。

フォンは、その使い方や特徴によってさまざまなグループに分かれます。ここでは、11グループに分けて紹介します。

A. フォン・ブラン〈blanc〉（仔牛、家禽）

B. フォン・ブラン〈brun〉（仔牛、『エストゥファッドゥ』）

C. ドゥミグラス、グラス・ドゥ・ヴィアンドゥ

D. フォン・ドゥ・ジビエ（ウサギ、鴨、ジビエ、リ・ドゥ・ヴォー）

E. フォン・ミニュットゥまたはフォン・クール（鳩、仔羊、ほろほろ鳥）

F. ジュ・エ・デグラッサージュ

G. フォン・エ・ジュ・ドゥ・ブレザージュ

H. フュメ・ドゥ・ポワソン

I. ジュレ・エ・クラリフィカシオン（肉、家禽、魚）

J. クールブイヨン、ナージュを使ったポシェ

K. コンソメ

第1章　フォン、グラス、フュメ、ジュレ

Chapitre.1 – Les fonds, glaces, fumets et gelées

1 仔牛のフォン・ブラン

Le fond blanc de veau

フォン・ブランは味わいが軽く、透き通って脂肪分が少ないものです。仔牛の白身の肉と香味野菜を組み合わせ、繊細な味を引き出します。その透明さは素材のよさと製造法によるものなので、骨の処理など準備段階での気配りが大切です。
フォン・ブランは、仔牛肉をベースにしたブーシェ・ア・ラ・レーヌのソース、ソース・ブランケットゥ、ソース・イヴォワールなどの白いソースを作るときに使います。
また、白身の肉を使う仔牛のブランケットゥ、香味野菜のポシャージュ、クネルをポシェ（茹でる）するときにも使います。

器具
大きな銅製のロンドー鍋か大きな万能鍋（深さ40cm、直径40cm）、大鍋、シノワ、プティ・クトー、皮むきナイフ、レードル、刷毛、大きな容器、たこ糸

材料
＜主材料＞
仔牛の骨 7kg
（できればすねの骨）
仔牛のガラ
家禽のガラ 2kg
（鶏、七面鳥の手羽先、首など）
仔牛の足 2本
仔牛のすねかもも肉 1.5kg

＜香味材料＞
にんじん 750g
玉ねぎ 500g
皮付きのにんにく 50g
エシャロットゥ 100g
ポロねぎ 400g
セロリ 200g
ブーケガルニ
・タイム 3本
・ローリエ 2枚
・パセリの茎 20本
クローブ 2個
黒胡椒 小さじ1
コリアンダーシード 小さじ1

水 35ℓ
塩 105g
（1ℓの水に対し塩3gの割合）

第1章　フォン、グラス、フュメ、ジュレ

Chapitre.1 – Les fonds, glaces, fumets et gelées

作り方

＜主材料＞

❶ロンドー鍋に仔牛の骨とガラ、家禽のガラ、足を入れる。

❷常温の水を入れ、この状態から加熱を始め、5分間沸騰させる。この間、浮き脂や骨や肉から出る血がアクになり浮いてくるので、こまめに取り除く。

【ポイント】
熱湯を加えると、骨や肉の表面が凝固して不純物が出にくくなるので、必ず常温の水を加えること。

❸火からおろし、鍋の中に水を流し続けて冷ましながら材料を洗い、こびりついた血糊を取り除く。処理した材料はよく水気をきっておく。

＜仔牛のすね肉＞
仔牛のすね肉は、調理中に解けないようにしっかりたこ糸でしばる。糸先は、後ですぐに取り出せるように鍋の把手に結ぶので、長めに切る。

＜香味材料＞

❶野菜はそれぞれ皮をむく。にんにくは皮をむかないでそのまま使う。

❷ポロねぎの青い部分を縦4つに切り込みを入れ、セロリと一緒にたこ糸でしばる。

❸玉ねぎにクローブを刺す。

❹ブーケガルニの材料を一緒にしてたこ糸でしばる。アク取りのときに一緒にすくわないように、黒胡椒とコリアンダーシードをモスリンで包む。

＜加熱と仕上げ＞

❶万能鍋の一番底に骨を入れ、ゼラチン質や肉が底について焦げないようにする。

❷家禽のガラと仔牛の足を入れる。

❸にんじん、玉ねぎ、にんにく、エシャロットゥ、ポロねぎとセロリ、ブーケガルニを入れ、水を加える。

❹強火で沸騰させ、沸騰したら弱火にしてこまめにアクを取りながら、弱火で2時間ほど煮込む。

❺仔牛のすね肉を入れ、糸先を鍋の把手に結ぶ。

❻塩、モスリンで包んだ黒胡椒とコリアンダーシードを加える。

❼弱火を保ち、ごく軽く沸騰させながらこまめにアクを取り、フォンに透明感を与えるようにする。
調理時間は6〜8時間。

【ポイント】
アクと浮き脂を丹念に取ることと、水をつけた刷毛で鍋のまわりに付着する濃縮されたフォンをこまめに鍋に戻すことが大切。

❽時間になったところでフォンの味をみる。舌全体に十分に力のある味わいが感じられない場合は、さらに煮詰める。

❾でき上がったら、そのままおいておくとにごってしまうので、混ぜないように静かにレードルでフォンをすくい出す。

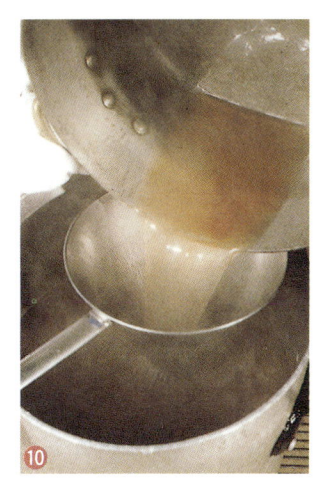

❿フォンをすくいきったら、骨や香味野菜をシノワに取り、残りのフォンをシノワでこす。

【ポイント】
フォンをしぼり出そうとして、レードルで骨や野菜をつぶすとにごってしまうので決してしないこと。

【アドバイス】
濃縮度にもよるが、でき上がりは25ℓが目安。

⓫氷水に浸け、できるだけ早く冷まし、冷蔵庫に入れる。表面に張った脂の膜をこまめに取ること。

【ポイント】
味わいを保ち、細菌の繁殖を防ぐためにとても大切な段階。

＜保存＞
フォンを必要に応じて分け、あらかじめ殺菌しておいた密閉できる容器に入れて急速冷凍し、冷凍庫で保存する。
使用時は必要な分だけ取り出し、電子レンジか湯せんにかけて解凍する。

【ポイント】
解凍後のフォンは室温で放置してはいけない。

37

第1章　フォン、グラス、フュメ、ジュレ

Chapitre.1 －Les fonds,glaces,fumets et gelées

2 家禽のフォン・ブラン

Le fond blanc de volaille

家禽のフォン・ブランの作り方は、仔牛のフォンとほぼ同じです。味がはっきりしていることと透明感があることが主な特徴です。このフォンは家禽類をポシェするときや調理、ソース作りに使います。とりわけソース・シュプレームやソース・イヴォワールなどの家禽をベースにしたとろみがついているホワイトソースに使われます。

器具
大きな銅製のロンドー鍋か大きな万能鍋（深さ40cm、直径40cm）、大鍋、シノワ、プティ・クトー、皮むきナイフ、レードル、刷毛、大きなザル、たこ糸

材料
＜主材料＞
仔牛の骨 7kg
（できればすねの骨）
家禽のガラ 4kg
（鶏、若鶏、七面鳥）
家禽の不要部分 4kg
（鶏、若鶏、七面鳥の手羽先、首、皮、筋など）
仔牛の足 2本

＜香味材料＞
にんじん 750g
玉ねぎ 500g
皮付きのにんにく 50g
エシャロットゥ 100g
ポロねぎ 400g
セロリ 200g
ブーケガルニ
・タイム 3本
・ローリエ 2枚
・パセリの茎 20本
黒胡椒 小さじ1
コリアンダーシード 小さじ1

水 35ℓ
塩 105g
（1ℓの水に対し塩3gの割合）

作り方
＜主材料＞
❶ロンドー鍋に仔牛の骨と家禽のガラ、不要部分、そして仔牛の足を入れる。
❷1 仔牛のフォン・ブラン＜主材料＞❷～❸参照。

＜香味材料＞
＜加熱と仕上げ＞
＜保存＞
1 仔牛のフォン・ブラン参照。

第1章　フォン、グラス、フュメ、ジュレ

Chapitre.1 - Les fonds, glaces, fumets et gelées

3 仔牛の褐色のフォン

Le fond brun de veau

このフォンの特徴は、肉と骨の表面をかなり深い焼き色になるまで焼くことによって出てくる色にあります。香味材料を味と香りに反映させ、脂を取り、鍋のデグラッセをして、ゆっくり煮詰めるなど、作り方をきちんと守ってください。正確に作れば、フォンの色がいくら濃くて琥珀色であっても、決してにごった色や味わいにはなりません。仔牛をベースにした茶色いソースや、仔牛のドゥミグラスを作るときに使用します。

器具
万能鍋、フライパン、ロースト用の鉄板、プティ・クトー、皮むきナイフ、レードル、穴杓子、フルシェットゥ（調理用フォーク）、刷毛、シノワ、たこ糸

材料

＜主材料＞
仔牛の骨	6kg
仔牛のガラ	2kg
家禽のガラ	2kg
豚の皮	1kg
仔牛の足	1本
仔牛のすね肉	2kg
澄ましバター	
サラダ油	

＜香味材料＞
にんじん	750g
玉ねぎ	500g
皮付きのにんにく	50g
エシャロットゥ	100g
トマト	500g
トマトピューレ	300g
ポロねぎ	400g
セロリ	200g
ブーケガルニ	
・タイム	3本
・ローリエ	2枚
・パセリの茎	20本
クローブ	2個
黒胡椒	小さじ1
コリアンダーシード	小さじ1
ナツメグ	少々
水	35ℓ
塩	105g

（1ℓの水に対し塩3gの割合）

作り方

＜仔牛の骨とすね肉＞
❶ ロースト用の鉄板に、なるべく重ならないように仔牛の骨を並べ、少量のサラダ油をかける。230～250℃のオーブンで加熱し、脂を落として深い焼き色をつける。
❷ その間、フライパンに澄ましバターとサラダ油を熱し、たこ糸でしっかりしばった仔牛のすね肉を入れ、深い焼き色をつける。
❸ 刺さないよう注意しながらフルシェットゥで肉を返し、全体を焼く。
❹ ❶と❷をそれぞれ網の上にのせて、肉と骨の脂を十分きる。
❺ 鉄板を強火にかけて水でデグラッセし、底をホイッパーで軽くこすり、付着しているうまみを溶かす。

＜香味材料＞
1仔牛のフォン・ブラン参照。

＜加熱と仕上げ＞
❶ 焼き色をつけた仔牛の骨を万能鍋に入れ、すね肉以外の主材料を加える。すね肉は2時間後に入れる。
❷ 香味材料を加え、鉄板の中のデグラッサージュ（汁）と水を入れる。
❸ 強火で沸騰させ、沸騰したら弱火にして、こまめにアクを取り、弱火で2時間ほど煮込む。
❹ 仔牛のすね肉を入れ、糸先を鍋の把手に結ぶ。
❺ モスリンで包んだ黒胡椒とコリアンダーシードを加え、塩を入れる。
❻ 弱火を保ち、ごく軽く沸騰させながら、こまめにアクを取り、澄んだ色あいで、にごりのない深い味わいのフォンに仕上げるようにする。調理時間は8～10時間。

【ポイント】
アクと浮き脂を丹念に取ることと、水をつけた刷毛で鍋のまわりに付着する濃縮されたフォンをこまめに鍋に戻すことが大切。

【アドバイス】
すね肉はフォンより先に取り出し、ほかの料理（ファルスやコンビネーションサラダ、トマトソースがけなど）に使うために保存しておく。
❼ フォンをこし、冷却する。
（1仔牛のフォン・ブラン参照）

＜保存＞
1仔牛のフォン・ブラン参照。

第1章 フォン、グラス、フュメ、ジュレ

Chapitre.1 – Les fonds, glaces, fumets et gelées

4 茶色いフォン《エストゥファッドゥ》

Le fond brun dit《estouffade》

「エストゥファッドゥ」と呼ばれる茶色いフォンの風味は、牛と家禽と香味野菜の調和から生まれます。しっかりした味わいを持つフォンです。
このフォンは、ソースやドゥミグラス作りによく使われるほか、鴨、ウサギ、ほろほろ鳥のフォンを作るときにも使用されます。

器具
大鍋、万能鍋、フライパン、ロースト用の鉄板、プティ・クトー、皮むきナイフ、レードル、穴杓子、フルシェットゥ（調理用フォーク）、刷毛、シノワ、たこ糸、水切り

材料
<主材料>
牛のもも肉 1kg
仔牛の足 1本
豚の皮 1kg
仔牛の骨 3.5kg
牛の骨 3.5kg
牛のガラ 1kg
家禽のガラ 2kg
オックステール ..1.5kg（1本）
サラダ油

<香味材料>
にんじん 750g
玉ねぎ 500g
皮付きのにんにく 50g
エシャロットゥ 100g
ポロねぎ 400g
セロリ 200g
トマト 約8個
ブーケガルニ
・タイム 3本
・ローリエ 2枚
・パセリの茎 20本
クローブ 2個
トマトピューレ 300g
ナツメグ ....少々
黒胡椒 小さじ1
コリアンダーシード 小さじ1

水 35ℓ
塩 105g
（1ℓの水に対し塩3gの割合）

作り方
<主材料>
❶牛のもも肉を、調理中に解けないようにしっかりたこ糸でしばる。糸先は、後ですぐに取り出せるように鍋の把手に結ぶので、長めに切る。
❷鍋に水を入れ、仔牛の足と豚の皮を入れる。沸騰させて5分間煮て、冷水で不純物を洗い取って水気をきる。
❸ロースト用の鉄板に、なるべく重ならないように骨を並べ、少量のサラダ油をかける。250℃のオーブンで加熱し、脂を落として深い焼き色をつける。
❹その間、フライパンにサラダ油を熱し、牛と家禽のガラ、牛のもも肉、オックステールにも深い焼き色をつける。
❺❸と❹をそれぞれ水切りにあけて、肉と骨の脂を十分きる。
❻鉄板を強火にかけて水でデグラッセし、鍋の底をホイッパーで軽くこすり、付着しているうまみを溶かす。

<香味材料>
1仔牛のフォン・ブラン参照。

第1章　フォン、グラス、フュメ、ジュレ

Chapitre.1 – Les fonds, glaces, fumets et gelées

<加熱と仕上げ>
① 万能鍋の一番底に骨を入れ、ゼラチン質や肉が底について焦げないようにする。
② 牛と家禽のガラを入れる。
③ 仔牛の足、豚の皮を入れる。
④ にんじん、玉ねぎ、にんにく、エシャロットゥ、ポロねぎとセロリ、ブーケガルニ、トマトを入れ、鉄板の中のデグラッサージュ(汁)と水を加える。
⑤ 強火で沸騰させ、沸騰したら弱火にして、こまめにアクを取り、弱火で2時間ほど煮込む。
⑥ トマトピューレとナツメグを加える。
⑦ 塩を加え、モスリンで包んだ黒胡椒とコリアンダーシードを入れる。
⑧ 牛のもも肉とモスリンで包んだオックステールの糸先を鍋の把手に結ぶ。
⑨ 弱火を保ち、ごく軽く沸騰させながらこまめにアクを取り、フォンに透明感を与えるようにする。調理時間は8～10時間。
【ポイント】
アクと浮き脂を丹念に取ることと、水をつけた刷毛で鍋のまわりに付着する濃縮されたフォンをこまめに鍋に戻すことが大切。
⑩ 時間になったところでフォンの味をみる。舌全体に十分に力のある味わいが感じられない場合は、さらに煮詰める。
⑪ フォンをこし、冷却する。
(1仔牛のフォン・ブラン参照)
【アドバイス】
フォンから取り出したオックステールは、保存してほかの料理に使う。

<保存>
1仔牛のフォン・ブラン参照。

第1章　フォン、グラス、フュメ、ジュレ

Chapitre.1 – Les fonds, glaces, fumets et gelées

5 ドゥミグラスとグラス・ドゥ・ヴィアンドゥ

Les demi-glaces et glaces de viande

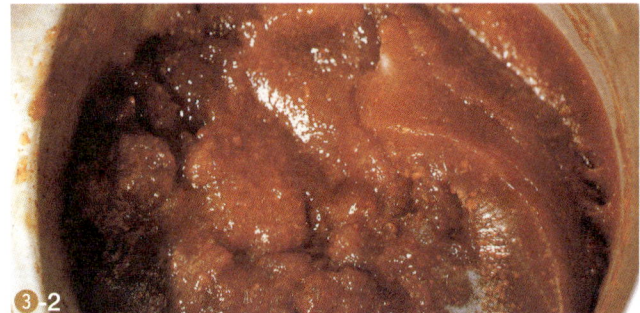

A ドゥミグラス

材料
エストゥファッドゥ 12ℓ
白ワイン 500cc
（ソーヴィニョンなどの辛口）
赤ワイン 750cc
（アルジェリアワイン、ブルゴーニュやボルドーなどフルボディのもの）

作り方
❶エストゥファッドゥをごく軽く沸騰させ、アクを取りながら煮詰める。
❷白ワインと赤ワインを加え、約半分になるまで煮詰める。
❸できるだけ早く冷やす。冷えるにしたがって、にごり状になってくる。

【ポイント】
アクと浮き脂を丹念に取ることと、水をつけた刷毛で鍋のまわりに付着する濃縮されたフォンをこまめに鍋に戻すことが大切。

＜保存＞
1仔牛のフォン・ブラン参照。

B グラス・ドゥ・ヴィアンドゥ

グラス・ドゥ・ヴィアンドゥは決してこのまま単独では使わず、フォンやソースの味と色を濃くするために使います。

器具
銅製のロンドー鍋か万能鍋、シノワ、レードル、刷毛

材料
ドゥミグラス

作り方
❶ドゥミグラスを、シロップ状に色が濃くなるまで煮詰める。

【ポイント】
アクと浮き脂を丹念に取ることと、水をつけた刷毛で鍋のまわりに付着する濃縮されたフォンをこまめに鍋に戻すことが大切。
❷弱火ではじめの量の1/10まで煮詰め、しっかりした味と深く濃い茶色に仕上げる。
❸すぐにシノワでこす。
❹冷えると、かなりかためのにごり状になる。

＜保存＞
グラス・ドゥ・ヴィアンドゥは濃縮度が高いため、長期間の保存が可能。冷蔵庫では2～3週間、冷凍保存も可。

ドゥミグラスとは、とても濃縮されたフォンのことです。酸味を少し出すためにエストゥファッドゥに白ワインを加え、さらに美しい琥珀色とよい味を出すために赤ワインを用います。その濃縮度は、使い方によってかわります。
濃縮しすぎると、ほかの材料の味を隠してしまうので注意しましょう。
蒸し煮用のだし汁やフォンを作るときは、後で煮詰めるので前もって濃縮する必要はありません。
一方、ソースなどのように工程の最後の方に使用する場合は、前もって濃縮して使います。
ドゥミグラスはソース・マデラ、ソース・ボルドレーズやソース・ペリグー、辛いソースのベースとなるほか、蒸し煮用のだし汁やそのほかのフォン作りにも利用できます。

器具
銅製のロンドー鍋か万能鍋、レードル、刷毛

フォンを濃縮するときに使用する鍋は、直径が大きすぎてはいけない。適度な厚みと高さのある万能鍋やロンドー鍋なら、熱が全体に広がり、じっくり時間をかけて濃縮することができる。弱火で長く煮詰めたフォンは、舌ざわりがよく澄んだ深い褐色に仕上がる。
一方、ドゥミグラスを作る過程は、フォンと同様にとても重要なので、浮き脂やアクを取る作業には特に注意を払うこと。これによって透明感と深い味が得られる。

第1章　フォン、グラス、フュメ、ジュレ

Chapitre.1 − Les fonds, glaces, fumets et gelées

6 ウサギのフォン

Le fond de lapin

茶色いフォンと同じく、ウサギの骨やガラのだし汁がフォンの味と色を引き立て、特徴づけます。エストゥファッドゥと、作り方、味わいの深さがよく似ています。さまざまなウサギの料理や、テリーヌ作りに使います。

器具
大きめの手付き鍋、鍋、シノワ、ロースト用の鉄板、プティ・クトー、肉切り包丁、レードル、穴杓子、刷毛、たこ糸

材料
＜主材料＞
ウサギの骨 ....1.5kg（4羽分）
澄ましバター
（サラダ油でも可）

＜香味材料＞
にんじん 150g
玉ねぎ 100g
エシャロットゥ 60g
皮付きのにんにく 60g
ポロねぎ 150g
（細めのもの）
セロリ 100g
トマト 150g
ブーケガルニ
・タイム 2本
・ローリエ 1/2枚
・パセリの茎 6本
黒胡椒 小さじ1
コリアンダーシード 小さじ1
白ワイン 400cc
軽く煮詰めたドゥミグラス
.... 1ℓ

作り方
＜香味材料＞
1仔牛のフォン・ブラン参照。にんじん、玉ねぎ、エシャロットゥは小さな角切りにしておく。

＜ウサギの骨＞
❶ 包丁で骨を小さめにする。
❷ ロースト用の鉄板に澄ましバターを入れ、なるべく重ならないようにウサギの骨を並べてオーブンで焼く。
❸ 全体が軽く色づいたら、にんじん、玉ねぎ、エシャロットゥ、にんにくを加え、骨に深い焼き色がつくまで焼く。
❹ 十分に焼き色がついたら、骨の脂を十分きる。
❺ 鉄板の中の脂をしっかり捨てる。
❻ 再び鉄板を火にかけ、少量の白ワインでデグラッセして付着しているうまみを溶かす。

第1章　フォン、グラス、フュメ、ジュレ

Chapitre.1 – Les fonds, glaces, fumets et gelées

<加熱と仕上げ>
❶大きめの手付き鍋に、香味野菜と骨を入れる。
❷鉄板の中のデグラッサージュ(汁)を移し入れ、残りの白ワインも加え、ここでワインの酸味を抜くため、一度軽く煮立てる。  
❸軽く煮詰めたドゥミグラスを入れて沸騰させ、1時間煮込み、弱火にしてさらに2時間煮る。  
❹ポロねぎ、セロリ、トマト、ブーケガルニを加える。
❺味をみて塩を入れ、モスリンで包んだ黒胡椒とコリアンダーを加える。
【ポイント】
アクと浮き脂を丹念に取ることと、水をつけた刷毛で鍋のまわりに付着する濃縮されたフォンをこまめに鍋の中に戻すことが大切。
❻ウサギの風味が十分に出たら、フォンをシノワでこす。  
❼フォンを軽く火にかけてアクを取る。
❽冷却する。（1 仔牛のフォン・ブラン参照）

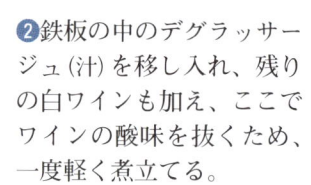

<保存>
1 仔牛のフォン・ブラン参照。

第1章　フォン、グラス、フュメ、ジュレ

Chapitre.1 – Les fonds, glaces, fumets et gelées

7 鴨のフォン

Le fond de canard

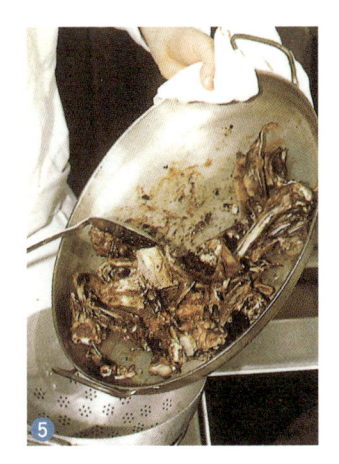

特徴のあるフォンに共通して、鴨のフォンもまたすべての鴨料理にとても合います。鴨のグラスはこのフォンから作ります。

器具
大鍋、万能鍋、シノワ、ロースト用の鉄板かフライパン、プティ・クトー、皮むきナイフ、肉切り包丁、穴杓子、刷毛、水切り、たこ糸

材料
＜主材料＞
生または茹でた鴨のガラ 1羽
サラダ油........................適量

＜香味材料＞
皮付きのにんにく 60g
トマト 150g
ポロねぎ.........................150g
（細めのもの）
セロリ 80g
（太めのもの）
ブーケガルニ
・タイム 2本
・ローリエ...................1/2枚
・パセリの茎....................10本
黒胡椒........................10粒
コリアンダーシード 10粒

白ワイン...................500cc
ドゥミグラス...................3ℓ

作り方
＜香味材料＞
❶ にんにくは皮をむかないで、洗っておく。
❷ トマトを洗ってくし形に切る。
❸ ポロねぎとセロリ、ブーケガルニの材料は、1仔牛のフォン・ブラン参照。

＜鴨のガラ＞
❶ 皮、肉、脂肪分を取り除く。
❷ 包丁で骨を小さめにする。
❸ ロースト用の鉄板に、なるべく重ならないように骨を並べ、少量のサラダ油をかける。230～250℃のオーブンで加熱し、脂を落として深い焼き色をつける。
【アドバイス】
生と、茹でた両方のガラを使う場合は、まず生のガラを焼き、少し焼き色がついたところで茹でたガラを加える。
❹ 全体が軽く色づいてきたら、にんにくを皮付きのまま入れ、さらに十分に焼き色をつける。
❺ 骨の脂を十分きる。
❻ 鉄板を火にかけて少量の白ワインでデグラッセし、鍋の底を刷毛で軽くこすり、付着しているうまみを溶かす。

＜加熱と仕上げ＞
6 ウサギのフォン参照。

＜保存＞
1 仔牛のフォン・ブラン参照。

第1章　フォン、グラス、フュメ、ジュレ

Chapitre.1 – Les fonds, glaces, fumets et gelées

8 ジビエのフォン
Les fonds de gibiers

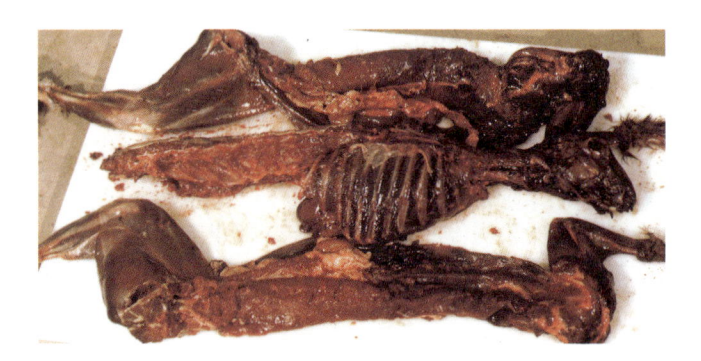

ここで紹介する野ウサギやキジのフォンは、ジビエをベースに仕立てたソースやドゥミグラス作りに使います。エストゥファッドゥと、作り方、味わいの深さがよく似ています。

器具
万能鍋、厚手の手付き鍋、シノワ、プティ・クトー、肉切り包丁、レードル、木べら、刷毛、スクレッパー

A 野ウサギのフォン

<主材料>
野ウサギの骨 1.5kg
澄ましバター 40g
（サラダ油でも可）

<香味材料>
にんじん 150g
玉ねぎ 100g
皮付きのにんにく 50g
ポロねぎ 150g
（細めのもの）
ブーケガルニ
・タイム 2本
・ローリエ 1/2枚
・パセリの茎 10本
黒胡椒 10粒
コリアンダーシード 10粒

白ワイン 100cc
赤ワイン 500cc
（白赤ともにデグラッセ用）
ドゥミグラス 3ℓ

B キジのフォン

<主材料>
キジの骨 1.5kg
澄ましバター 40g
（サラダ油でも可）

<香味材料>
にんじん 120g
玉ねぎ 80g
皮付きのにんにく 30g
ポロねぎ 100g
ブーケガルニ
・タイム 2本
・ローリエ 1/2枚
・パセリの茎 10本
黒胡椒 10粒
コリアンダーシード 10粒

白ワイン 400cc
（デグラッセ用）
ドゥミグラス 3ℓ

作り方（共通）
<香味材料>
1 仔牛のフォン・ブラン参照。にんにく以外の野菜は、皮をむいて、小さいブリュノワーズ（さいの目切り）にする。

<ジビエの骨>
❶ 包丁で骨を小さめにする。
❷ 厚手の手付き鍋に澄ましバターを熱し、❶を入れ、木べらで返しながら焼き色をつける。
❸ 骨に適度な焼き色がついたら香味材料を加え、しっかりと濃いめの焼き色がつくまで炒める。

<加熱と仕上げ>
❶ 焼き色が十分についたら、ウサギには白と赤ワインを、キジには白ワインを加えてデグラッセする。
❷ ワインの酸味を抜くため、一度軽く煮立てる。
❸ 少し煮詰めて、ブーケガルニを加える。
❹ 味をみて塩を入れ、モスリンで包んだ黒胡椒とコリアンダーシードを加える。
❺ ドゥミグラスを入れて沸騰させ、さらに弱火で1時間半煮詰める。
【ポイント】
浮き脂を丹念に取ることと、水をつけた刷毛で鍋のまわりに付着する濃縮されたフォンをこまめに鍋に戻すことが大切。
❻ 6 ウサギのフォン＜加熱と仕上げ＞❻〜❽参照。

<保存>
1 仔牛のフォン・ブラン参照。

第1章 フォン、グラス、フュメ、ジュレ

Chapitre.1 — Les fonds, glaces, fumets et gelées

9 リ・ドゥ・ヴォーのフォン

Le fond de ris de veau

このフォンはあまり作られませんが、とても繊細で深みのある味を出します。しかし、調理中に出る脂肪分が多いので、作り方には注意が必要です。
ブレザージュ（蒸し煮）やリ・ドゥ・ヴォーをベースにしたソース作りに使います。

器具
ロンドー鍋か万能鍋、キャスロール、ロースト用の鉄板、プティ・クトー、皮むきナイフ、レードル、穴杓子、木べら、刷毛、スクレッパー、バット、シノワ、たこ糸

材料
＜主材料＞
リ・ドゥ・ヴォーの不要部分
....2kg
澄ましバター ....適量
（サラダ油でも可）

＜香味材料＞
皮付きのにんにく 15g
エシャロットゥ 70g
ポロねぎ 100g
セロリ 30g
ブーケガルニ
・タイム 1本
・ローリエ 1/2枚
・パセリの茎 10本
黒胡椒 10粒
コリアンダーシード 10粒

白ワイン 100cc
（デグラッセ用）
好みの酒 100cc
（マデラ酒、ポートワイン、シェリー酒）
軽く煮詰めたドゥミグラス
....1.5ℓ

作り方
＜香味材料＞
1仔牛のフォン・ブラン参照。エシャロットゥは、皮をむいて、小さいブリュノワーズ（さいの目切り）にする。

＜主材料＞
❶リ・ドゥ・ヴォーの不要部分は、流水にさらして血抜きをし、水気をよくきる。
（2巻2章5 リ・ドゥ・ヴォーのトゥルトゥ参照）
❷ロースト用の鉄板に澄ましバターを熱し、❶を強火でサッと炒め、250～280℃のオーブンで加熱して脂を十分に落とし、焼き色をつける。
❸脂を十分きり、鉄板の中の脂もしっかりすてる。
❹再び鉄板を火にかけて白ワインでデグラッセし、付着しているうまみを溶かす。
❺リ・ドゥ・ヴォーを戻し、好みの酒を加える。

＜加熱と仕上げ＞
❶キャスロールに鉄板の中身を全部移し入れ、香味野菜を加える。
❷ポロねぎ、セロリ、ブーケガルニを加える。
❸軽く煮詰めたドゥミグラスを加える。
❹味をみて塩を入れ、モスリンで包んだ黒胡椒とコリアンダーシードを加える。
❺弱火で1時間半煮詰める。
【ポイント】
アクと浮き脂を丹念に取ることと、水をつけた刷毛で鍋のまわりに付着する濃縮されたフォンをこまめに鍋に戻すことが大切。
❻フォンをこし、冷却する。
（1仔牛のフォン・ブラン参照）

＜保存＞
1仔牛のフォン・ブラン参照。

第1章　フォン、グラス、フュメ、ジュレ

Chapitre.1 – Les fonds, glaces, fumets et gelées

10 鳩のフォン

Le fond de pigeon

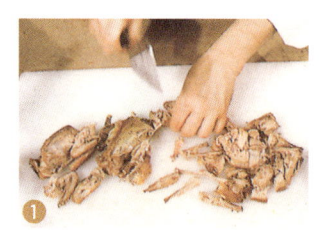

鳩のフォンは、少量を短時間で仕上げるので、比較的簡単に作ることができます。しかし、少量であってもそのすばらしい味わいにかわりはありません。これは、羊やほろほろ鳥のフォンと同様に「フォン・ミニュットゥ」または「フォン・クール」など、短時間でできるフォンの部類に入ります。鳩のフォンは、鳩料理のデグラッセに使用してソース作りに活かします。

器具
手付き鍋、シノワ、フライパンかロースト用の鉄板、肉切り包丁かプティ・クトー、レードル、穴杓子、刷毛、たこ糸

材料
<主材料>
鳩.................................4羽分
（ガラ、もも、手羽、砂袋、首、肝臓）
澄ましバター................適量
（サラダ油でも可）

<香味材料>
皮付きのにんにく..........10g
ブーケガルニ
・タイム........................1本
・ローリエ..................1/2枚
・パセリの茎..................6本
セロリ..............................1本
ポロねぎ..........................1本

コニャック....................少量
白ワイン......................100cc
（デグラッセ用）
軽く煮詰めたドゥミグラス
..................................500cc

作り方
<香味材料>
ブーケガルニ、セロリとポロねぎは1仔牛のフォン・ブラン参照。

<主材料>
❶鳩のガラ、もも、手羽を包丁で小さめにする。
❷皮付きのにんにくを加え、フライパンに澄ましバターを熱し、❶とにんにくを加えて炒める。
❸炒めたら、脂を十分きる。
❹再び鍋に戻し、コニャックでフランベする。

<加熱と仕上げ>
❶白ワインを加え、デグラッセする。
❷ワインの酸味を抜くため、一度軽く煮立てる。
❸手付き鍋に移し、ブーケガルニ、セロリ、ポロねぎを加える。
❹軽く煮詰めたドゥミグラスを加える。
❺味をみて塩を入れ、中火で30分煮る。
【ポイント】
アクと浮き脂を丹念に取ることと、水をつけた刷毛で鍋のまわりに付着する濃縮されたフォンをこまめに鍋に戻すことが大切。
❻シノワでフォンをこし、冷却する。(1仔牛のフォン・ブラン参照)

<保存>
1仔牛のフォン・ブラン参照。

第1章　フォン、グラス、フュメ、ジュレ

Chapitre.1 − Les fonds, glaces, fumets et gelées

11 仔羊のフォン

Le fond d'agneau

仔羊のフォンは「フォン・ミニュットゥ」といって、あまり時間をかけず、骨と脂肪をしっかり取り除いた不要部分を使って作るものです。
これは普段よく使われるフォンで、仔羊の料理に使った鉄板のデグラッセ用にします。

器具
シノワ、フライパン、ロンドー鍋かソースパン、プティ・クトー、皮むきナイフ、肉切り包丁、骨切り包丁、穴杓子、刷毛、カード

材料
＜仔羊＞
仔羊の骨 1kg
仔羊の屑肉 300g
（脂肪を取り除いたもの）
オリーブ油 30cc

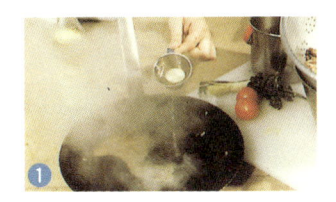

＜香味材料＞
にんじん 50g
玉ねぎ 100g
皮付きのにんにく 20g
ポロねぎ 50g
セロリ 40g
エシャロットゥ 50g
トマト 100g
ブーケガルニ
・タイム 1本
・ローリエ 1/2枚
・パセリの茎 10本
ローズマリー 1本
黒胡椒 小さじ1
コリアンダーシード 小さじ1

白ワイン 100cc
（デグラッセ用）
ドゥミグラス 1ℓ
水 500cc

作り方
＜香味材料＞
1 仔牛のフォン・ブラン参照。にんじん、玉ねぎ、エシャロットゥは大きめに切る。

＜仔羊＞
❶ 仔羊の骨と屑肉を小さめに切る。
❷ フライパンにオリーブ油を熱し、小さめにした仔羊の骨と屑肉を入れ、強火でサッと炒める。
❸ 全体が軽く色づいたら、にんじん、玉ねぎ、皮付きのにんにくを入れる。
❹ 野菜に軽く焼き色がついたら、汁気を十分きる。

＜加熱と仕上げ＞
❶ 白ワインを加え、デクラッセする。
❷ ワインの酸味を抜くため、一度軽く煮立てる。
❸ 骨などをロンドー鍋に戻し、ポロねぎ、セロリ、エシャロットゥ、トマト、ブーケガルニを加えて、少し温めてからドゥミグラスと水を加える。
❹ モスリンで包んだ黒胡椒とコリアンダーシードを入れる。
❺ 味をみて塩を入れ、中火で1時間煮る。
【ポイント】
アクと浮き脂を丹念に取ることと、水をつけた刷毛で鍋のまわりに付着する濃縮されたフォンをこまめに鍋に戻すことが大切。
❻ シノワでフォンをこし、冷却する。（1仔牛のフォン・ブラン参照）

＜保存＞
1仔牛のフォン・ブラン参照。

第1章　フォン、グラス、フュメ、ジュレ

Chapitre.1 – Les fonds, glaces, fumets et gelées

12 ほろほろ鳥のフォン
Le fond de pintade

短時間でできるこのフォンは、とても軽くて繊細な味わいです。ほとんどの場合、焼いたほろほろ鳥と白か赤のワインで作り、デグラッセに使ったり、ほろほろ鳥のローストや蒸し煮につけ合わせるソースに使います。

器具
シノワ、フライパンかロースト用の天板、プティ・クトー、ピーラー、レードル、穴杓子、刷毛

材料
〈主材料〉
ほろほろ鳥..................2羽
澄ましバター...............適量
（サラダ油でも可）

〈香味材料〉
にんじん......................50g
玉ねぎ.........................40g
皮付きのにんにく..........30g
ポロねぎ.......................1本
セロリ..........................10g
トマト..........................30g
ブーケガルニ
・タイム......................1本
・ローリエ................1/2枚
・パセリの茎................4本
黒胡椒....................小さじ1
コリアンダーシード....小さじ1

コニャック...................少々
白ワイン.....................75cc
（デグラッセ用）
軽く煮詰めたドゥミグラス
..................................750cc

作り方
〈香味材料〉
1 仔牛のフォン・ブラン参照。にんじんと玉ねぎはブリュノワーズ（さいの目切り）にする。

〈ほろほろ鳥〉
❶ ほろほろ鳥を、通常の下処理をして丸ごとオーブンで焼く。天板はそのままにしておく。（2巻4章1 ほろほろ鳥のジャンボネット参照）
❷ 皮を取り、適当な大きさに切る。
❸ ❶の天板に❷と骨、首、手羽などの不要部分、にんじん、玉ねぎ、皮付きのにんにくを入れ、強火にかけて焼き色をつける。
❹ コニャックを加えてフランベする。
❺ 脂を十分にきる。

〈加熱と仕上げ〉
❶ 天板に戻し、白ワインを加えデグラッセする。
❷ ワインの酸味を抜くため、数分間煮立てる。
❸ ポロねぎ、セロリ、トマト、ブーケガルニを入れ、ドゥミグラスを加える。
❹ 味をみて塩を加え、ごく軽く沸騰させながら45分煮詰める。【ポイント】
アクと浮き脂を丹念に取ることと、水をつけた刷毛で鍋のまわりに付着する濃縮されたフォンをこまめに鍋に戻すことが大切。
❺ シノワでフォンをこし、冷却する。（1 仔牛のフォン・ブラン参照）

〈保存〉
1 仔牛のフォン・ブラン参照。

第1章　フォン、グラス、フュメ、ジュレ

Chapitre.1 – Les fonds, glaces, fumets et gelées

13 ジュ・エ・デグラッサージュ

Les jus et déglaçages

これは、肉をローストした後の鉄板やココットゥに焦げついているうまみを、ワインやフォンなどで溶かしたもので、ローストした肉などに添えて、肉の味をより豊かにします。いろいろなベースに使えるフォンやドゥミグラス、グラスとは違います。

この作業は、とても豊かな味わいを持つ肉汁を残さず使うことを目的としています。加熱の間に焦げた肉汁は、おいしく個性的な味をもたらします。短時間にかなり煮詰めて作る場合が多いので、口あたりや消化をよくするために、脂肪分はできるだけ取り除きながら仕上げましょう。

ジュ・エ・デグラッサージュは、簡単にできるソースとしてローストした肉に添えて、ソース入れでサービスされます。また、ローストした肉の切り身に塗って、照りをつけるのに利用することもあります。

器具
鉄板やココットゥ(鍋)など、刷毛、パソワール

材料
肉をローストした鉄板やココットゥについた肉汁
ワインやフォン
(料理に使われる酒や液体を使用)

作り方
❶肉をローストした後、鉄板全体の脂を、別の容器に流し入れて取り除く。
❷鉄板を火にかけて熱くする。
❸ワインなどでデグラッセし、肉汁をきれいに溶かす。必要なら刷毛を使う。
❹フォンを加えて沸騰させ、鉄板についている肉汁を完全に浮かす。
❺ワインの酸味を抜くため、一度軽く煮立てる。
❻少し煮詰めて、パソワールでこす。
❼味をととのえ、付け合わせとしてソース入れでサービスするか、ローストした肉に塗って照りを出す。

第1章　フォン、グラス、フュメ、ジュレ

Chapitre.1 – Les fonds, glaces, fumets et gelées

14　フォン・エ・ジュ・ドゥ・ブレザージュ

Les fonds et jus de braisage

ジュ・エ・デグラッサージュと同じく、フォン・エ・ジュ・ドゥ・ブレザージュも肉に添えるものです。しかし、肉のローストにしか付け合わせないジュ・エ・デグラッサージュと違って、こちらは肉の蒸し煮の煮汁としても使え、肉をやわらかくするとともにその風味を引き出し、料理に豊かな香りと繊細な食感を与えてくれます。
そのほか仔牛や豚のローストに使用します。

器具
シノワ、ロースト用の鉄板、プティ・クトー、皮むきナイフ、刷毛、たこ糸、フルシェットゥ(調理用フォーク)

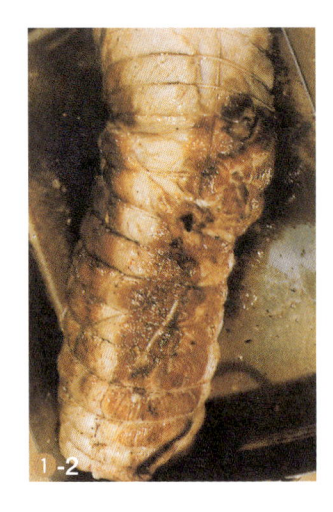

材料
<主材料>
豚のロースト用の肉........3kg
コーン油

<香味材料>
にんじん....................125g
玉ねぎ........................100g
皮付きのにんにく..........20g
エシャロットゥ............50g
セロリ........................25g
トマト........................50g
ブーケガルニ
・タイム.....................1本
・ローリエ..................1枚
・パセリの茎..............10本
ローズマリー................1本
胡椒

白ワイン...................150cc
(デグラッセ用)
ドゥミグラス.............400cc
ルー............................適量
(なくても可)

作り方
<香味材料>
1 仔牛のフォン・ブラン参照。にんじん、玉ねぎ、セロリ、エシャロットゥはブリュノワーズ(さいの目切り)に、トマトはくし形に切っておく。

<豚のロースト用の肉>
❶豚肉を鉄板にのせて強火にかけ、肉全体がきれいなキツネ色になるように焼き、表面をかためる。
【ポイント】
肉がむらなく焼けるように返すが、そのときフォークで刺してたこ糸を傷つけないように気をつける。
❷火からおろし、にんじん、玉ねぎ、セロリ、エシャロットゥ、皮付きのにんにくを加え、野菜に焼き色がつくよう230℃のオーブンで40分加熱する。
❸オーブンから取り出し、白ワイン、トマト、ブーケガルニを加え、塩、胡椒で味付けする。
❹230℃のオーブンで30分加熱する。
❺オーブンから出し、ドゥミグラスを加える。
❻アルミホイルでおおい、200℃のオーブンで完全に火が通るまで45〜50分焼く。
❼肉に火が完全に通っているかどうかを確かめ、肉汁をよくきってバットなどに移す。
❽煮汁をシノワでこす。
❾必要なら、少量のルーを加え、ごく軽いつなぎにして煮詰める。
❿付け合わせとしてソース入れでサービスするか、ローストした肉の切り身に軽くかけて出す。

第1章　フォン、グラス、フュメ、ジュレ

Chapitre.1 − Les fonds, glaces, fumets et gelées

15 フュメ・ドゥ・ポワソン

Les fumets de poisson

フュメは、魚をベースにしたあらゆるソースの基本となるものです。
ポシェや煮るため、あるいはジュレを作るためにも使われます。澄ませば、つや出しやショーフロワを作るのにも使えます。

器具
ロンドー鍋か大きな万能鍋、深鍋、プティ・クトー、魚おろし包丁、レードル、穴杓子、木べら、バット、水切り、たこ糸

材料
<魚>
魚の身だけを使うのであれば、身はアラに比べてかなり味が出るため、主材料の量がかわってくる。アラを使わず魚の身で作るなら、数種類合わせて5kgでもよい。香味材料、だし汁の量は同じ。

<魚のアラ>
魚のアラ 10kg
（平目、舌平目の骨と頭と裁ち落とし、ラングスティーヌか、ガザミ［渡りガニ科の褐色の小型のカニ］のガラなど）
澄ましバター 100g

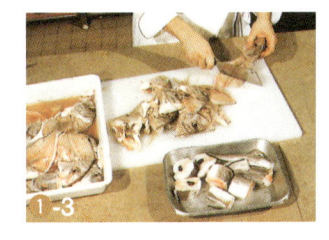

<香味材料>
玉ねぎ 400g
エシャロットゥ 400g
ポロねぎ 600g
シャンピニオン 500g
フヌイユ 300g
ブーケガルニ
・タイム 3本
・ローリエ 2枚
・パセリの茎 30本
セルフイユ
黒胡椒 小さじ1

白ワイン 2ℓ
水 15ℓ
粗塩 102g
（1ℓの水に対し塩6gの割合）

作り方
<魚>
❶魚を粗く切るか腸を出して筒切りにし、ていねいに洗ってすぐに水気をきる。
【ポイント】
魚を水に長く浸けておくと、味わいが損なわれるので注意する。

<香味材料>
❶玉ねぎ、エシャロットゥ、ポロねぎ、シャンピニオン、フヌイユは、皮をむいて小さく切る。
❷ブーケガルニの材料とセルフイユを一緒にしてたこ糸でしばる。

第1章　フォン、グラス、フュメ、ジュレ

Chapitre.1 – Les fonds, glaces, fumets et gelées

❸白ワインを加え、ワインの酸味を抜くため、軽く沸騰させた状態で5分煮詰める。
❹水を加える。
❺粗塩を入れ、ブーケガルニとセルフイユを加える。
❻一度沸騰させてから、弱火で30〜40分煮る。
【ポイント】
アクと浮き脂を丹念に取ることと、水をつけた刷毛で鍋のまわりに付着する濃縮されたフォンをこまめに鍋に戻すことが大切。

❼火を止める5分前に、黒胡椒を加える。
❽大きな水切りでフュメと材料を分け、さらにシノワにあけて、フュメを冷却する。(1仔牛のフォン・ブラン参照)
【アドバイス】
濃縮度にもよるが、完成時の量は12ℓが目安。

＜加熱と仕上げ＞
❶鍋に澄ましバターを溶かし、玉ねぎ、エシャロットゥ、ポロねぎ、シャンピニオン、フヌイユを入れ、色がつかないように炒める。
❷魚を加え、ふたをして12分煮る。

＜冷却＞
1仔牛のフォン・ブラン参照。

＜保存＞
これは、とても繊細なフュメなので、4℃以下で、2〜3日しか保存できない。(1仔牛のフォン・ブラン参照)
残りは小分けにして、冷凍保存すること。

第1章　フォン、グラス、フュメ、ジュレ

Chapitre.1 – Les fonds, glaces, fumets et gelées

16 ジュレ・エ・クラリフィカシオン

Les gelées et clarifications

ジュレの作り方と澄まし方を紹介します。
ジュレは、冷製料理、レストラン、パーティ料理において、いろいろな使われ方をします。フォンやフュメに使った材料が、そのままジュレの名前になります。どのジュレを作る場合も、必ず2工程の作業を行います。第1段階でフォンかフュメを作り、次の段階で澄まします。

＜フォンとフュメ＞
肉や家禽、ジビエのジュレに使うフォンは、基本のフォンに、関節、豚の皮、豚の尾、家禽の足などの天然のゼラチン質を加えて作ります。
一方、ジュレ・ドゥ・ポワソンを作るために使う基本のフュメ・ドゥ・ポワソンには、平目、舌平目、オヒョウなどの骨を加えて、天然のゼラチン質を含む、十分な凝固力を持ったフュメを作ります。

＜澄まし方＞
加熱後、混じりけのない、きれいなフォンやフュメにするために、ろ過の前に脂質や不純物をすべて取り除くことが大事です。不純物の除去は、複数の材料を使って行われます。
ポロねぎの青い部分（クロロフィル）は、肉や家禽のにごりを取り、挽き肉は血のにごりを取ります。
また、魚のにごりを取るためには、魚の白身を使います。このほか、卵白（アルブミン）には、加熱中凝固を促し、不純物を捕らえて吸収する働きがあります。
天然のゼラチン質によるかたまり具合を確かめるには、少量を取って冷やしてみます。

＜用途＞
使い道に応じて、できたジュレにゼラチンを加え、好みのかたさに調整することもできます。
味付けも調整できます。また、ジュレを少量のポルト酒、マデラ酒、シェリー酒やそのほかのワインで香り付けしてもよいでしょう。魚をベースにしたジュレには、少量のアニス酒を加えたり、エストラゴンやセルフイユなどのハーブを加えて香りをつけることもできます。
ジュレは、ショーフロワ、アスピック、卵のゼリー寄せ、グラッセやつや出し、パテの飾り付けや、プレートの装飾用にも使われます。

● ジュレ
器具
深鍋、万能鍋、大きなシノワかこし器、ミンサー（肉挽き機）、レードル、木べら、きれいな布かモスリン

材料
＜ジュレ・ドゥ・ヴィアンドゥ＞
肉のフォン
天然のゼラチン質
（関節、豚の皮、豚の尾、家禽の足から選択）
不純物を凝固させるもの
（ポロねぎの青い部分、または卵白）

＜ジュレ・ドゥ・ポワソン＞
魚のフォン
天然のゼラチン質
（平目、舌平目、オヒョウなどの骨から選択）
不純物を凝固させるもの
（魚の白身、または卵白）

作り方
❶ 肉のフォンや魚のフォンに、選択した天然のゼラチン質を加える。
❷ 不純物を凝固させるよう、肉および魚に適した材料を加え、加熱する。
❸ 表面に集まった不純物の層が、十分にかたく、すべての不純物がかたまったらすくい取る。
❹ 澄んだフォンを静かにすくい上げ、材料とフォンを分ける。
❺ さらにシノワでこす。

第1章　フォン、グラス、フュメ、ジュレ

Chapitre.1 — Les fonds, glaces, fumets et gelées

● **ジュレ・エ・クラリフィカシオン**

器具
鍋、プティ・クトー、ミンサー(肉挽き機)、レードル、木べら、刷毛、大きなボウル、たこ糸、こし布

材料(フォン30ℓ分)
＜肉＞
牛の赤身 1.5kg

＜香味材料＞
にんじん 200g
玉ねぎ 150g
エシャロットゥ 130g
皮付きのにんにく 30g
シャンピニオン 200g
セロリ 40g
トマト 250g
ブーケガルニ
・タイム 1本
・ローリエ 1枚
・パセリの茎 10本
セルフイユ 1束
黒胡椒 小さじ1
ポロねぎの青い部分 500g

＜卵白＞
卵白 2ℓ

作り方
＜牛肉＞
❶ジュレによけいな脂が入らないように肉の脂をよく取り、標準的な目のミンサー(肉挽き機)にかける。

＜香味材料＞
❶野菜は皮をむいて、小さいブリュノワーズ(さいの目切り)にする。

＜加熱と仕上げ＞
❶大きなボウルに、牛の挽肉、香味材料、卵白、全体をゆるめるためのフォンを少量入れ、木べらで混ぜる。
❷❶を、フォンの入っている万能鍋に移し、火にかける。
❸不純物が拡散しないように、静かに時々かき混ぜながら、沸騰寸前の状態を保つ。卵白が沈殿して底に焦げつかないように、木べらで底を静かにこすりながら混ぜる。
❹混ぜるのを止め、表面がふつふつするくらいに加熱し、すべての不純物が卵白に吸収されて、表面に膜ができるようにする。

❺レードルで、注意深く静かに層の中央に穴を開け、その穴の部分から、中の澄んだフォンを静かにすくい上げる。
【ポイント】
不純物の層をかき混ぜたりすると、澄んだフォンがにごるので、注意すること。
❻きれいな布かモスリンでこす。

＜保存＞
密閉できる容器に分け入れ冷やして保存するが、ジュレは傷みやすいので、フォンと同様長くは保存できない。
【アドバイス】
ジュレの質感はほとんどかわらないが、必要なら使うときに調整することも可能。

56

第1章　フォン、グラス、フュメ、ジュレ

Chapitre.1 − Les fonds, glaces, fumets et gelées

17 ジュレ・ドゥ・ヴィアンドゥ

La gelée de viande

器具

大きな万能鍋、深鍋、フライパン（なくても可）、プティ・クトー、皮むきナイフ、ミンサー（肉挽き機）、レードル、穴杓子、フルシェットゥ（調理用フォーク）、木べら、刷毛、シノワ、たこ糸、こし布

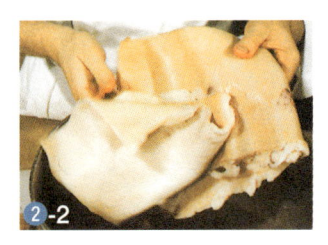

材料

＜主材料＞

仔牛の骨	2kg
牛の骨	2kg
家禽の屑肉	1kg
仔牛のすね肉	1.5kg
牛のすね肉	1.5kg
豚の尾	1.5kg (6本)
豚皮	1.5kg

＜香味材料＞

にんじん	750g
玉ねぎ	500g
皮付きのにんにく	50g
エシャロットゥ	100g
トマト	500g
トマトペースト	150g
（なくても可）	
ポロねぎ	400g
セロリ	200g
ブーケガルニ	
・タイム	3本
・ローリエ	2枚
・パセリの茎	20本
クローブ	2個
黒胡椒	小さじ1
コリアンダーシード	小さじ1
ナツメグ（パウダー）	
冷水	35ℓ
塩	105g
（1ℓの水に対し塩3gの割合）	

作り方

＜香味材料＞

❶にんじん、エシャロットゥは皮をむく。
❷玉ねぎは皮をむき、クローブを刺す。
❸ポロねぎとセロリをたこ糸でしばる。

【ポイント】
野菜を丸ごと使うことでフォンがにごらない。

＜主材料＞

❶仔牛と牛のすね肉を、調理中に解けないように、あらかじめしっかりたこ糸でしばっておく。糸先は鍋の把手に結ぶので、長めに切る。
❷万能鍋に、仔牛と牛の骨、家禽の屑肉、豚の尾、豚皮を入れる。
❸冷水をひたひたに注いで沸騰させ、5分煮立たせる。表面のアクをていねいに取る。
❹水切りなどに移し、湯がいたものに冷水をかけてよくすすぐ。冷やしてから、水気をきる。

第1章　フォン、グラス、フュメ、ジュレ

Chapitre.1 – Les fonds, glaces, fumets et gelées

＜加熱と仕上げ＞
❶万能鍋の底に仔牛と牛の骨を入れ、家禽の屑肉、豚の尾、豚皮と香味材料を加える。にんにくは皮付きのまま。
❷冷水をたっぷり入れ、全体を煮立たせてアクを取りながら、2時間煮る。    
❸トマトペーストを加える。   
❹フライパンを強火で熱し、仔牛と牛のすね肉を炒める。
❺鍋に仔牛と牛のすね肉を加え、軽く沸騰させた状態で5～6時間煮る。
❻鍋を火からおろし、ザルに布を敷いて静かにこす。
❼さらにシノワでこし、残っている不純物を取り除く。   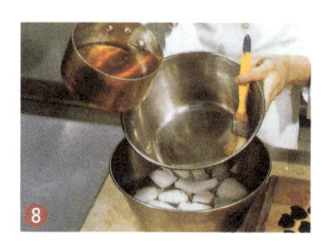
❽フォンをボウルに移し、氷水にあてて素早く冷やして表面の脂分を完全に取り除く。

第1章　フォン、グラス、フュメ、ジュレ

Chapitre.1 – Les fonds, glaces, fumets et gelées

18 ジュレ・ドゥ・ヴォライユ
La gelée de volailles

ジュレ・ドゥ・ヴィアンドゥと同じ手順で作りますが、フォンをジュレ状にするために、家禽のガラ、屑肉、足などを少し多めに加えます。澄まし方は、ジュレ・ドゥ・ヴィアンドゥと同じルセットゥ、同じ手順です。
ジュレ・ドゥ・ヴォライユは、家禽に添えるあらゆるジュレやショーフロワ、グラッセに使われます。

器具
大きな万能鍋、深鍋、フライパン、プティ・クトー、レードル、肉用フォーク、シノワ、たこ糸

材料
〈主材料〉
仔牛の骨	2kg
家禽のガラ	2kg
家禽の屑肉	1kg
家禽の足	1.5kg
仔牛のすね肉	1kg
豚の尾	1.5kg
豚皮	1kg

〈香味材料〉
にんじん	750g
玉ねぎ	500g
皮付きのにんにく	50g
エシャロットゥ	100g
トマト	500g
ポロねぎ	400g
セロリ	200g
ブーケガルニ	
・タイム	3本
・ローリエ	2枚
・パセリの茎	20本
クローブ	2個
黒胡椒	小さじ1
コリアンダーシード	小さじ1
塩	適量

作り方
17 ジュレ・ドゥ・ヴィアンドゥ参照。

19 ジュレ・ドゥ・ポワソン
La gelée de poisson

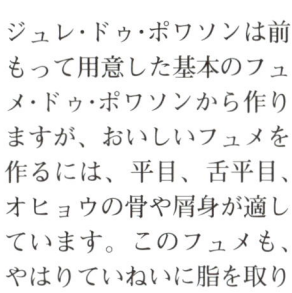

ジュレ・ドゥ・ポワソンは前もって用意した基本のフュメ・ドゥ・ポワソンから作りますが、おいしいフュメを作るには、平目、舌平目、オヒョウの骨や屑身が適しています。このフュメも、やはりていねいに脂を取り除くことが必要です。
澄まし方は、肉や家禽のゼリーとほぼ同じです。いずれの場合も、完璧に澄んだものに仕上がるように心がけましょう。
ポロねぎの青い部分と卵白を使うのは同じですが、挽き肉ではなく、脂の少ない魚の白身（メルランなど）を使います。香味野菜は必要な味わいによって、少しかえてもかまいません。
澄ました後は、器などに少し取り、冷やしかためて具合を確かめます。もし、かたまり方が弱いようなら、ゼラチンを加えます。必要なら香りをつけます。
これは、つや出しやショーフロワ、魚のゼリー寄せなどに使われます。

器具
ロンドー鍋か大きな万能鍋、深鍋、プティ・クトー、魚おろし包丁、レードル、穴杓子、木べら、バット、水切り

材料
〈主材料〉
魚	5kg
（屑身、骨、頭、できれば平目か舌平目がよい）	
澄ましバター	50g

〈香味材料〉
玉ねぎ	200g
エシャロットゥ	200g
ポロねぎ	300g
（細めのもの）	
シャンピニオン	250g
フヌイユ	150g
ブーケガルニ	
・タイム	3本
・ローリエ	1枚
・パセリの茎	20本
セルフイユの小さい束	1束
黒胡椒	
辛口白ワイン	1ℓ
薄いフュメ・ドゥ・ポワソン	10ℓ

作り方
15 フュメ・ドゥ・ポワソン参照。
16 ジュレ・エ・クラリフィカシオン参照。

20 クールブイヨン

Les courts-bouillons

クールブイヨンは、水に辛口白ワインやビネガー、レモン汁を入れて作ります。香り付けのために、香味野菜も加えます。用意する香味野菜の量は、それぞれのクールブイヨンによっても、ポシェ(茹でる)する魚によってもかわります。ワイン、ビネガー、レモンを使うことも考慮に入れましょう。
クールブイヨンは、魚のポシェや甲殻類の加熱に使われます。
正しくポシェするために、魚は必ず冷たいクールブイヨンに入れます。甲殻類の場合は、煮立ったクールブイヨンに入れます。
ポシェ、あるいは加熱の時間は、魚の種類や大きさによってかわります。

器具
万能鍋、こし器、プティ・クトー、レードル

材料

<ビネガーのクールブイヨン>
水 ……………………… 10ℓ
ビネガー ……………… 250cc
塩 ……………………… 150g
ブーケガルニ
・タイム ……………… 3本
・ローリエ …………… 2枚
・パセリの茎 ………… 10本
玉ねぎ ………………… 400g
にんじん ……………… 400g
セロリ ………………… 200g
黒胡椒(粒) …………… 小さじ3

<白ワインのクールブイヨン>
水 ……………………… 10ℓ
辛口白ワイン ………… 1ℓ
塩 ……………………… 150g
ブーケガルニ
・タイム ……………… 3本
・ローリエ …………… 2枚
・パセリの茎 ………… 10本
玉ねぎ ………………… 400g
にんじん ……………… 400g
セロリ ………………… 200g
黒胡椒(粒) …………… 小さじ3
レモン ………………… 1/2個

<甲殻類用のクールブイヨン>
水 ……………………… 10ℓ
塩 ……………………… 120g
ブーケガルニ
・タイム ……………… 3本
・ローリエ …………… 2枚
・パセリの茎 ………… 10本
玉ねぎ ………………… 200g
にんじん ……………… 300g
セロリ ………………… 100g
トマト ………………… 200g
ポロねぎ ……………… 150g
(細めのもの)
皮付きのにんにく …… 50g
黒胡椒(粒) …………… 小さじ3
レモンの輪切り ……… 1個分

作り方(共通)

❶ 野菜を小さく切り、水、ビネガー、ワインとともに万能鍋に入れる。
❷ 塩、小さなモスリンの袋に黒胡椒を入れたもの、ブーケガルニを加える。
❸ 強火にかけ、沸騰したらあまり煮詰まらないように火を弱め、ゆっくりと野菜のうま味を引き出す。
❹ ふたをして、約1時間煮る。
❺ 煮上がったらこして、場合によっては冷やす。

第1章　フォン、グラス、フュメ、ジュレ

Chapitre.1 – Les fonds, glaces, fumets et gelées

21 ナージュ、キュイソンを使ったポシェ
Les nages, cuisson et pochages

22 コンソメ
Les consommés

ごく簡単に味付けをした牛乳で魚のフィレをポシェ(茹でる)することもありますが、通常は、魚のフィレやホタテ貝のポシェは、このナージュのようにもっと風味をつけた煮汁で行います。
ナージュは、魚のプティット・ピエスやフィレ、ホタテ貝、ラングスティーヌをポシェするときに使われます。ポシェしたナージュは、そのまま添えるか(ホタテ貝やエクルヴィスのナージュ添えなど)、ソースに加えて別に付け合わせてサービスされます。例えば、ソース・ノルマンドゥなど。

作り方
❶ エシャロットゥとシャンピニオンを小さい角切りにする。
❷ すべての材料を鍋に入れ、火にかけて、表面がふつふつした状態で15分ほど煮る。魚などをポシェする場合は冷めてから使う。

材料
澄ましバター 20g
エシャロットゥ 30g
シャンピニオン 25g
ブーケガルニ
・タイム 1本
・ローリエ 1/4枚
・パセリの茎 3本
白ワイン 50cc
ノイリー酒 50cc
フュメ・ドゥ・ポワソン 250cc

コンソメは、非常に濃いすばらしい味と風味を持ったブイヨンのことです。
濃縮された牛、仔牛、家禽のブイヨンや、あるいはフォンから作られ、同様に、濃いフュメ・ドゥ・ポワソンや甲殻類のフュメからも作ることができます。
ジュレと同じく、コンソメは透明になるように澄まします。
一般にコンソメは、豊かな風味をもたらす素材(肉、魚、甲殻類)が使われているために、澄ましてもなお非常に濃い味わいが保たれるのです。

コンソメは、さまざまな方法で使われます。あらゆる料理に用いられ、熱くして、冷たくして、さらに氷で冷やしてもサービスされます。素材を煮るのにも使われますが、その場合には、濃すぎないように薄めて使用します。また、加えることによって、素材や調理したものの味わいを豊かにすることもできます。

Chapitre.2
Les sauces

Chapitre.2

第2章
ソース
Les sauces

フランス料理は確たる〈ソース〉の伝統の上に成り立っています。ソースの数はたいへん多くバリエーション豊かです。ソースにはさまざまな種類があり、いくつかのグループに分けられます。
作り方は、とてもシンプルなものから、たいへん複雑なものまでさまざまです。煮詰めてとろみをつけるもの、フォンを使うもの、ルーや血をつなぎとして加えるものなど、多種あります。
ソースは温製、冷製ともに料理に添えられたり、あえたりしますが、クルスタッドゥのアパレイユなどもソースに分類されています。
フォンを使うソースでは、よい状態に煮詰められたフォンがソースの基礎となります。フォンは、ドゥミグラスやグラス、ウサギ、リ・ドゥ・ヴォー、ほろほろ鳥、魚など、個性のはっきりしたものが使われます。
ワインを加えるソースでは、洗練された味を引き出すのに、フォンとワインの組み合わせ方が重要となります。とろみ付けの方法は、基本的には煮詰めることでほどよいとろみが十分得られますが、生クリーム、卵黄、バターを加えて、とろみをつけることもあります。他につなぎの役割を果たす材料として、ルー、ブール・マニエ、でんぷん、血液などが使われます。

Chapitre.2 – Les sauces

第2章　ソース

基本ソース
Les sauces de base

ソースといっても数は限りなくあります。ここでは11系統に分け、フランス料理の基本となっているものを紹介します。

とろみをつける方法
Les liaisons

- 葛うこんのでんぷん
  L'arrow-roat
- 血
  Le sang
- バターモンテ
  Le montage au beurre
- 煮詰める
  Les réductions
- ルー3種（褐色、ブロンド色、白色）
  Les roux brun, blond, blanc
- ブール・マニエ
  Le beurre manié
- でんぷん
  La fécule
- 生クリーム
  Les crèmes

1 ソース・ブランシュ 6種類
Les sauces blanches

1. ソース・ベシャメル
   La sauce Béchamel
2. ソース・スービーズ
   La sauce Soubise
3. ソース・モルネイ
   La sauce Mornay
4. ソース・パルムザン
   La sauce Parmesane
5. ソース・クレーム・サバイヨン
   La sauce crème sabayon
6. ソース・フルレットゥ・オ・トゥリュフ
   La sauce fleurette aux truffes

2 魚のソース 18種類
Les sauces poisson

1. ソース・アメリケーヌ
   La sauce Américaine
2. ソース・ノルマンドゥ
   La sauce Normande
3. ブール・ブラン
   Le beurre blanc
4. ソース・ナンチュア
   La sauce Nantua
5. ムール貝のカレーソース
   La sauce <moules au curry>
6. セルフイユのクリームソース
   La sauce <crème de cerfeuil>
7. ライムのクリームソース
   La sauce <crème au citron vert>
8. シブレットゥのクリームソース
   La sauce <crème à la ciboulette>
9. 海の幸のブーシェのソース
   La sauce <bouchées aux fruits de mer>
10. 舌平目のブーシェのソース
    La sauce <bouchées aux filets de soles>
11. シブレットゥのサフランクリームのソース
    La sauce <crème safranée à la ciboulette>
12. ソース・デュグレレ
    La sauce Dugléré
13. 魚のヴルテ
    Le velouté de poisson
14. ブルターニュ風ソース
    La sauce Bretonne
15. ソース・クルヴェットゥ
    La sauce <crevettes>
16. サフランのオレンジソース
    La sauce orange safranée
17. ソース・バタルドゥ
    La sauce bâtarde
18. ソース・ジョワンヴィル
    La sauce Joinville

Chapitre.2 – Les sauces

3 肉、家禽のソース 26種類
Les sauces pour viandes et volailles

1. ブーシェ・ア・ラ・レーヌの ソース
   La sauce <bouchées à la reine>
2. フランボワーズビネガー のソース
   La sauce au vinaigre de framboises
3. ソース・オ・ゼレス
   La sauce au Xérès
4. ソース・ポワブラード
   La sauce poivrade
5. ソース 《クレーム・モンテ・アセゾネ》
   La sauce <crème montée assaisonnée>
6. ソース・シュプレーム
   La sauce suprême
7. ソース・ペリグー
   La sauce Périgueux
8. ソース・フィナンシエール
   La sauce financière
9. シャンピニオンのブーシェ のソース
   La sauce <bouchées de champignons>
10. ソース・ブリュンヌ
    La sauce brune
11. ソース・オーロラ
    La sauce Aurore
12. ソース・イヴォワール
    La sauce ivoire
13. ソース・プーレットゥ
    La sauce poulette
14. ソース・ボルドレーズ
    La sauce Bordelaise
15. ソース・ベルシィ
    La sauce Bercy
16. ソース・マデール
    La sauce Madère
17. ソース・ピカントゥ
    La sauce piquante
18. ソース・ガストゥリック・ア・ラナナ
    La sauce gastrique à l'ananas
19. ソース・ア・レーグルドゥ
    La sauce à l'aigre-doux
20. ソース・シャスール
    La sauce chasseur
21. ソース・ディアブル
    La sauce diable
22. ソース・ビガラードゥ
    La sauce bigarrade
23. ソース・シャルキュティエール
    La sauce charcutière
24. ソース・グラン・ヴヌール
    La sauce Grand Veneur
25. ソース・マトゥロートゥ
    La sauce matelote
26. ソース・ア・ラ・モワルー
    La sauce à la moelle

4 冷製乳化ソース 11種類
Les sauces émulsionnées froides

1. ソース・マヨネーズ
   La sauce mayonnaise
2. ソース・コクテル
   La sauce cocktail
3. ソース・アンダルーズ
   La sauce Andalouse
4. アンチョビのカレーソース
   La sauce curry aux anchois
5. ソース・シャンティイ
   La sauce chantilly
6. ソース・ヴェルトゥ
   La sauce verte
7. ソース・イタリエンヌ
   La sauce Italienne
8. ソース・タルタル
   La sauce tartare
9. ソース・アイオリ
   La sauce aïoli
10. ソース・ルイユ
    La sauce rouille
11. ズッキーニのムースのソース
    La sauce <mousse de courgettes>

5 温製乳化ソース 10種類
Les sauces émulsionnées chaudes

1. ソース・オランデーズ
   La sauce Hollandaise
2. ソース・ベアルネーズ
   La sauce Béarnaise
3. ソース・シャンティイ
   La sauce Chantilly
4. ソース・マルテーズ
   La sauce Maltaise
5. ソース・ミカド
   La sauce Mikado
6. ソース・ムタールドゥ
   La sauce moutarde
7. ソース・パロワーズ
   La sauce Paloise
8. ソース・チロリエンヌ
   La sauce Tyrolienne
9. ソース・ショロン
   La sauce Choron
10. ソース・フォワイョ
    La sauce Foyot

第2章 ソース

Chapitre.2 – Les sauces

6 クルスタッドゥのためのクリーム入りアパレイユ 11種類
Les appareils à la crème

1. ロックフォールのアパレイユ
   Appareil au roquefort
2. 海の幸、サフラン風味のクルスタッドゥのアパレイユ
   Appareil à quiche pour croustade de fruits de mer safranés
3. キッシュロレーヌのアパレイユ
   Appareil à quiche lorraine
4. 野菜のジュリエンヌのクルスタッドゥ、バジリコ風味のアパレイユ
   Appareil à quiche pour croustade de julienne de légumes
5. アンディーブのクルスタッドゥのアパレイユ
   Appareil à quiche pour croustade d'endives
6. クルスタッドゥ・トゥリアノンのアパレイユ
   Appareil à quiche pour flan Trianon
7. ポロねぎのフラミッシュのアパレイユ
   Appareil à quiche pour flamiche aux poireaux
8. アスパラガスと蛙のもも肉のクルスタッドゥのアパレイユ
   Appareil à quiche pour croustade d'asperges et cuisses de grenouilles
9. ピストゥ風味、ムール貝のクルスタッドゥのアパレイユ
   Appareil à quiche pour croustade de moules au pistou
10. 5種類のキノコのクルスタッドゥのアパレイユ
    Appareil à quiche pour croustade aux cinq champignons
11. チーズのクルスタッドゥのアパレイユ
    Appareil à quiche pour croustade au fromage

7 ショーフロワソース 8種類
Les sauces chaud-froid

1. 家禽のショーフロワソース
   La sauce chaud-froid de volaille
2. 魚のショーフロワソース
   La sauce chaud-froid de poisson
3. ハーブのショーフロワソース
   La sauce chaud-froid aux herbes
4. カレーのショーフロワソース
   La sauce chaud-froid au curry
5. パプリカのショーフロワソース
   La sauce chaud-froid au paprika
6. ペリグー風ショーフロワソース
   La sauce Périgueux en chaud-froid
7. ケチャップのショーフロワソース
   La sauce Ketchup en chaud-froid
8. 鴨のオレンジ風味、ゼリー寄せのショーフロワソース
   La sauce canard à l'orange en chaud-froid

8 ソース・ヴィネグレットゥ 18種類
Les sauces vinaigrettes

1. しょう油風味のソース
   La sauce au soja et gingembre
2. サラドゥ・ミックスのソース
   La sauce vinaigrette salade mixte
3. サラドゥ・トロペジェンヌのソース
   La sauce vinaigrette salade tropézienne
4. サラドゥ・メリメロのソース
   La sauce salade méli-mélo
5. サラドゥ・シノワーズのソース
   La sauce salade chinoise

Chapitre.2 – Les sauces

6. サラドゥ・サンドリヨンのソース
   La sauce vinaigrette salade Cendrillon
7. サラドゥ・エキゾチックのソース
   La sauce salade exotique
8. サラドゥ・ブレジリエンヌのソース
   La sauce vinaigrette salade brésilienne
9. 地中海風クスクスのサラダのソース
   La sauce pour taboulé
10. 海の幸のサラダのソース
    La sauce salade de crustacés
11. 松の実とタラのサラダのソース
    La sauce salade de haddock
12. フレッシュパスタと海の幸のサラダのソース
    La sauce salade aux pâtes fraîches et fruits de mer
13. 家禽の胸肉とリ・ドゥ・ヴォーのサラダのソース
    La sauce vinaigrette salade de suprêmes de volaille et ris de veau
14. フォワ・グラのサラダのソース
    La sauce vinaigrette salade gourmande
15. ランド風サラダのソース
    La sauce vinaigrette salade landaise
16. オーヴェルニュ地方の牛肉のサラダのソース
    La sauce vinaigrette salade de bœuf rustique
17. シブレットゥのソース
    La sauce vinaigrette à la ciboulette
18. ソース・ラヴィゴットゥ
    La sauce vinaigrette ravigote

9 ブール・コンポゼ、ムース、クレーム
Les beurres composés, les mousses, les crèmes

1. メートゥル・ドテルバター
   Le beurre maître d'hôtel
2. エシャロットゥバター
   Le beurre d'échalotes
3. エストラゴンバター
   Le beurre d'estragon
4. ホースラディッシュバター
   Le beurre de Raifort
5. ベルシィ風ソース
   Le beurre Bercy
6. 居酒屋風ソース
   Le beurre Marchand de vin
7. ブール・サレ
   Le beurre salé
8. クルミとロックフォールのバター
   Le beurre au roquefort et aux noix
9. フォワ・グラのムースとクリーム
   La crème et mousse de foie gras
10. 卵のムースリーヌ
    La mousseline d'œufs
11. サーモンのムース
    La mousse de saumon
12. サルディヌバター
    La beurre de sardine
13. ウナギの燻製のバター
    Le beurre d'anguille fumée
14. オーロラ風バター
    Le beurre aurore
15. アンチョビバター
    Le beurre d'anchois
16. タラマ
    Le Tarama
17. マスの燻製のバター
    La beurre de truite fumée
18. 鴨のムース
    La mousse de canard
19. ゴルゴンゾーラのクリーム
    La crème de Gorgonzola
20. マンステールのクリーム
    La crème de Munster
21. シブレットゥとフレッシュチーズのムース
    La mousse de fromage frais à la ciboulette
22. クルミとレーズン入りフレッシュチーズのムース
    La mousse de fromage frais aux noix et raisins
23. ロックフォールのクリーム
    La crème de Roquefort
24. ハーブのクリーム
    La crème aux fines herbes
25. パプリカとフレッシュチーズのムース
    La mousse de fromage frais au paprika
26. エスカルゴバター
    Le beurre d'escargot
27. プレールのファルシのバター
    Le beurre pour praires farcies
28. ムール貝のファルシのバター
    Le beurre pour moules farcies

10 その他のソース 5種類
Sauces diverses

1. トマトソース A
   La sauce tomate A
2. トマトソース B
   La sauce tomate B
3. ピザ用トマトソース
   La sauce tomates pour pizzas
4. ソース・カンバーランドゥ
   La sauce Cumberland
5. マリネ
   Les marinades

Chapitre.2 – Les sauces

第2章　ソース

ポイント
Point

軽い味のソースが注目されたかと思うと、濃厚なソースが求められたりしている昨今のめまぐるしい流行の変化が、特にレストランでよく話題になっています。しかしこういう流行を追うことは、トゥレトゥールではたいへん困難です。

それはトゥレトゥールのソースは、ほとんどの場合温め直す必要があるからです。特に繊細なソースについては、味の変化がはっきりしてしまうので注意が必要です。

他のあらゆる料理に対する注意と同じく、素材の選択は、重要なポイントです。

ワインでも、その他の材料でも、最高級のものを選ぶべきです。重要な役割を担うフォンも同じで、ていねいに作られた上質なものでなければいけません。

調味料もソースを上手に仕上げ、深い味わいを出すための大切なポイントとなります。

調味料の配合についてはよく研究しましょう。

ソース係はたいへん重要なポストです。想像力を発揮し、とりわけ入念にソースを作らなければなりません。

さまざまな種類の温製ソースが、魚、肉、家禽などの料理に添えるために作られますが、大きく2つに分類できます。

＜料理に添えられるソース＞
とろみ（濃度）の加減が重要で、主にメイン料理に添えられます。

＜つなぎとなるソース＞
十分にとろみをつけ、素材と素材を混ぜ合わせるときのつなぎ役となります。（ブーシェ・ア・ラ・レーヌ、ニョッキなどのソース）生地（パータ・パテ、パートゥ・フイユテ、その他の台生地）の中に詰める場合は、特にかために作ります。サービスしやすく、食べやすくするために、まとまりのあるものに仕上げます。

とろみをつける方法
Les liaisons

ソースのとろみ付けには、いろいろな方法があり、いくつかの方法を組み合わせることもあります。最も簡単でよく使われる方法は煮詰めることですが、これは材料に多く含まれている水分をとばすのが目的です。

煮詰めることには、2つ効果があります。味を濃縮することと、水分の蒸発に応じて液体の濃度を増すことです。

冷やしたときに液体がかたまるのは、フォンやフュメ・ドゥ・ポワソンに含まれる、ゼラチン質の働きのためです。

それ以外にとろみをつける方法もいくつかありますが、材料によって効果はさまざまで、加える段階も手順も違います。

葛うこんのでんぷん

これは、熱帯地方（マダガスカルや西インド洋アンティーユ諸島）で栽培される植物の根から採れる、とても粒子の細かいでんぷんです。とても消化がよく、味にもまったくクセがありません。

使い方は簡単で、少量の冷たい液体（フォンまたは水）で溶いてから、フォンやソースに加えます。手早くできる方法です。1ℓのフォン（またはソース）に対し、10gくらいが目安です。

血

いくつかの特殊なソースには血液（豚、野ウサギなどメインに応じたもの）をとろみ付けに使います。素晴らしい色と味わいが出ますが、特定の場合にだけ適するものです。

注意するポイントは、血液は新鮮なものを、完全な衛生状態で使用することと、少しずつソースに加えていくことです。また沸騰させるとたちどころに分離するので、十分に注意します。

バターモンテ

小さく切ったバター（溶かしバターや澄ましバターは不可）をソースを作る工程の最後に加えます。このとき鍋をゆするように動かし、全体にバターを混ぜ込むようにします。

ソースを煮詰めた後の最終的なとろみ付けになります。この作業の後にソースを沸騰させると、なめらかさが失われてしまうので、温め直すときは注意します。

煮詰める

前述したように、フォンの材料と作製の過程は、でき上がりの状態と味や質感に大きく影響します。

ソースは、煮詰める、加える、混ぜるなどの作業の結果であり、それぞれの工程がしっかり積み上げられれば、必ず成功します。その中でも特に煮詰めることは重要なポイントです。骨、仔牛の足、皮や肉、あるいは魚（平目、舌平目、オヒョウなど）の骨から出るゼラチン質を含むフォンやフュメは、煮詰めるだけで、十分とろみが得られます。できればルー、ブール・マニエやでんぷんなどを、加えなくてもよいのが理想です。しかしトゥレトゥールにおいては、温め直しや保存のためにかなり高い濃度が必要なので、煮詰めるだけでソースを仕上げるのは難しいと言えます。

ルー

褐色のルー、ブロンド色のルー、白色のルーの3種類あります。

それぞれ違った用途がありますが、ソースにとろみをつけ、濃度を保つことが主な目的である点は同じです。

褐色のルーは必ず前もって作りおきしておきますが、ブロンド色のルーと白色のルーは使うときにその都度作ってもよいでしょう。

ルー作りの基本は、バターと小麦粉を同量にすることです。かたいルーを作りたいときは、小麦粉の量を少し増やします。

●褐色のルー
材料

澄ましバター 500g
強力粉 500g

作り方

澄ましバターで、小麦粉を褐色（濃い色）になるまで炒める。黒い色がつかないようにゆっくりと、弱火で炒めること。熱いソースに加えると糊化し、ソースにとろみと濃さが出る。褐色のルーの味は強めで、主要な基本のブラウンソース（ソース・エスパニョールなど）を作るのに、最もよく使われる。最近はあまり使われなくなってきている。

●ブロンド色のルー
材料

バター 500g
強力粉 500g

作り方

褐色のルーと同じ。

調理時間が短いので、普通のバターでよい。小麦粉を、軽くブロンド色になるまで炒める。こちらの方がよく使われる。注文に応じて作ることもできるし、作りおきしておいてもよい。冷蔵庫で保存する。

●白色のルー
材料

バター 500g
小麦粉 500g

作り方

このルーの調理時間はブロンド色のルーよりさらに短い。小麦粉の不快な青くさい味が消える程度にバターで炒めて火を通せばよい。

ブール・マニエ

ブール・マニエは手軽なとろみ付けの方法ですが、ソースの風味に好ましくない結果をもたらすので、最近はあまり使われません。透明さやつやが失われたり、生の小麦粉の青くさい味が残ったりします。

やわらかくしたバターと小麦粉を混ぜるだけで加熱調理の必要はありませんが、保存期間は限られています。

材料

小麦粉 400g
バター 500g

作り方

作り方はとても簡単で、バターと小麦粉を混ぜるだけである。

でんぷん

ソースの味わいに影響するので、普通はとろみ付けに使われることはありません。ソースに透明感がなくなりつやがなくなる上、舌触りが悪くなってしまいます。

例外として、チーズを加えるソース・パルムザンのコーンスターチのように、加熱の前に加えることができる場合、使われることもあります。

生クリーム

クレーム・フルーレットゥ（脂肪分35％の泡立てていない生クリーム）とクレーム・ドゥーブル（濃い生クリーム40％）が使われます。

クレーム・フルーレットゥは液状で、脂肪分は少なめですが風味は豊かです。ソースによく用いられ、軽く煮詰めるだけでも、ソースにとろみとなめらかさを与えます。

クレーム・ドゥーブルは脂肪分が高く、軽く発酵させてあり、少し酸味があるのでソースによっては適さないものがあります。卵黄とともにアパレイユのとろみ付けによく使われますが、それは舌触り、味わいの濃さを出すのに役立つからです。

煮詰める場合は、クレーム・フルーレットゥよりも水分が少ないので、煮詰めすぎに気をつける必要があります。

Chapitre.2 – Les sauces

第2章　ソース

1 ソース・ブランシュ

La sauce blanche

プティ・アントゥレ (3巻1章) でのベネディクト会風、半熟卵のクルスタッドゥ (2巻7章)、ニョッキ (2巻8章) など、ホワイト系ソースの用途は多岐にわたります。

ルーでとろみをつけるソースは、穏やかな味を持ち、その名の通り白い色をしています。ベースは一般に牛乳と生クリームです。

中でもソース・ベシャメルやソース・モルネイがよく知られています。

ソース・ベシャメルに卵黄、生クリーム、チーズなどを加えることもあり、そのひとつとして、ソース・パルムザンがよく使われています。

作り方は少し違っていて、クレーム・パティシエールのように炊き、クリーミーさを増すために、最後にすりおろしたチーズを加えて仕上げます。

ソース・クレームは、煮詰めたフォンに好みのクリームを加えて、さらにバターモンテしたものです。このソースは白色のため、このグループに分類します。フュメ・ドゥ・ポワソンを煮詰めて作るような場合もあります。同じ白色のソースでもソース・ベシャメルとは性質がかなり異なっています。ソース・クレームは仔牛などの白身の肉やクネルにとてもよく合います。フュメ・ドゥ・ポワソンをベースにしたものは魚料理に使われます。またソース・クレームにはチーズを加えてもよいでしょう。

これらのソースに使われるチーズはさまざまです (エメンタール、コンテ、ボーフォールなど)。メイン料理によく合う風味のチーズを選び、個性を出しましょう。調味料は、塩、胡椒、ナツメグといった、とても基本的なものです。

1. ソース・ベシャメル

材料

バター 125g
小麦粉 125g
牛乳 1.5ℓ

塩、白胡椒
（白いソースには白胡椒がよい）
ナツメグ

作り方

❶ 手付き鍋にバターを溶かし、ふるった小麦粉を加える。弱火で、木べらでよく混ぜて色をつけないように炒める。
❷ 火を止めて、温めた牛乳の1/3を加え、ホイッパーでよく混ぜる。
❸ 残りの牛乳を3回に分けて加え混ぜ、中火にして、さらによく混ぜる。
❹ 軽く沸騰したら火を止め、塩、白胡椒、ナツメグで味をととのえる。

2. ソース・スービーズ

ソース・ベシャメルの数多くあるバリエーションの中で、薄切りの玉ねぎを加えたものです。ソース・ベシャメルの応用で、濃度はかなり濃い目です。仔牛のオルロフ風や、付け合わせの野菜のファルシなどにかけます。牛乳にブーケガルニを加えて香りをつけてもよいでしょう。これはオーブンでもできます。

材料

玉ねぎ 750g	塩、胡椒
バター 50g	ナツメグ
小麦粉 50g	卵黄 6個分
牛乳 1ℓ	水 大さじ4

作り方

❶玉ねぎは皮をむき、薄くスライスする。
❷❶を湯がき、軽く絞って水気をよくきる。
❸手付き鍋にバターを溶かし、ふるった小麦粉を加える。弱火で、木べらでよく混ぜて色をつけないように炒める。
❹よく混ぜながら、温めた牛乳を少しずつ加える。
❺❷を加え、ソースが焦げつかないよう気をつけながら煮詰め、塩、胡椒する。
❻シノワでこす。
❼卵黄を加えてよく混ぜ、軽く火を通してとろみをつけ、ナツメグを加える。

3. ソース・モルネイ

材料

牛乳 750cc	生クリーム 80cc
ルー	（脂肪分35％）
・バター 60g	チーズ 125g
・小麦粉 60g	（すりおろしたもの）
卵黄 3個分	塩、胡椒
	ナツメグ

作り方

2巻2章 サーモンのクリビヤック参照。
❶手付き鍋にバターを溶かし、ふるった小麦粉を加える。弱火で、木べらでよく混ぜて色をつけないように炒める。
❷よく混ぜながら、温めた牛乳を少しずつ加える。十分とろみがつくまで煮詰める。
❸火を止めて卵黄と生クリームを合わせたものを加える。卵黄が煮えてかたまらないよう、ホイッパーでよく混ぜながら加えること。

4. ソース・パルムザン

材料

牛乳 1ℓ	グリュイエールチーズ 250g
バター 130g	（パルメザンかエメンタールでも可）
コーンスターチ 100g	塩、胡椒
卵 4個	

作り方

1巻4章 パルメザンチーズのフール・サレ参照。
❶グリュイエールチーズをおろす。
❷底の広い手付き鍋に750ccの牛乳とバターを入れ、ゆっくりと沸騰させる。
❸小さなボウルに250ccの牛乳とコーンスターチを入れ、かたまりができないようにホイッパーでよく混ぜ、塩、胡椒で軽く味付けする。
❹卵を加え、十分に混ぜる。
❺❷が沸騰したらホイッパーで混ぜながら❹を加え、ソースが十分なめらかになるようによく混ぜて、10秒ほど沸騰させる。
❻火からおろし、❶を加える。ホイッパーで混ぜて十分に溶かし、なめらかになったら味付けする。

＜保存＞
でき上がったソースはステンレス製のバットかトレーに移し平らにする。
表面がかたまらないようにバターを塗り、冷蔵庫に入れておく。
使用する前に木べらで練ってやわらかくする。

Chapitre.2 – Les sauces

5. ソース・クレーム・サバイヨン

材料

フュメ・ドゥ・ポワソン	400cc
生クリーム	400cc
（脂肪分35%）	
ルー	適量
卵黄	5個分
冷水	大さじ2
（サバイヨン用）	
塩、胡椒	
トゥリュフ	25g
（なくても可）	

作り方

2巻7章 ベネディクト会風、半熟卵のクルスタッドゥ参照。

6. ソース・フルレットゥ・オ・トゥリュフ

材料

生クリーム	300cc
（脂肪分35%）	
バター	30g
トゥリュフ	20g
塩、胡椒	
ナツメグ	

作り方

3巻1章 チーズのクレープ参照。

❶深めの厚底片手鍋に生クリームを入れ、1/2量に煮詰め、よく冷えたバターを加える。

❷塩、胡椒、ナツメグで味付けする。トゥリュフを刻んで加える。

第2章　ソース

Chapitre.2 − Les sauces

2 魚のソース

Les sauces poisson

　魚や甲殻類の料理に付け合わせる温かいソースです。このソースにはさまざまな種類があります。
　ソース・アメリケーヌがベースのタイプと、ソース・ノルマンドゥがベースのタイプの2つに分類できますが、どちらもフュメ・ドゥ・ポワソンを使う点は同じです。
　魚のソースは、丸ごとの魚料理、海の幸のファルシ、貝殻に盛り付けた魚介、カニのミニブリオシェットゥなどに色々な方法で添えられます。
　フュメ・ドゥ・ポワソンや、メインとなる魚自体に塩気や強い香りがあるため、調味料で味をととのえるときは慎重にします。とくに香辛料選びと配合は完璧でなければいけません。サフランやカレーなど、適宜加えると、素材を一層引き立たせ、新しい味わいを発見できます。
　とろみ付けの方法も、重要なポイントです。普通は卵黄と生クリームでとろみをつけますが、絶対に沸騰させてはいけません。温め直しも、弱火で慎重に行います。沸騰すると、卵黄が煮えて粒になり、口当たりが悪くなるだけでなく、とろみも、まろやかさもなくなってしまいます。
　フュメ・ドゥ・ポワソンの種類、作り方によって、魚のソースは数え切れないほどあります。
　白ワイン、マデラ酒、シェリー酒も、ソースの味を左右する重要な要素です。料理に合ったよい状態のワインは、全体の繊細な味わいを高めてくれます。
　軽めに仕上げたいときは、生クリームを少量加えるとか、煮詰めたフュメ・ドゥ・ポワソンをバターモンテするなどして、簡単にもできます。ただし、サービス直前に作らなければならないので、手順をしっかり考えておきましょう。
　テイクアウトやケータリングで温め直しが難しいソースは、数時間保温可能な魔法ビン、ポットのようなものを活用しましょう。

第2章 ソース

Chapitre.2 – Les sauces

1. ソース・アメリケーヌ

ソース・アメリケーヌは甲殻類から作る重要な基本のソースです。特定の料理（例えばオマールのアメリカ風）専用に作られることもありますし、幅広く応用できて、他の材料とも合うように作られることもあります。後者の場合は、色々な甲殻類のガラ（オマール、伊勢エビ、エクルヴィス、緑ガニ、ガザミ、など）を混ぜ合わせて使うのが一般的です。

材料

甲殻類のガラ	6kg
オリーブ油	200cc

＜香味材料＞

にんじん	250g
玉ねぎ	150g
エシャロットゥ	100g
フェンネル（ういきょう）	100g
にんにく	60g
トマト	200g
澄ましバター	60g

ブーケガルニ
・タイム............小枝1本
・ローリエ............葉小1枚
・パセリの茎............10本
・ポロねぎの青い部分............1本分

セルフイユ	小1束
エストラゴン	小1束
コニャック	100cc
白ワイン	1.5ℓ

（ソーヴィニョンなど辛口のもの）
薄めのフュメ・ドゥ・ポワソン............6ℓ
塩、カイエンヌペッパー
トマトペースト
ルー............必要に応じて

作り方

❶ 甲殻類のガラを粗く砕く。
❷ 野菜（にんじん、玉ねぎ、エシャロットゥ、フェンネル）は皮をむき、小さい角切りにする。
❸ にんにくは皮をむく。トマトは半分に切る。
❹ ガラをオリーブ油で炒め、汁気をきる。
❺ フライパンに澄ましバターを熱し、❷を入れシュエ（弱火で炒める）する。❹を加え、コニャックでフランベする。
❻ 白ワインを加え、トマト、にんにく、ブーケガルニ、セルフイユ、エストラゴンを加える。
❼ 沸騰したらフュメ・ドゥ・ポワソンを加える。
❽ 塩、カイエンヌペッパー、トマトペーストを加える。
❾ アクを取りながら1時間～1時間30分ほど煮詰める。（用途によって煮詰め具合は異なる。）
❿ シノワでこす。必要なら、ルーを加えてとろみをつける。

【ポイント】
最後に生クリーム、卵黄、甲殻類のみそなどを加えてとろみをつけることもある。

2. ソース・ノルマンドゥ

材料

バター.....................................50g
小麦粉...................................50g
フュメ・ドゥ・ポワソン.....500cc
ホタテ貝の煮汁................250cc
シャンピニオンの煮汁...50cc
卵黄..3個分
生クリーム.......................150cc
（脂肪分35%）
塩、胡椒
バター.....................................50g

作り方

3巻1章 ホタテ貝のソース・ノルマンドゥ参照。
❶厚底片手鍋にバターを溶かし、小麦粉を加え、弱火にかけて木べらでよく混ぜて、色をつけないように炒める。
❷フュメ・ドゥ・ポワソンを加えてホイッパーで混ぜ、しばらく中火で加熱する。
❸ホタテ貝の煮汁を加える。
❹シャンピニオンの煮汁を加え、ホイッパーで混ぜながら加熱する。ときどきアクを取り、ソースにまったりとしたとろみがつくまで煮詰める。
【アドバイス】
スプーンにソースをつけ、指でスプーンに線を引いてみて、ソースの跡が消えない程度がよい。
❺クレーム・ドゥーブルと卵黄をよく混ぜて❹に加え、煮立てないようにしながらホイッパーで混ぜる。
❻シノワでこす。
❼火からおろし、バターを加え、ホイッパーで混ぜる。
❽味をみて塩、胡椒で味付けする。

3. ブール・ブラン

材料

澄ましバター.....................20g
エシャロットゥ 80g
白ワイン............................50cc
（辛口のもの）
ワインビネガー...............50cc
生クリーム 30cc
（脂肪分35%）
バター 200g
塩、胡椒

作り方

1巻8章 アスパラガスのフイユテ参照。
❶エシャロットゥをみじん切りにする。
❷厚底片手鍋に澄ましバターを入れ、ゆっくり熱してエシャロットゥを入れる。
❸色がつかないようにやわらかくなるまで炒める。
❹白ワインとワインビネガーを入れ、2/3量に煮詰める。
❺生クリームを加え、一度軽く沸騰させる。
❻バターを少しずつ加え、木べらで混ぜる。
❼塩、胡椒で味付けする。
❽目の細かいこし器でこし、エシャロットゥをよく押さえ、ソースを絞る。

Chapitre.2 – Les sauces

第2章　ソース

4. ソース・ナンチュア

材料

＜エクルヴィスバター＞
でき上がりから25g使用
・エクルヴィスの殻..........700g
・バター...................250g
・水.........................4ℓ

＜ソース＞
ソース・アメリケーヌ....200cc
フュメ・ドゥ・ポワソン.....400cc
ルー.....................必要に応じて
生クリーム.....................150cc
（脂肪分35%）
エクルヴィスバター........25g
塩、カイエンヌペッパー
コニャック.....................20cc
エクルヴィス.................20尾

作り方

2巻8章 カワカマスのクネル参照。
＜エクルヴィスバター＞
❶エクルヴィスの殻をめん棒でよくすりつぶす。
❷厚底片手鍋にバターを溶かし、❶を入れる。
❸200℃のオーブンに鍋ごと10分入れる。
❹オーブンから出し、水を加え、火にかけて一度沸騰させ、火からおろす。
❺❹を冷やしかためる。上のかたまった脂肪分をすくい取る。
❻❺を湯煎などで溶かしてこす。
❼再度冷やしかためて余分な水分を取る。

【アドバイス】
冷蔵庫で保存し、エクルヴィスの味を強めるために必要なときに使う。

❶厚手のフライパンにソース・アメリケーヌを入れ、弱火で1/2量になるまで煮詰める。
❷フュメ・ドゥ・ポワソンを加え、弱火で1/2量になるまで煮詰める。
❸生クリームを加えてホイッパーでよく混ぜ、軽くとろみがつくまで煮詰める。必要なら、ルーを加えてとろみをつける。
❹シノワでこす。
❺フライパンに戻し、エクルヴィスバターを加え、ホイッパーで混ぜる。
❻塩、カイエンヌペッパーで味をととのえ、最後にコニャックを加える。

5. ムール貝のカレーソース

材料

ムール貝の煮汁..........500cc
ルー............................適量
生クリーム.....................200cc
（脂肪分35%）
カレー粉
バター..........................30g

作り方

1巻8章 ムール貝のクルスタッドゥ、カレー風味参照。
❶目の細かいこし器で、ムール貝の煮汁をこす。
❷煮汁を沸騰させ2/3量まで煮詰め、ルーでとろみをつける。
❸生クリーム少々を加え、クリーミーにする。
❹カレー粉を加える。そのまま弱火にかけて、こしてからバターモンテし、火からおろす。（ポイント参照）

6. セルフイユのクリームソース

材料

エシャロットゥ..............2個
シャンピニオン...............50g
（茎や切り落としでよい）
澄ましバター.................20g
セルフイユの茎............10本
白ワイン.....................70cc
（辛口のもの）
ノイリー酒.....................70cc
フュメ・ドゥ・ポワソン.....250cc
生クリーム.....................500cc
（脂肪分35%）
ルー.....................必要に応じて
塩、胡椒
バター..........................50g

作り方

1巻8章 姫ホタテ貝のクルスタッドゥ参照。
❶エシャロットゥをみじん切りにし、シャンピニオンを薄切りにする。これを澄ましバターで色づかないように弱火で炒める。
❷白ワインを加える。
❸2分沸騰させて、ノイリー酒を加え、少し煮詰める。
❹フュメ・ドゥ・ポワソンを加え、半分に煮詰める。
❺生クリームを加え、弱火で軽くとろみがつくまで煮詰める。必要ならルーを加えてとろみをつけ、味をととのえる。
❻ソースをこして、バターモンテする。（ポイント参照）

7. ライムのクリームソース

材料

ライムの汁.....................50cc
生クリーム.....................250cc
（脂肪分35%）
バター..........................100g
塩、胡椒
（胡椒は、できれば白胡椒）

作り方

1巻8章 舌平目のフイユテ、ライム風味参照。
❶鍋にライムの汁を入れ、煮詰める。
❷生クリームを加え、半量に煮詰め、塩、胡椒で味をととのえる。
❸バターモンテする。（ポイント参照）

8. シブレットゥのクリームソース

材料

澄ましバター.....................20g	ノイリー酒......................80cc
エシャロットゥ 20g	フュメ・ドゥ・ポワソン.....300cc
シャンピニオン 30g	生クリーム......................500cc
(切り落とし)	(脂肪分35%)
セルフイユの茎...........10本	ルー ....必要に応じて
シブレットゥの茎 10本	塩、胡椒
白ワイン 80cc	バター..............................40g
(辛口のもの)	

作り方

2巻8章 サーモンのクネル、シブレットゥのソース参照。

❶エシャロットゥは皮をむき、みじん切りにする。
❷シャンピニオン、セルフイユの茎、シブレットゥをみじん切りにする。
❸厚手のフライパンに澄ましバターを入れ、❶、❷を色づかないよう弱火でじっくり炒める。
❹白ワインを加え、弱火で1/2量になるまで煮詰める。
❺ノイリー酒を加え、弱火で1/2量になるまで煮詰める。
❻フュメ・ドゥ・ポワソンを加え、弱火で1/2量になるまで煮詰めてうまみを出す。
❼生クリームを加えてよく混ぜ、軽くとろみがつくまでこまめにアクを取りながら煮詰める。必要なら、ルーを加えてとろみをつける。
❽ソースをシノワでこす。野菜もしっかり絞る。
❾塩、胡椒で味をととのえ、フライパンに戻し、ホイッパーでバターモンテする。(ポイント参照)
❿最後にシブレットゥを加える。

9. 海の幸のブーシェのソース

材料

フュメ・ドゥ・ポワソン.....500cc	ルー
ホタテ貝とアンコウの煮汁	・バター 100g
................................200cc	・小麦粉...............................100g
ムール貝の煮汁............200cc	卵黄..............................4個分
シャンピニオンの煮汁	生クリーム......................200cc
................................100cc	(脂肪分35%)
	胡椒

作り方

3巻1章 海の幸のブーシェ参照。

❶手付き鍋にバターを溶かし、ふるった小麦粉を加える。弱火で、木べらでよく混ぜて色をつけないように炒める。
❷フュメ・ドゥ・ポワソンを加え、煮立つまで混ぜながら加熱する。
❸ホタテ貝とあんこうの煮汁、ムール貝の煮汁、シャンピニオンの煮汁を加え、中火にかけ、ホイッパーでよく混ぜる。必要ならアクを取る。
❹卵黄と生クリームを加え混ぜ、火にかける。このとき決して沸騰させないこと。
❺味をみてととのえる。

10. 舌平目のブーシェのソース

材料

フュメ・ドゥ・ポワソン.....150cc	ルー
ソース・アメリケーヌ 100cc	・バター 50g
(煮詰めたもの)	・小麦粉...............................50g
舌平目の煮汁................適量	コニャック 10cc
シャンピニオンの煮汁	エクルヴィスバター........20g
................................150cc	塩、カイエンヌペッパー
生クリーム 80cc	
(脂肪分35%)	

作り方

3巻1章 舌平目のブーシェ参照。

❶手付き鍋にバターを溶かし、ふるった小麦粉を加える。弱火で、木べらでよく混ぜて色をつけないように炒める。
❷フュメ・ドゥ・ポワソン、煮詰めたソース・アメリケーヌを加えて加熱し、ホイッパーでよく混ぜる。必要ならアクを取る。
❸火からおろし舌平目の煮汁、シャンピニオンの煮汁を加え、味をととのえたら、ひとつまみのカイエンヌペッパーを入れる。
❹生クリームとコニャックを入れて弱火で温め、エクルヴィスバターでバターモンテして、こす。

Chapitre.2 – Les sauces

第2章　ソース

11. シブレットゥのサフランのクリームソース

材料

ムール貝の煮汁	250cc
ルー	
・バター	20g
・小麦粉	20g
生クリーム	200cc
（脂肪分35％）	
シブレットゥの茎	8本
サフラン	1つまみ
胡椒	

作り方

3巻1章 ほうれん草のクレープ参照。

❶ムール貝の煮汁を少し煮詰める。
❷手付き鍋にバターを溶かし、ふるった小麦粉を加える。弱火で、木べらでよく混ぜて色をつけないように炒める。
❸生クリームを加え、ホイッパーでよく混ぜて全体を煮立たせ、弱火にしてしばらく加熱する。
❹❸に❶を加え混ぜて、とろりとしたなめらかな状態になるまで弱火で加熱する。
❺サフランと胡椒を入れて味をととのえ、刻んだシブレットゥを加える。

12. ソース・デュグレレ

材料

トマト	650g
オリーブ油	50cc
玉ねぎ	50g
エシャロットゥ	50g
にんにく	30g
ブーケガルニ	
タイム	
ローリエ	
パセリの茎	
ポロねぎの青い部分	
フュメ・ドゥ・ポワソン	500cc
ムール貝の煮汁	
生クリーム	100cc
（脂肪分35％）	
胡椒	

作り方

3巻1章 デュクレレ風コキーユ参照。

❶軽く沸騰している湯にトマトをつけ、皮がむけたらすぐに水気をきる。皮をきれいにむいてトマトを2つに切り、種を取り除いて5mm角に切る。
❷玉ねぎとエシャロットゥは刻み、にんにくは包丁でつぶしてから細かく刻む。
❸厚底片手鍋にオリーブ油を入れ、❷を加えて色がつかないように弱火で炒める。
❹❶とブーケガルニを加え、ふたをして数分間加熱する。
❺フュメ・ドゥ・ポワソンと煮詰めたムール貝の煮汁を加え、煮詰めて、生クリームでとろみをつける。必要ならルーを加える。味をととのえる。

13. 魚のヴルテ

魚のヴルテは、魚のソースのベースになります。
フュメ・ドゥ・ポワソンに、多めにルーを加えたものです。

材料

フュメ・ドゥ・ポワソン	1ℓ
ルー	
・バター	50g
・小麦粉	50g

作り方

❶ブロンド色のルーを作る。手付き鍋にバターを溶かし、ふるった小麦粉を加える。ブロンド色になるまで炒める。
❷フュメ・ドゥ・ポワソンを少しずつ加え、アクを取りながら15～20分煮詰める。焦げつかないよう気をつける。
❸シノワでこし、木べらでかき混ぜながら、氷水にあてて手早く冷ます。

14. ブルターニュ風ソース

材料

澄ましバター	40g
ポロねぎの白い部分	30g
セロリ	30g
エシャロットゥ	30g
シャンピニオン	30g
白ワイン	50cc
（辛口のもの）	
魚のヴルテ	750cc
生クリーム	150cc
（脂肪分35％）	
バター	50g

作り方

❶ポロねぎ、セロリ、エシャロットゥは小さいさいの目に切る。
❷厚底片手鍋に澄ましバターを入れて溶かし、❶を色づかないように炒める。
❸白ワインを加えてデグラッセする。
❹魚のヴルテを加える。
❺軽く沸騰してきたら生クリームを加える。
❻シノワでこし、バターモンテする。（ポイント参照）
このソースは、ポシェした魚や付け合わせに添える。

15. ソース・クルヴェットゥ

材料
魚のヴルテ......................1ℓ
生クリーム......................200cc
（脂肪分35%）
小エビのバター.............100g
赤バター*..........................50g
塩
カイエンヌペッパー....少々

作り方
❶魚のヴルテに生クリームを加え、軽く沸騰させる。
❷シノワでこし、小エビのバターと赤バターでモンテする。
❸味をみて、塩で味をととのえ、カイエンヌペッパーを加える。
＊ソース・アメリケーヌで使った、甲殻類のガラで作ったバター

16. サフランのオレンジソース

材料
オレンジジュース..........1ℓ
ソース・アメリケーヌ....150cc
フュメ・ドゥ・ポワソン.....500cc
ルー.................必要に応じて
生クリーム......................150cc
（脂肪分35%）
バター..........................25g
塩、胡椒
サフラン........................少々

作り方
❶オレンジジュースはとろみがつくまで煮詰める。
❷ソース・アメリケーヌを加えてデグラッセし、1/2量になるまで煮詰める。
❸フュメ・ドゥ・ポワソンを加えて1/3量になるまで煮詰める。
❹必要なら、ルーを加えてとろみをつける。生クリームを加えて軽く煮詰める。
❺味をみて、塩、胡椒で味をととのえ、サフランを加える。
❻シノワでこし、バターモンテする。(ポイント参照)

17. ソース・バタルドゥ

材料
魚のヴルテ.......................1ℓ
卵黄..............................6個分
クレーム・ドゥーブル..200cc
バター..............................40g
マスタード..............小さじ1
レモン汁........................少々
塩、胡椒
イタリアンパセリ
セルフイユ
シブレットゥ
エストラゴン

作り方
❶魚のヴルテを沸騰させ、卵黄とクレーム・ドゥーブルを混ぜたものを加えてとろみをつける。
❷シノワでこし、バターとマスタードでモンテする。
❸味をみて、塩、胡椒で味をととのえる。
❹レモン汁とみじん切りにしたハーブを加える。

18. ソース・ジョワンヴィル

材料
ソース・ノルマンドゥ.....1ℓ
エクルヴィスバター.......40g
小エビのバター...............40g
トゥリュフ(好みで)

作り方
❶ソース・ノルマンドゥを作る。
❷エクルヴィスバターと小エビのバターでモンテする。
【ポイント】
トゥリュフの薄切りを加えてもよい。

第2章 ソース

Chapitre.2 – Les sauces

3 肉、家禽のソース

Les sauces pour viandes et volailles

2. フランボワーズビネガーのソース

3. ソース・オ・ゼレス

4. ソース・ポワブラード

6. ソース・シュプレーム 　　7. ソース・ペリグー 　　10. ソース・ブリュンヌ 　　12. ソース・イヴォワール

ここで紹介するソースは、大きく2つに分けられます。
- 肉(羊、仔牛、牛、豚など)に合わせるソース
- 家禽(鶏、鴨、ほろほろ鳥など)に合わせるソース

色々な種類があり、料理の香り味わいをさらに印象的なものに仕上げる目的があります。

メインの肉や家禽、味わいの特質に合わせたフォンを使ってソースを作ります。例えば、くせのないリ・ドゥ・ヴォーの風味を生かすためには、リ・ドゥ・ヴォーのフォンを煮詰めたものでソースを作ります。

たいていワインを加えますが、これは味わいに大きく影響します。赤、白、そして香り、味わい、色の濃いもの、軽いもの、重いものと、ワインは料理に応じて慎重に選びます。

ソースを作るポイントがいくつかあります。
- 材料の吟味には特に注意を払うこと
- 色々な材料をうまく配合すること
- フォンの煮詰め加減に注意すること
- 肉汁のデグラッサージュをていねいにすること

またソースによってはカラメルを作ることもあります。カナール・ア・ロランジュのように、砂糖または果物のシロップを煮詰めて作った明るい色のカラメルを、ワインビネガーなどでデグラッセします。これにより軽さと酸味が出て、さわやかな味わいとなります。

このように、ソース作りは高度な技術とともに、デリケートで特別な気配りを要します。

肉、家禽のソースはバリエーションが多く、構成もたいへん複雑なので、ここではソースの色で分類しました。

A. 澄んだソース
ヴルテやフォン・ブラン[blanc]、フォン・ドゥ・ヴォーがベース。生クリームなどでとろみをつけたり、バターモンテしたりしたもの。

B. 褐色のソース
ドゥミグラスまたはフォン・ブラン[brun]がベース。
ソース・ペリグー、ソース・シャスール、ソース・ディアブル、ソース・マデールなど。

Chapitre.2 – Les sauces

1. ブーシェ・ア・ラ・レーヌのソース

材料

フォン・ブラン [blanc] ...750cc	ルー
シャンピニオンの煮汁 ...100cc	・バター ...75g
（煮詰めたもの）	・小麦粉 ...75g
リ・ドゥ・ヴォーの煮汁 150cc	卵黄 ...3個分
（煮詰めたもの）	クレーム・ドゥーブル 150cc
	塩、胡椒

作り方

3巻1章 ブーシェ・ア・ラ・レーヌ参照。
❶手付き鍋にバターを溶かし、ふるった小麦粉を加える。弱火で、木べらでよく混ぜて色をつけないように炒める。
❷フォン・ブランを加えて強火にし、ホイッパーでよく混ぜる。必要ならアクを取る。
❸煮詰めたシャンピニオンの煮汁とリ・ドゥ・ヴォーの煮汁を加えて煮立つまで、よく混ぜる。
❹味付けし、スプーンを入れたときにソースが少し厚めにつくくらいになるまで加熱したら、弱火にして沸騰しないように注意する。火からおろし、つなぎとしての卵黄とクレーム・ドゥーブルを混ぜ、なめらかにする。

2. フランボワーズビネガーのソース

材料

フランボワーズビネガー 60cc	ルー ...必要に応じて
	塩、胡椒
ドゥミグラス ...500cc	バター ...30g

作り方

1巻8章 鶏のレバーのクルスタッドゥ、ビネガー風味参照。
❶肉を炒めた鍋の油を捨てる。
❷エシャロットゥを炒めた鍋の中に、フランボワーズビネガーを加えデグラッセ（鍋についたうま味を溶かす）し、さらにこれを3/4量に煮詰める。
❸ドゥミグラスを加え、半分に煮詰める。
❹こし器にあけて、エシャロットゥをお玉でよく押さえてこす。
❺とろみが足りなければルーを加える。
❻塩、胡椒で味をととのえる。
❼バターモンテする。(ポイント参照)

3. ソース・オ・ゼレス

材料

リ・ドゥ・ヴォーの煮汁 400cc	バター ...40g
ルー ...必要に応じて	塩、胡椒
生クリーム ...200cc	シェリー酒 ...少々
（脂肪分35％）	

作り方

1巻8章 リ・ドゥ・ヴォーのクルスタッドゥ、シェリー酒風味参照。
❶リ・ドゥ・ヴォーをブレゼした煮汁をこし器でこす。香味野菜はお玉などで押さえないこと。
❷シェリー酒を加えて半分に煮詰め、とろみが足りなければルーを加える。
❸生クリームを加える。アクを取りながら煮詰める。
❹塩、胡椒で味をととのえる。こし器でこす。
❺バターモンテする。(ポイント参照)

Chapitre.2 – Les sauces

第2章 ソース

4. ソース・ポワブラード

材料

澄ましバター	30g
にんじん	150g
玉ねぎ	120g
ワインビネガー	150cc
赤ワイン	300cc
（こくのあるもの）	
パセリの茎	8本
タイムの茎	1本
ローリエの葉	1/2枚
塩	
黒胡椒	2粒
ドゥミグラス	500cc
ルー	必要に応じて
バター	45g

作り方

2巻2章 仔ウサギのトゥルトゥ、ヘーゼルナッツ風味参照。
❶ にんじんと玉ねぎは皮をむき、小さい角切りにする。
❷ 厚底片手鍋に澄ましバターを入れて熱し、❶をシュエする。
❸ シノワでこし、余分な汁気や油分を取り除く。
❹ ❸を鍋に戻し、ワインビネガーを加えてデグラッセし、細かく刻んだパセリ、タイム、ローリエを加え、3/4量になるまで煮詰める。
❺ 赤ワインを加え、弱火でさらに3/4量になるまで煮詰める。
❻ ドゥミグラスを加える。
❼ 粗くつぶした黒胡椒（清潔な布でくるみ、めん棒か鍋の底でたたく）、塩を加え、アクを取りながら1/2量になるまで煮詰める。
❽ 必要なら、ルーを加えてとろみをつける。味をみて、塩を加える。

5. ソース《クレーム・モンテ・アセゾネ》

材料

生クリーム	1ℓ
（脂肪分35%）	
塩、胡椒	
パプリカ	

作り方

2巻3章 虹のテリーヌ参照。
生クリームを泡立て、味つけをする。

6. ソース・シュプレーム

材料

家禽のフォン	800cc
生クリーム	250cc
（脂肪分35%）	
ルー	必要に応じて
バター	30g
塩、胡椒	

作り方

2巻8章 家禽のクネル参照。
❶ 厚手のフライパンに家禽のフォンを入れ、弱火で1/2量になるまで煮詰める。
❷ 生クリームを加えてホイッパーでよく混ぜ、1/2量になるまで煮詰める。必要なら、ルーを加えてとろみをつける。
❸ シノワでこす。
❹ 塩、胡椒で味をととのえる。
❺ フライパンに戻し、バターモンテする。（ポイント参照）

7. ソース・ペリグー

材料

マデラ酒	400cc
ドゥミグラス	500cc
ルー	約15g
ジュ・ドゥ・トゥリュフ*	50cc
バター	20g
塩、胡椒	
トゥリュフ	30g

*ジュ・ドゥ・トゥリュフはコニャック、ホワイトリカー、フォンを合わせて、トゥリュフを漬けておいた漬け汁。

作り方

2巻8章 仔牛のクネル参照。
❶ 厚手のフライパンにマデラ酒を入れ、弱火で1/2量になるまで煮詰める。
❷ ドゥミグラスを加え、アクを取りながら弱火で煮詰める。
❸ ルーを加えて全体にとろみをつける。
❹ ジュ・ドゥ・トゥリュフを加えて軽く煮たたせる。
❺ ソースをシノワでこす。
❻ 塩、胡椒で味をととのえる。
❼ フライパンに戻し、バターモンテする。（ポイント参照）
❽ 細かく刻んだトゥリュフを加える。

8. ソース・フィナンシエール

材料
ドゥミグラス 1ℓ	ルー
シャンピニオンの煮汁 150cc	・バター 100g
（煮詰めたもの）	・小麦粉 100g
リ・ドゥ・ヴォーの煮汁 150cc	ジュ・ドゥ・トゥリュフ 50cc
（煮詰めたもの）	バター 20g
	塩、胡椒

作り方
3巻1章 ブーシェ・フィナンシエール参照。
❶ 手付き鍋にバターを溶かし、ふるった小麦粉を加える。弱火で、木べらでよく混ぜて色をつけないように炒める。
❷ ドゥミグラスを加えて強火にし、ホイッパーでよく混ぜる。
❸ 煮詰めたシャンピニオンの煮汁とリ・ドゥ・ヴォーの煮汁、ジュ・ドゥ・トゥリュフを加えて味をととのえ、煮立つまでよく混ぜる。
❹ スプーンを入れたときにソースが少し厚めにつくくらいになるまで煮詰めたら、バターモンテする。（ポイント参照）

9. シャンピニオンのブーシェのソース

材料
シャンピニオンの煮汁 400cc	ポルト酒 100cc
フォン・ブラン・ドゥ・ヴォー[blanc]	（マデラ酒でも可）
.... 200cc	卵黄 3個分
ルー	クレーム・ドゥーブル ... 200cc
・バター 45g	パセリ 25g
・小麦粉 45g	塩、胡椒

作り方
3巻1章 シャンピニオンのブーシェ参照。
❶ 手付き鍋にバターを溶かし、ふるった小麦粉を加える。弱火で、木べらでよく混ぜて色をつけないように炒める。
❷ シャンピニオンの煮汁とフォン・ブラン・ドゥ・ヴォーを加える。煮汁が足りず、ソースがかたすぎるようなら、さらにフォン・ブラン・ドゥ・ヴォーを加える。ポルト酒を加え、ソースを煮立たせる。
❸ 火からおろし、つなぎとしての卵黄とクレーム・ドゥーブルを混ぜながら加え、弱火にかける。もったりするまでよく混ぜる。
【ポイント】クレームやバターを入れたソースは決して煮立たせてはいけない。ソースの艶と風味が落ちてしまう。
❹ パセリを加え、味をととのえる。

10. ソース・ブリュンヌ

材料
白ワイン 20cc	バター 30g
マデラ酒 50cc	塩、胡椒
ドゥミグラス 400cc	

作り方
3巻1章 キノコのクレープ参照。
❶ 肉を焼いた天板またはフライパンを火にかけ、白ワインとマデラ酒を注いでデグラッセする。
❷ 刷毛などを使って鍋の縁についているソースを汁の中に戻しながら、1/2量に煮詰めてドゥミグラスを加える。
❸ シノワでこし、塩、胡椒で味をととのえる。
❹ 中火にしてさらに1/2量に煮詰め、バターモンテする。（ポイント参照）

11. ソース・オーロラ

材料
ソース・シュプレーム 500cc	煮詰めたトマトのフォンデュ
	.... 500cc

作り方
❶ ソース・シュプレームに十分に濃く煮詰めたトマトのフォンデュを加え、目の細かいシノワでこす。

Chapitre.2 – Les sauces

第2章 ソース

12. ソース・イヴォワール

材料

ソース・シュプレーム……1ℓ
グラス・ドゥ・ヴィアンドゥ……大さじ1〜3

作り方

① グラス・ドゥ・ヴィアンドゥを溶かし、ソース・シュプレームに加えて混ぜた白いソース。ポシェした家禽に添える。

13. ソース・プーレ

材料

ソース・シュプレーム……1ℓ
シャンピニオンの煮汁…100cc
レモン汁……………………少々
パセリ……………大さじ2〜3
（みじん切り）

作り方

① ソース・シュプレームにシャンピニオンの煮汁を加えて混ぜる。
② パセリのみじん切りとレモン汁を加える。
ポシェした家禽に添える。フォン・ブラン・ドゥ・ヴォーでポシェした仔牛肉にもよく合う。

14. ソース・ボルドレーズ

材料

澄ましバター………………30g
エシャロットゥ……………60g
赤ワイン…………………400cc
（フルボディのもの）
粗挽き黒胡椒………………20g
タイムの茎………………小2本
ローリエの葉……………1/2枚
ドゥミグラス……………500cc
ルー……………必要に応じて
塩
バター………………………50g

作り方

① エシャロットゥは細かく刻み、澄ましバターで色づかないよう弱火で炒める。
② 赤ワインを加えてデグラッセする。
③ 黒胡椒、タイム、ローリエを加え、1/2量になるまで煮詰める。
④ ドゥミグラスを加え、1/3量になるまで煮詰める。必要なら、ルーを加えてとろみをつける。
⑤ シノワでこし、バターモンテする。（ポイント参照）
グリエまたはポワレした牛肉に添える。

15. ソース・ベルシィ

材料

澄ましバター………………30g
エシャロットゥ……………60g
白ワイン…………………250cc
（辛口のもの）
ドゥミグラス……………500cc
グラス・ドゥ・ヴィアンドゥ……大さじ2
バター……………………100g
パセリ……………………大さじ2
（みじん切り）

作り方

① エシャロットゥは細かく刻み、澄ましバターで色づかないよう弱火で炒める。
② 白ワインとドゥミグラスを加え、2/3量になるまで煮詰める。
③ グラス・ドゥ・ヴィアンドゥを加えて煮立たせる。
④ バターモンテ（ポイント参照）し、パセリのみじん切りを加える。
あらゆる牛肉料理によく合う。

16. ソース・マデール

材料

マデラ酒	400cc
ドゥミグラス	1ℓ
ルー	必要に応じて
バター	50g
シャンピニオン (好みで)	
塩、胡椒	

作り方

①マデラ酒を1/2量になるまで煮詰める。
②ドゥミグラスを加えて1/3量になるまで煮詰める。必要ならルーを加えてとろみをつける。
③シノワでこし、塩、胡椒してバターモンテする。(ポイント参照)
④好みで、小さく切って軽く炒めたシャンピニオンを加えてもよい。

牛、豚、臓物など色々な肉料理に合う。マデラ酒をポルト酒にかえてもよい。ソース・ポルトゥ[La sauce Porto]となる。

17. ソース・ピカントゥ

材料

澄ましバター	30g
エシャロットゥ	60g
白ワイン	200cc
ワインビネガー	200cc
ドゥミグラス	750cc
ルー	必要に応じて
バター	40g
コルニション	大さじ3
パセリ	
セルフイユ	
エストラゴン	

作り方

①エシャロットゥは細かく刻み、澄ましバターで色づかないよう弱火で炒める。
②白ワインとワインビネガーを加えてデグラッセする。
③1/2量になるまで煮詰める。
④ドゥミグラスを加え、さらに煮詰める。必要なら、ルーを加えてとろみをつける。
⑤シノワでこし、バターモンテする。(ポイント参照)
⑥刻んだコルニションと、みじん切りにしたパセリ、セルフイユ、エストラゴンを加える。

牛、豚、臓物料理に添える。

18. ソース・ガストゥリック・ア・ラナナ

材料

パイナップルを煮たシロップ	200cc
ワインビネガー	50cc
白ワイン	150cc
(ソーヴィニヨンなど辛口のもの)	
ドゥミグラス	1.25ℓ
ルー	必要に応じて
ソース1ℓに対し 板ゼラチン	8枚
塩、胡椒	

作り方

3巻6章 サイコロハムのパイナップルとチェリーのせ参照。
①厚底片手鍋にパイナップルを煮たシロップを入れ、カラメル状になるまで煮詰める。
②シロップが茶色になったらワインビネガーを加えてデグラッセする。
③白ワインを加え、1/2量になるまで煮詰める。
④ドゥミグラスを加え、1/2量になるまでさらに煮詰める。
⑤必要なら、ルーを加えてとろみをつける。
⑥塩、胡椒で味をととのえる。
⑦冷水でふやかしておいたゼラチンを加え、シノワでこす。
⑧氷水にあててとろみがつくまで冷やす。

19. ソース・ア・レーグルドゥ

材料

グラニュー糖	100g
ワインビネガー	50cc
オレンジの表皮	4片
コリアンダーシード	80粒
白ワイン	300cc
(ソーヴィニヨンなど辛口のもの)	
ドゥミグラス	2ℓ
ルー	必要に応じて
ソース1ℓに対し 板ゼラチン	6〜8枚

作り方

3巻6章 ローストポーク、ソース・ア・レーグルドゥ添え参照。
①厚底片手鍋にグラニュー糖、ワインビネガー、オレンジの表皮、コリアンダーシードを入れ、カラメル状になるまで煮詰める。
②白ワインを加える。
③ドゥミグラスを加えて煮詰める。
④必要なら、ルーを加えてとろみをつける。
⑤冷水でふやかしておいた板ゼラチンを、水気をよくきってから加え混ぜる。
⑥氷水にあててとろみがつくまで冷やす。

Chapitre.2 – Les sauces

第2章　ソース

20. ソース・シャスール

材料

澄ましバター	45g
エシャロットゥ	50g
シャンピニオン	150g
白ワイン	250cc
トマトソース	250cc
ドゥミグラス	500cc
ルー	必要に応じて
バター	100g
セルフイユ（みじん切り）	大さじ1
エストラゴン（みじん切り）	大さじ1/2
塩、胡椒	

作り方

❶エシャロットゥは細かく刻む。シャンピニオンは薄切りにする。
❷厚底片手鍋に澄ましバターを入れて熱し、❶を色づかないよう弱火で炒める。
❸白ワインを加えてデグラッセし、1/2量になるまで煮詰める。
❹トマトソースとドゥミグラスを加え、アクを取りながらさらに数分間煮詰める。
❺シノワでこし、バターモンテする。（ポイント参照）
セルフイユとエストラゴンを加える。肉や臓物料理に合う。

21. ソース・ディアブル

材料

澄ましバター	40g
エシャロットゥ	100g
白ワイン	200cc
ワインビネガー	200cc
ドゥミグラス	650cc
ルー	必要に応じて
塩、カイエンヌペッパー	

作り方

❶エシャロットゥは細かく刻む。
❷厚底片手鍋に澄ましバターを入れて熱し、❶を色づかないよう弱火で炒める。
❸白ワインとワインビネガーを加えてデグラッセし、2/3量になるまで煮詰める。
❹ドゥミグラスを加え、アクを取りながらさらに数分間煮詰める。必要なら、ルーを加えてとろみをつける。
❺シノワでこし、塩、カイエンヌペッパーで味をととのえる。
煮詰めたビネガーとカイエンヌペッパーのため、かなり強い味に仕上がる。グリエした家禽にたいへんよく合う。

22. ソース・ビガラードゥ

材料

ざらめ糖	40g
ワインビネガー	30cc
オレンジジュース	3個分
レモン汁	1/2個分
鴨のフォン	750cc
ルー	必要に応じて
オレンジの表皮	1個分
レモンの表皮	1/2個分
塩、胡椒	

作り方

❶厚底片手鍋にざらめ糖とワインビネガーを入れて熱し、濃い茶色のカラメルを作る。
❷オレンジジュースとレモン汁を加えてデグラッセし、3/4量になるまで煮詰める。
❸鴨のフォンを加え、さらに数分間煮詰める。
❹シノワでこし、味をととのえる。
❺前もって細切り（ジュリエンヌ）にして別々にゆがき、冷ましておいたオレンジとレモンの皮を❹に加える。
鴨のオレンジ煮または、いくつかの豚肉の料理にも合う。

23. ソース・シャルキュティエール

材料

澄ましバター	40g
玉ねぎ	80g
白ワイン	300cc
ドゥミグラス	750cc
ルー	必要に応じて
マスタード	大さじ1
コルニション	100g
塩、胡椒	

作り方

❶玉ねぎは細かく刻む。
❷厚底片手鍋に澄ましバターを入れて熱し、❶を色づかないよう弱火で炒める。
❸白ワインを加えてデグラッセし、2/3量になるまで煮詰める。
❹ドゥミグラスを加え、アクを取りながらさらに数分間煮詰める。必要なら、ルーを加えてとろみをつける。
❺塩、胡椒で味をととのえる。
❻シノワでこし、マスタードでモンテする。この後は決してソースを沸騰させないこと。
❼コルニションをジュリエンヌにして加える。
ロースト、またはポワレした豚肉によく合う。

Chapitre.2 – Les sauces

24. ソース・グラン・ヴヌール

材料

澄ましバター 40g
香味材料 .... 250〜300g
(野ウサギのマリネの残り)
マリネした後のワイン ... 1.5ℓ
野ウサギのフォン 1.25ℓ
ルー .... 必要に応じて
野ウサギの血 200cc
塩、胡椒

作り方

❶厚底片手鍋に澄ましバターを入れて熱し、香味材料を全体がしっかり色づくまで炒める。
❷ワインを加えてデグラッセし、2/3量になるまで煮詰める。
❸野ウサギのフォンを加え、さらに数分間煮詰める。
❹少しずつ野ウサギの血を加え、とろみをつける。血を加えた後は煮立たせないこと。
❺シノワでこし、調味料で味をととのえる。
このソースは味がたいへん強く、マリネしたジビエなど個性の強い肉料理にとてもよく合う。
野ウサギの血が手に入らなければ、豚の血を使ってもできるが、味はかなり違うものになる。

25. ソース・マトゥロートゥ

材料

澄ましバター 20g
エシャロットゥ 40g
シャンピニオン 40g
タイムの茎 1本
ローリエの葉 1/2枚
粒胡椒 10粒
赤ワイン 300cc
フュメ・ドゥ・ポワソン 400cc
(赤ワインでも可)
ドゥミグラス 500cc
ルー .... 必要に応じて
ビターチョコレート 40g
(クーヴェルチュール)

作り方

❶エシャロットゥは細かく刻む。シャンピニオンは薄切りにする。
❷厚底片手鍋に澄ましバターを入れて熱し、❶を色づかないよう弱火で炒める。
❸赤ワインを加えてデグラッセし、タイム、ローリエ、胡椒を粗挽きにして加えて3/4量になるまで煮詰める。
❹フュメ・ドゥ・ポワソンを加え、1/2量になるまで煮詰める。
❺ドゥミグラスを加え、さらに数分間煮詰める。
❻刻んだビターチョコレートを加えて混ぜる。
マトゥロートゥ風に調理、あるいはポシェした魚に合う。
チョコレートは深い色あいやとろみとともに、繊細な味わいをも与える。

26. ソース・ア・ラ・モワルー

材料

ソース・ボルドレーズ 1ℓ
イタリアンパセリ 大さじ1
(みじん切り)
牛の骨髄 150g

作り方

❶牛の骨髄は小さいさいの目に切り、コンソメか、フォン・ブラン[blanc]または塩水でポシェしておく。
❷ソース・ボルドレーズを作る。ただしバターモンテはしない。
❸イタリアンパセリのみじん切りを加える。
❹❶を❸に加える。
ローストまたはポワレした牛肉に添える。

第2章　ソース
Chapitre.2 –Les sauces

4 冷製乳化ソース
Les sauces émulsionnées froides

ここで紹介するソースは、乳化（エマルジョン）が基礎になっています。
これは、乳化剤（一般的に卵黄のレシチン）の働きによって、水分と油分がよく混ざり合ったなめらかな状態に仕上げたソースです。

ソースの材料は油分（脂肪を含んだ材料、さまざまな油脂と脂肪）と水分（すべての液体）の2つに分けて考えられます。ソース・マヨネーズが一番よい例で、他の冷製乳化ソースの基本になります。

1. ソース・マヨネーズ

うまく作るために、いくつか注意する点があります。
- 新鮮な卵黄を使うこと
- 容器や器具は清潔なものを使うこと
- すべての材料を同じ温度（20℃ほど）にしておくこと
- でき上がったソースは、急激な温度変化を避けて保存すること。冷蔵してあるものを暖かい所に長くおくと分離したりします。

基本のマヨネーズは、色々な調味料や香味材料を加えて応用できます。
他のソースの基本材料、グラッサージュ用のソースのベースとしてなど、用途は多岐にわたります。

作り方
❶ ちょうどよい大きさのボウルに、卵黄とマスタードを入れ、ホイッパーでよく混ぜる。
❷ オリーブ油を少しずつ注ぎながら加え、よくかき混ぜる。かたまってきたら乳化が始まった証拠なので、やや多めにオリーブ油を注いで加え、さらによく混ぜて乳化させる。ここで油を手早く加え、混ぜれば混ぜるほど、ソースはかたく仕上がる。
❸ 味をみて、必要なら味をととのえる。
❹ 最後に、熱くしたワインビネガーを少量加えて混ぜる。こうしてしっかり乳化させるとマヨネーズが安定し、多少の温度変化があっても分離しない。

材料

卵黄……………………1個
マスタード…………小さじ1/2
オリーブ油……………250cc
塩
ワインビネガー…………少量
（レモン汁でも可）

Chapitre.2 – Les sauces

2. ソース・コクテル

材料

マイヨネーズ 150cc	塩
ウォッカ .... 少々	カイエンヌペッパー .... 少々
ケチャップ 20cc	タバスコ（好みで）

作り方

3巻4章 マイヨネーズを添えたロブスター参照。
マイヨネーズを作り、そこにケチャップ、好みで少量のウォッカ、カイエンヌペッパー、塩を加えて混ぜる。

3. ソース・アンダルーズ

材料

マイヨネーズ 500cc	赤ピーマン 10g
ケチャップ 80cc	（さいの目に切って茹でたもの）
ウォッカ 30cc	イクラ 50g
泡立てた生クリーム ... 200cc	塩、カイエンヌペッパー
（脂肪分35%）	

作り方

2巻3章 アスパラガスと、カワカマスのテリーヌ参照。

4. アンチョビのカレーソース

材料

オリーブ油 30cc	レモンの輪切り 4枚
アンチョビ 8尾	カレー粉 小さじ2

作り方

2巻3章 真鯛のテリーヌ参照。

5. ソース・シャンティイ

材料

マイヨネーズ 500cc	泡立てた生クリーム ... 200cc
レモン汁 .... 少々	（脂肪分35%）
	塩、カイエンヌペッパー

作り方

❶ ビネガーのかわりにレモン汁を使い、かためのマイヨネーズを作る。
❷ かために泡立てた生クリームを、加えて混ぜる。仕上がりがやわらかすぎないよう注意する。
❸ 塩、カイエンヌペッパーで味をととのえる。
このソースはとても軽くて用途が広く、冷製の魚料理、色々な野菜、卵の料理そのほかにも合う。

6. ソース・ヴェルトゥ

材料

マイヨネーズ 500cc	セルフイユ 大さじ1
レモン汁 .... 少々	（みじん切り）
泡立てた生クリーム ... 200cc	エストラゴン 大さじ1/2
（脂肪分35%）	（みじん切り）
塩、カイエンヌペッパー	シブレットゥ 大さじ1
	（みじん切り）

作り方

❶ ビネガーのかわりにレモン汁を使い、かためのマイヨネーズを作る。
❷ 泡立てた生クリームを、加えて混ぜる。仕上がりがやわらかすぎないよう注意する。
❸ セルフイユ、エストラゴン、シブレットゥを加えて混ぜる。

7. ソース・イタリエンヌ

材料

仔牛の脳みそ 125g*	パセリ 大さじ2
（牛、仔羊の脳みそでも可）	（みじん切り）
レモン風味のマイヨネーズ ... 1ℓ	塩
	＊1つの脳みその約1/2量

作り方

❶ 仔牛の脳みそ125g（1つの脳みその約1/2量）をポシェ（茹でる）する。しっかり水気をきって、表面を乾かす。
❷ ❶を裏ごししてピュレ状にする。
❸ マイヨネーズを❷に少しずつ、よく混ぜながら加えて、なめらかになるまで混ぜる。
❹ 味をととのえ、パセリを加える。
ソース・イタリエンヌは主に冷製の肉料理に合う。

第2章 ソース
Chapitre.2 – Les sauces

8. ソース・タルタル

材料
茹で卵の黄身	6個分
サラダ油	1ℓ
ビネガー	100cc
マスタード	小さじ1
玉ねぎ	80g
コルニション	60g
小ぶりのケイパー	30g
（好みで）	
茹で卵の白身	3個分
パセリ、セルフイユ、シブレットゥのみじん切り	
塩、胡椒	

作り方
❶ 茹で卵の黄身をよくすりつぶし、サラダ油を少しずつ加えてのばす。
❷ 乳化してなめらかになったら、ビネガーとマスタードを加えてのばす。
❸ みじん切りにした玉ねぎとコルニションを加える。
❹ 目の細かい裏ごし器にかけた茹で卵の白身と、ハーブのみじん切りを加える。好みでケイパーも加える。
ソース・タルタルはポシェ、あるいはグリエした肉、家禽、魚料理、フリットゥに合う。

9. ソース・アイオリ

材料
にんにく	60g
じゃがいも（好みで）	50g
卵黄	3個分
オリーブ油	500cc
レモン汁	少々
塩、胡椒	
冷水	必要に応じて

作り方
❶ にんにくは皮をむき、消化のよくない芽を取り除いてから、小さいすり鉢ですりつぶす。これに皮ごと茹でて皮をむいたじゃがいも50gと混ぜ合わせてもよい。
❷ 卵黄と調味料を加える。オリーブ油を少しずつ加えながらすりこ木でよく混ぜ、乳化させる。
❸ レモン汁を加える。ソースがかたいときは、冷水を少量加えてのばす。
このソースはマヨネーズと似ていて、作り方も同じである。もし分離してしまったら、マヨネーズと同じように、卵黄を加えて作り直すことができる。
これはとても香り高いソースである。このソースは冷製の肉料理、特に豚肉と仔羊の肉に合うが、サラダなどの野菜にも合う。

10. ソース・ルイユ

材料
にんにく	40g
ソース・ハリサ	小さじ1/4
（アラブ料理のカラシ。カイエンヌペッパー少々でも可）	
パンの中身	40g
（皮を取り除く）	
魚のブイヨン	適量
オリーブ油	250cc
粗塩	1つまみ

作り方
❶ にんにくは皮をむき、芽を取り除く。小さいすり鉢でハリサと一緒にすりつぶす。
❷ 魚のブイヨンをしみ込ませたパンを加えてさらにすりつぶし、なめらかにする。
❸ オリーブ油を少しずつ加えながらすりこ木でよく混ぜ、乳化させる。
❹ 味をととのえる。ソースがかたいときは、魚のブイヨンを少量加えてのばす。
ソース・ルイユは特に魚のスープと合うソースである。このソースはある種の茹でた岩礁魚（岩間に住む魚、メバル、カサゴ、シマスズキなど）、小さい海の貝類に添えてサービスされる。

11. ズッキーニのムースのソース

材料
澄ましバター	35g
バター	40g
玉ねぎ	100g
にんにく	3片
ズッキーニ	450g
ほうれん草	150g
ブーケガルニ	
・タイムの茎	1本
・ローリエの葉	1枚
・パセリの茎	4本
・ポロねぎの青い部分	小1本
フォン・ブラン [blanc]	500cc
（家禽のフォンでも可）	
小麦粉	40g
生クリーム	200cc
（脂肪分35%）	
塩、胡椒	
ソース1ℓに対し	
板ゼラチン	10g

作り方
2巻3章 ホウボウの3色のテリーヌ参照。

5 温製乳化ソース

Les sauces émulsionnées chaudes

温製乳化ソースは、冷製乳化ソースと同じように、卵黄に含まれるレシチンの働きを利用して作ります。
冷製乳化ソースは卵黄と油分が結びつきますが、温製乳化ソースの場合は卵黄と水分（水、煮詰めたワインまたはビネガー）の結びつきが中心となります。基本的な作り方は、まず卵黄と水分を撹拌しながら加熱します。卵黄にとろみをつけることで十分な乳化状態にしてから最後に油分を加えます。水分が少ないので、分離する恐れも少なくなります。最後に味をみて、しっかり調味しましょう。
卵黄に火を通しすぎると、なめらかさが失われ、ソースがザラついてしまうので、弱火で注意しながら加熱しましょう。澄ましバターは溶けて温かい状態で加えます。
温製乳化ソースはサービスする直前に、使う量だけを作るようにします。温め直すとソースの質が損なわれてしまうからです。
保存するときは温かいところで、よい状態を保つようにします。
テイクアウトの場合は、保温できる容器（魔法ビンなど）に入れると、お客様がソースを温め直す必要がなくなります。また、味わいを壊す恐れがなく、トゥレトゥールにとって最善の方法です。ソース・オランデーズとソース・ベアルネーズは温製乳化ソースの中でもっとも代表的です。

1. ソース・オランデーズ

材料

白ワイン	20cc
水	50cc
卵黄	8個分
澄ましバター	500g
レモン汁	少々
粗挽き胡椒	少々
塩、カイエンヌペッパー	

作り方

❶ 白ワイン、水、粗挽き胡椒を鍋に入れて煮詰める。
❷ ❶が冷めたら、ホイッパーで混ぜながら卵黄を加える。
❸ 弱火にかけ、絶えずホイッパーで強く泡立てながら、65℃まで温度を上げる。
❹ 火からおろし、溶かしておいた澄ましバターを少しずつ加えて混ぜる。
❺ 塩、カイエンヌペッパーで味をととのえ、シノワでこす。
ソース・オランデーズは幅広い魚、野菜料理にとても相性がよい。

Chapitre.2 – Les sauces

第2章 ソース

2. ソース・ベアルネーズ

材料

白ワイン……………………150cc	卵黄……………………………8個分
ワインビネガー……………150cc	澄ましバター…………………500g
エシャロットゥ………………60g	セルフイユ…………………大さじ2
エストラゴン…………………15g	（みじん切り、仕上げ用）
セルフイユ……………………15g	エストラゴン………………大さじ2
粗挽き胡椒……………………5g	（みじん切り、仕上げ用）
塩	塩
	カイエンヌペッパー

作り方

❶白ワイン、ワインビネガー、粗く刻んだエシェロットゥ、エストラゴン、セルフイユ、粗挽き胡椒、塩を鍋に入れて2/3量になるまで煮詰める。
❷❶が冷めたら、ホイッパーで混ぜながら卵黄を加える。
❸弱火にかけ、絶えずホイッパーで混ぜながら65℃まで温度を上げる。
❹火からおろし、溶かしておいた澄ましバターを少しずつ加えて混ぜる。
❺初めに加えたハーブをシノワでこして取り除く。
塩、カイエンヌペッパーで味をととのえる。
❻みじん切りにしたエストラゴン、セルフイユを新たに加える。
ソース・ベアルネーズはあらゆる肉のグリエと合う。

3. ソース・シャンティイ

材料

ソース・オランデーズ	塩、カイエンヌペッパー
泡立てた生クリーム…150cc	
（脂肪分35%）	

作り方

❶ソース・オランデーズを参照して作る。
❷かたく泡立てた生クリームを加える。
❸味をととのえ、すぐにサービスする。
ソース・オランデーズよりも軽くてやわらかく仕上がる。
用途はソース・オランデーズと同様。

4. ソース・マルテーズ

材料

ソース・オランデーズ	ブラディオレンジの表皮
ブラディオレンジの果汁	……………………………1/4個分
……………………………1個分	塩、胡椒

作り方

❶ソース・オランデーズを参照して作る。
❷最後にオレンジの表皮をすりおろしたものと果汁を加える。
❸味をととのえる。
このソースは魚料理、野菜（アスパラガス）、ベニエやミニョネットゥなどに合う。

5. ソース・ミカド

材料

ソース・オランデーズ	みかんの表皮…………1/3個分
みかんの果汁……1と1/2個分	（マンダリンオレンジ）
（マンダリンオレンジ）	塩、胡椒

作り方

❶ソース・オランデーズを参照して作る。
❷最後にみかんの表皮をすりおろしたものと果汁を加える。
❸味をととのえる。
個性的な風味のため、特別な料理に合わせることが多い。

6. ソース・ムタールドゥ

材料

ソース・オランデーズ	塩、胡椒
白マスタード…………大さじ1	

作り方

❶ソース・オランデーズを参照して作る。
❷白マスタードを加える。マスタードの味の強さと、仕上げたい味によって量は調節する。
❸塩、胡椒で味をととのえる。
用途はソース・オランデーズと同様。味は少し強めで、辛みがある。

7. ソース・パロワーズ

材料
ソース・ベアルネーズ
（セルフイユとエストラゴンは省く）
ミントの葉

作り方
❶ソース・ベアルネーズを参照して作る。エストラゴンのかわりに粗く刻んだミントの葉を適量加えて煮詰める。
❷最後にミントの葉をこして取り除き、新たにみじん切りにしたミントを加える。
このソースは仔羊の肉によく合う。

8. ソース・チロリエンヌ

材料

白ワイン......................150cc	粗挽き黒胡椒......................5g
ビネガー......................150cc	サラダ油........................500cc
エシャロットゥ..............60g	煮詰めたトマトピューレ
エストラゴン..................15g	......................大さじ2
セルフイユ......................15g	カイエンヌペッパー

作り方
❶澄ましバターのかわりにサラダ油で、ソース・ベアルネーズを参照して作る。ただし最後に加えるみじん切りのセルフイユとエストラゴンは省き、トマトピューレを加える。
❷シノワでこす。
❸味をととのえる。
このソースはあらゆるローストまたはポワレした肉に合う。

9. ソース・ショロン

材料

ソース・ベアルネーズ （セルフイユとエストラゴンは省く）	濃縮トマトピューレ...大さじ2 （煮詰めたトマトソースでも可）

作り方
ソース・ベアルネーズを参照して作る。ただし最後に加えるみじん切りのセルフイユとエストラゴンは省き、濃縮トマトピューレを加える。
トマトを加えても、ソースの濃さはそのままであることが大事。
このソースはローストした肉や魚に合う。やや不安定な、分離しやすいソースである。

10. ソース・フォワイョ

材料

ソース・ベアルネーズ	グラス・ドゥ・ヴィアンドゥ ....50〜100cc

作り方
❶ソース・ベアルネーズを参照して作る。
❷グラス・ドゥ・ヴィアンドゥを加える。グラスの煮詰め具合や仕上げたい味によって量は調節する。
このソースはロースト、あるいはポワレした牛肉に合う。

第2章　ソース

Chapitre.2 – Les sauces

6 クルスタッドゥのためのクリーム入りアパレイユ

Les appareils à la crème

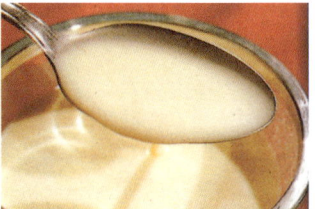

クリーム入りアパレイユは、普通、クルスタッドゥ用に作られます。
数人分用の大きいクルスタッドゥも、小さい1人分用のものも、作り方は同じです。
このアパレイユは、ベースとなる卵または卵黄に、クレーム・ドゥーブル、生クリームあるいは牛乳を加えてよく混ぜ、塩、胡椒、ナツメグ、カレー粉、サフラン、ハーブなどで調味します。
液状の生クリームより、乳酸菌で発酵させたクレーム・ドゥーブルの方が香りと味わいがより豊かになります。生クリームを使う場合は、卵あるいは卵黄の量を増やし、やわらかすぎないしっかりした焼き上がりになるように調整します。
用途によって牛乳やクリームの量をかえた場合の配合も付記しました。

アパレイユを加熱調理するときの大切な点は、他の材料とよく混ぜ合わされた卵や卵黄が、熱により凝固し、調和のある味わいを生み出していることです。

アパレイユの作り方はたいへん簡単で、すべての材料を均質に混ぜるだけです。泡立ってしまわないようにホイッパーで比較的静かに混ぜ、最後に調味します。調味は用途と合わせる具によって色々です。
アパレイユは火の通りが早く、190～200℃のオーブンで20～30分ほど焼きます。
この料理はアパレイユとガルニチュールのふっくらとした一体感が大事なので、焼きすぎないようにしましょう。具を準備しておくのと同様に、生地は、必ずあらかじめ空焼きしておきます。
アパレイユ生地は、冷蔵(6℃以下)で2日間保存できます。

1. ロックフォールのアパレイユ

材料

ロックフォールチーズ 125g	卵 5個
牛乳 200cc	塩、胡椒
生クリーム 250cc	ナツメグ 1つまみ
（脂肪分35%）	

作り方

2巻6章参照。

❶ロックフォールをフォークですりつぶすようにして、十分にほぐす。
青かびが多く入っているものを選ぶ。その方がまろやかで味わいがよい。
❷卵を加え、よくのばしながら少しずつ混ぜる。
❸牛乳、生クリームを加えよく混ぜ、塩、胡椒、ナツメグで味付けする。

第2章　ソース

Chapitre.2 – Les sauces

2. 海の幸、サフラン風味のクルスタッドゥのアパレイユ

材料
生クリーム 300cc
（脂肪分35%）
卵 5個
ムール貝の煮汁............150cc
シャンピニオンの煮汁..50cc
刻んだハーブ...........大さじ1
（セルフイユ、シブレットゥ、ディル）
塩、胡椒
サフラン ....少々

作り方
2巻7章参照。
❶生クリームと卵をよく混ぜる。
❷ムール貝の煮汁とシャンピニオンの煮汁、刻んだハーブ、塩、胡椒、サフランを加える。
❸シノワでこして卵の殻やからざを取り除く。

3. キッシュロレーヌのアパレイユ

材料
牛乳 200cc
生クリーム 300cc
（脂肪分35%）
卵 5個
塩、胡椒
ナツメグ ....少々

作り方
2巻6章参照。
卵に牛乳、生クリームを加え、ホイッパーでよく混ぜて、塩、胡椒、ナツメグで味付けする。

4. 野菜のジュリエンヌのクルスタッドゥ、バジリコ風味のアパレイユ

材料
牛乳 250cc
生クリーム 250cc
（脂肪分35%）
卵 5個
塩、胡椒

作り方
2巻6章参照。
卵に牛乳、生クリームを加え、ホイッパーでよく混ぜて、塩、胡椒で味付けする。

5. アンディーブのクルスタッドゥのアパレイユ

材料
生クリーム 500cc
（脂肪分35%）
卵 5個
塩、胡椒 ....少々

作り方
2巻6章参照。
卵に生クリームを加え、ホイッパーでよく混ぜて、塩、胡椒で味付けする。

6. クルスタッドゥ・トゥリアノンのアパレイユ

材料
牛乳 200cc
生クリーム 200cc
（脂肪分35%）
卵 5個
塩、胡椒 ....少々

作り方
2巻6章参照。
卵に牛乳、生クリームを加え、ホイッパーでよく混ぜて、塩、胡椒で味付けする。

7. ポロねぎのフラミッシュのアパレイユ

材料
牛乳 200cc
生クリーム 200cc
（脂肪分35%）
卵 6個
塩、胡椒

作り方
2巻6章参照。
卵に牛乳、生クリームを加え、ホイッパーでよく混ぜて、塩、胡椒で味付けする。

第2章　ソース

Chapitre.2 – Les sauces

8. アスパラガスと蛙のもも肉のクルスタッドゥのアパレイユ

材料
牛乳......................200cc
生クリーム..............200cc
（脂肪分35%）
卵..........................5個
シブレットゥの茎......8本
塩、胡椒
ナツメグ..................1つまみ

作り方
3巻1章参照。
① 卵に牛乳、生クリームを加え、よく混ぜる。
② 細かく刻んだシブレットゥを加える。
③ 塩、胡椒、ナツメグで味をととのえる。

9. ピストゥ風味、ムール貝のクルスタッドゥのアパレイユ

材料
生クリーム..............300cc
（脂肪分35%）
卵..........................5個
塩、胡椒
サフラン..................少々

作り方
2巻7章参照。
① 生クリームと卵をよく混ぜる。
② 塩、胡椒、サフランで味をととのえる。

10. 5種類のキノコのクルスタッドゥのアパレイユ

材料
生クリーム..............300cc
（脂肪分35%）
卵..........................5個
塩、胡椒
ナツメグ..................1つまみ

作り方
2巻7章参照。
① 生クリームと卵をよく混ぜる。
② 塩、胡椒、ナツメグで味をととのえる。

11. チーズのクルスタッドゥのアパレイユ

材料
牛乳......................300cc
生クリーム..............300cc
（脂肪分35%）
卵..........................5個
塩、胡椒
ナツメグ..................1つまみ
パプリカ（好みで）

作り方
2巻7章参照。
① 卵に牛乳、生クリームを加え、よく混ぜる。
② 塩、胡椒、ナツメグ、パプリカで味をととのえる。

第2章 ソース

Chapitre.2 – Les sauces

7 ショーフロワソース

Les sauces chaud-froid

1人用の小さな料理、大きく仕上げてサービスする料理などのグラッサージュによく使われます。

ショーフロワソースの作り方はさまざまです。ポルト酒、シェリー酒、マデラ酒やアニス酒などで香りをつけます。ソースの濃度は、グラッサージュする料理に合わせて調節します。メインの肉や魚のかたさを考え、バランスの取れた状態に仕上げましょう。

このソースは、味、見た目ともにたいへん重要な役割を持っています。特に料理につやが出て見栄えがよくなるので、ビュッフェパーティ用の料理には欠かせません。

刷毛、スプーン、レードルなどをうまく使い分けてグラッサージュします。

＜ジュレとマイヨネーズベースのショーフロワソース＞
ドゥミドゥイユ風トゥリュフ入り家禽のショーフロワソース、舌平目のファルシのソースなど。

＜クラシックなソースをベースに、
　　　ゼラチン（またはジュレ）を加えたショーフロワソース＞
鴨のオレンジ風味、ゼリー寄せのソース、ソース・ペリグーなど。

＜メインの素材を調理した残り汁から作ったソースを
　　ベースに、ルーやゼラチンを加えたショーフロワソース＞
牛肉のエギュイエットゥ用ソース、鹿のノワゼットゥ用ソースなど。

ゼラチンの量はソースの状態や料理によって調節する。ソース1ℓに対し、板ゼラチン4〜8枚が目安。

1. 家禽のショーフロワソース

材料
マイヨネーズ 500cc
ジュレ・ドゥ・ヴォライユ ... 1ℓ

作り方
3巻5章 トゥリュフをのせた鶏のショーフロワ、ドゥミドゥイユ風参照。
❶ マイヨネーズを作る。
❷ 湯煎で溶かし、冷ましておいたジュレを徐々に加えていく。ソースに空気を含ませすぎないように、ホイッパーで静かに全体を混ぜる。
【ポイント】
強く混ぜすぎると小さな気泡がたくさんできてしまい、グラッセしたとき見ためが悪くなるので注意すること。

第2章 ソース

Chapitre.2 – Les sauces

2. 魚のショーフロワソース

材料
マイョネーズ 250cc
ジュレ・ドゥ・ポワソン ... 250cc

作り方
3巻3章 舌平目のファルシ参照。
❶ホイッパーで、マイョネーズに少しずつジュレ・ドゥ・ポワソンを混ぜ込んでいく。
❷氷で冷やしながらホイッパーか木べらでやさしく、混ぜすぎないようにかき混ぜ、十分にとろみをつける。
【ポイント】
●家禽のショーフロワソース参照。
●気泡が入ってしまったら、湯煎にかけてゆるめ、氷水にあてて、静かに混ぜながら冷やし、とろみをつけ、再度グラッセする。

3. ハーブのショーフロワソース

材料
マイョネーズ
ジュレ・ドゥ・ヴォライユ
シェリー酒
エストラゴン
セルフイユ
シブレットゥ

作り方
1巻10章 冷製ブロシェットゥ参照。
❶エストラゴン、セルフイユ、シブレットゥの葉を取り、みじん切りにする。
❷ジュレ・ドゥ・ヴォライユ2に対してマイョネーズ1の割合で混ぜ、❶とシェリー酒を少し加える。

4. カレーのショーフロワソース

材料
マイョネーズ
ジュレ
カレー粉
塩、胡椒

作り方
2巻1章 4種類の卵のグラッセ参照。
ジュレ2に対してマイョネーズ1の割合で混ぜ、カレー粉、塩、胡椒で味をととのえる。

5. パプリカのショーフロワソース

材料
澄ましバター 40g
玉ねぎ 100g
白ワイン 100cc
マデラ酒 150cc
ドゥミグラス 1ℓ
生クリーム 150cc
（脂肪分35%）
ルー .... 必要に応じて
塩、胡椒
パプリカ
ソース1ℓに対し
　板ゼラチン ... 10～15g

作り方
1巻10章 ストゥロゴノフのブロシェットゥ、パプリカ風味参照。
❶玉ねぎをみじん切りにする。
❷肉を焼いた鍋の油をすて、鍋に焦げついた部分は残し、弱火にかけ、澄ましバターを入れる。
❸❶を加え、軽く色がつくまで炒める。
❹白ワインを加え、デグラッセし、3/4量になるまで煮詰める。
❺マデラ酒を加え、煮詰めて半量にする。
❻シノワでこして玉ねぎを取り除く。
❼ドゥミグラスを加え、アクを取りながら弱火で煮る。
❽必要なら、ルーを加えてとろみをつける（使ったドゥミグラスの種類、煮詰め具合による）。
❾塩、胡椒で味をととのえ、パプリカを加える。
❿生クリームを加え混ぜる。
⓫冷水でふやかしておいたゼラチンを加え、よく混ぜてシノワでこし、冷蔵庫に入れておく。

Chapitre.2 – Les sauces

6. ペリグー風ショーフロワソース

材料

マデラ酒	ゼラチン
ドゥミグラス	塩、胡椒
ジュ・ドゥ・トゥリュフ	トゥリュフ
ルー	

作り方

ソース・ペリグーを参照して作り、冷水でふやかしておいたゼラチンを加え、よく混ぜてシノワでこして冷蔵庫に入れておく。

7. ケチャップのショーフロワソース

材料

ケチャップ	トマトペースト
ゼラチン	ジュレ
エストラゴン	

作り方

2巻1章 4種類の卵のグラッセ参照。

8. 鴨のオレンジ風味、ゼリー寄せのショーフロワソース

材料

白ワイン 50cc	レモン汁..........................20cc
砂糖................................20g	鴨のフォン 750cc
ビネガー.........................30cc	ルー 50g
オレンジの表皮..........1個分	（必要に応じて）
オレンジの絞り汁 30cc	ソース1ℓに対し
レモンの表皮 1/2個分	板ゼラチン ....6〜7枚

作り方

3巻5章 鴨のオレンジ風味、ゼリー寄せ参照。
❶鴨を焼いたフライパンを火にかけ、鍋底についている肉汁をかためてから余分な油を捨てる。
❷白ワインでデグラッセし、底に付いている肉汁などのうまみを溶かす。
❸砂糖とビネガーでガストゥリックを作る。
❹ゆがいておいたオレンジとレモンの皮をジュリエンヌにする。ガストゥリックが黄金色のカラメル状になるまで火にかける。
❺オレンジとレモンの房から果汁を絞り、煮詰まりを調節する。
❻フライパンの中身をデグラッセし、半分に煮詰める。
❼鴨のフォンを加える。
❽❼を煮詰め、少量のルーをつなぎにして、軽いとろみをつける。
❾シノワでこして、味をととのえる。
❿水でふやかしておいたゼラチンを加えよく混ぜる。

【アドバイス】

ゼラチンの量は、フォンが持つ自然のゼリー化成分の含有量やソースのかたさによってもかわる。

第2章　ソース

Chapitre.2 – Les sauces

8 ソース・ヴィネグレットゥ
Les sauces vinaigrette

さまざまな材料を使って、幅広い種類のソース・ヴィネグレットゥを作り出すことができます。作り方は簡単です。ソース・ヴィネグレットゥの材料は、3つに分けて考えられます。材料は酸味、香り、味が強めのものを使いましょう。
ソース・ヴィネグレットゥは
1) 酸味の部分
2) 油脂分
3) 調味料
で構成されています。

1) 酸味の部分
- ●香り付けされた
　　　　　　　ワインビネガー
　エストラゴン風味
　にんにく風味
　シブレットゥ風味
　エシャロットゥ風味
　シードル風味
　蜂蜜風味
　フランボワーズ風味
　シャンパン風味など
- ●かんきつ類の果汁
　レモン
　ライム
- ●マスタード
　シンプルなもの
　辛みの強いもの
　ミックスしたものなど

2) 油脂分
コーン油、ピーナッツ油、ひまわり油、大豆油、くるみ油、ヘーゼルナッツ油、オリーブ油など。
味の強いものと、くせの少ないものと混ぜて使うなど、オイルは混ぜ合わせて使うこともあります。

3) 調味料
塩、胡椒、にんにく、玉ねぎ、エシャロットゥ、ハーブ、パセリ、シブレットゥ、セルフイユ、エストラゴン、コリアンダーなど
調味料は、合わせる料理に調和しなければならない重要なポイントです。

これらの基本の部分に、卵黄、生クリーム、色々な果汁などの材料を加えることができます。

ビネガー1に対してオイル3の割合で作るのが一般的ですが、ビネガーの酸味の強さやオイルの香り、求める味によって調節しましょう。

グリーンサラダの場合、食べる直前にソース・ヴィネグレットゥと材料を混ぜるようにします。そうしないと、ソースの酸味が材料をいためてしまうからです。
ただし、根菜類（にんじん、かぶなど）のサラダ、甲殻類のサラダ、じゃがいものサラダの場合は、少し前に混ぜて味をなじませておきます。
変質しやすいタイプのものは、使う分量だけを食する直前に作ります。保存できるタイプのものは、密閉容器に入れて冷蔵庫で保存します。
ソース・ヴィネグレットゥの作り方は簡単です。ホイッパーで、ビネガーとオイルが乳化するまでよくかき混ぜます。均一な質感が出てきたら、調味料で味をととのえます。

Chapitre.2 – Les sauces

第2章　ソース

---

1. しょう油風味のソース

材料

レモン汁 1/2個分	塩、胡椒
サラダ油 80cc	しょうが
しょう油 10cc	（粉末でも可）

作り方

2巻1章 カニとグレープフルーツ参照。
小さめのボウルに、レモン汁、塩、胡椒、すりおろしたしょうが、しょう油を入れてホイッパーでよく混ぜる。サラダ油を少しずつ加えながら、さらに混ぜる。

---

2. サラドゥ・ミックスのソース

材料

ビネガー 大さじ1.5	コーン油 大さじ8
マスタード 小さじ1	塩、胡椒

作り方

3巻2章 参照。
小さめのボウルに材料を入れ、ホイッパーでよく混ぜる。

---

3. サラドゥ・トゥロペジェンヌのソース

材料

ワインビネガー ... 小さじ1.5	マスタード 小さじ1
オリーブ油 大さじ4	塩、胡椒
コーン油 大さじ4	

作り方

3巻2章 参照。
小さめのボウルに材料を入れ、ホイッパーでよく混ぜる。

---

4. サラドゥ・メリメロのソース

材料

レモン汁 1/2個分	ソース・アングレーズ .. 大さじ1
オリーブ油 大さじ4	（ウスターソース）
ピーナッツ油 大さじ4	セルフイユ 10g
	塩、胡椒

作り方

3巻2章 参照。
小さめのボウルに材料を入れ、ホイッパーでよく混ぜる。

---

5. サラドゥ・シノワーズのソース

材料

しょう油 大さじ1	ひまわり油 大さじ3
ごま油 大さじ2	塩、胡椒

作り方

3巻2章 参照。
小さめのボウルに材料を入れ、ホイッパーでよく混ぜる。

---

6. サラドゥ・サンドリヨンのソース

材料

ワインビネガー 大さじ1	コーン油 大さじ4
マスタード 小さじ1	塩、胡椒

作り方

3巻2章 参照。
小さめのボウルに材料を入れ、ホイッパーでよく混ぜる。

---

7. サラドゥ・エキゾチックのソース

材料

レモン汁 1/2個分	マスタード 大さじ1
オリーブ油 大さじ6	塩、胡椒

作り方

3巻2章 参照。
小さめのボウルに材料を入れ、ホイッパーでよく混ぜる。

Chapitre.2 – Les sauces

第2章　ソース

8. サラドゥ・ブレジリエンヌのソース

材料

シェリー酒ビネガー 大さじ2
オリーブ油 大さじ10
マスタード 大さじ1/2
タバスコ ....数滴

作り方

3巻2章 参照。
小さめのボウルに材料を入れ、ホイッパーでよく混ぜる。

9. 地中海風クスクスのサラダのソース

材料

レモン汁 1個分
オリーブ油 ....少量
塩、胡椒
タバスコ ....数滴

作り方

3巻2章 参照。
小さめのボウルに材料を入れ、ホイッパーでよく混ぜる。

10. 海の幸のサラダのソース

材料

レモン汁 1個分
マスタード 大さじ1/2
コーン油 大さじ12
塩、胡椒

作り方

3巻2章 参照。
小さめのボウルに材料を入れ、ホイッパーでよく混ぜる。

11. 松の実とタラのサラダのソース

材料

濃く煮詰めたソース・アメリケーヌ 大さじ2
卵黄 2個分
マスタード 大さじ1/2
生クリーム 大さじ1
サラダ油 大さじ4
塩、胡椒

作り方

3巻2章 参照。
小さめのボウルに材料を入れ、ホイッパーでよく混ぜる。

12. フレッシュパスタと海の幸のサラダのソース

材料

生クリーム 100cc
（脂肪分35%）
卵黄 2個分
マスタード ....少量
オリーブ油 大さじ6
コーン油 大さじ3
塩、胡椒

作り方

3巻2章 参照。
小さめのボウルに材料を入れ、ホイッパーでよく混ぜる。

13. 家禽の胸肉とリ・ドゥ・ヴォーのサラダのソース

材料

蜂蜜ビネガー 大さじ1
ヘーゼルナッツ油..大さじ3
コーン油 大さじ3
塩、胡椒

作り方

3巻2章 参照。
小さめのボウルに材料を入れ、ホイッパーでよく混ぜる。

14. フォワ・グラのサラダのソース

材料

シェリー酒ビネガー 大さじ1/2
コーン油 大さじ7
ジュ・ドゥ・トゥリュフ ...大さじ1
塩、胡椒

作り方

3巻2章 参照。
小さめのボウルに材料を入れ、ホイッパーでよく混ぜる。

15. ランド風サラダのソース

材料

シェリー酒ビネガー
................大さじ1/2
ヘーゼルナッツ油...大さじ7
塩、胡椒

作り方

3巻2章 参照。
小さめのボウルに材料を入れ、ホイッパーでよく混ぜる。

16. オーヴェルニュ地方の牛肉のサラダのソース

材料

ビネガー................大さじ1/2
コーン油..................大さじ9
マスタード 大さじ1/2
塩、胡椒

作り方

3巻2章 参照。
小さめのボウルに材料を入れ、ホイッパーでよく混ぜる。

17. シブレットゥのソース

材料

ワインビネガー..............10cc
サラダ油........................40cc
シブレットゥの茎..........6本
塩、胡椒

作り方

小さめのボウルに材料を入れ、ホイッパーでよく混ぜる。

18. ソース・ラヴィゴットゥ

材料

ビネガー......................150cc
マスタード 小さじ1
サラダ油......................500cc
塩、胡椒
パセリ...........................40g
セルフイユ、エストラゴン、
　　シブレットゥ 40g
玉ねぎ..................................70g
ケイパー.............................50g
（小粒のもの）

作り方

❶ きちんと調味し、ソース・ヴィネグレットゥを作る。
❷ パセリ、セルフイユ、エストラゴン、シブレットゥ、玉ねぎはできるだけ細かいみじん切りにする。
❸ ❷とケイパーを❶に加えて混ぜる。
この香辛料を効かせた香りのよいソースは、内臓料理、ポシェした脳みそ、タン、仔牛の足あるいは頭肉（首から上の肉）などによく合う。

第2章　ソース

Chapitre.2 – Les sauces

9 ブール・コンポゼ、ムース、クレーム

Les beurres composés, les mousses, les crèmes

ブール・コンポゼはカナッペのために、バターに他の材料（魚、甲殻類、チーズ、ハーブなど）を加えてよく混ぜたものです。材料によって、調味料を入れたり、入れなかったりします。例えば塩を多く含んだアンチョビを使うバターなら、塩などの調味料はごく少量で十分です。
パンに塗ってサンドウィッチにしたり、カナッペのフィリングにしたりします。
これから紹介するものは、＜バター[beuure]＞と呼ばれていますが、2種類に分けられます。
● 仕上げに使われたり、カナッペのパンの下塗り、フィリングなどに使われるタイプでブール・コンポゼの中に含まれます。
● ソースとして使われるタイプ。
バターモンテされた濃厚なもので、ソースの中でも大きな割合を占めています。とてもリッチで、しっかりした味わいが特徴です。

ムースもパンに塗ってサンドウィッチにしたり、カナッペのフィリングとして使われます。
軽い口当たりで、ベースにはいろいろなバリエーションがあります。
● バター、フレッシュチーズ、生クリームをベースにしたムース
● 魚のムース
● フォワ・グラのピュレに生クリーム、バター、卵黄を加えたムース
● ゼラチンでかためた野菜のピュレ

クリームもカナッペのフィリング、下塗りとして使われます。さまざまな材料から作られます。
● ブール・コンポゼに生クリームを混ぜたもの
● ソース・パルムザンとクリーム
● フレッシュチーズ、生クリームなどにいろいろな調味料を加えたもの

これらはどれも口当たりがよく、軽さ、やわらかさが共通しています。台生地と一緒に使われるか、あるいはサンドウィッチのフィリングにしたり、ミニ・クルスタッドゥや、クルトン、巻いたクレープなどに塗ったりします。

Chapitre.2 – Les sauces

第2章　ソース

1. メートゥル・ドテルバター

材料

バター 250g
パセリ 大さじ2
（みじん切り）
レモン汁........................少々
塩、胡椒
マスタード（好みで）....小さじ1

作り方

❶バターをポマード状にする。
❷みじん切りにしたパセリを加えて練り合わせる。
❸レモン汁を加え、塩、胡椒で味をととのえる。好みでマスタードを少量加えてもよい。
このバターはローストあるいはポワレした牛肉によく合う。他にも色々な用途がある。

2. エシャロットゥバター

材料

エシャロットゥ 150g
バター 150g
塩、胡椒

作り方

❶エシャロットゥは皮をむき、軽くゆがく。冷ましてしっかり水気をきる。
❷❶に塩、胡椒を加え、小さいすり鉢とすりこ木ですりつぶす。
❸バターを少量ずつ加えてよく混ぜる。
❹目の細かいこし器でこし、なめらかにする。
エシャロットゥバターはたくさんの用途がある。

3. エストラゴンバター

材料

エストラゴンの葉..........80g
バター 200g
塩、胡椒

作り方

❶エストラゴンの葉を軽くゆがき、氷水でサッと冷やす。ふきんでよく水気を取り、乾かす。
❷❶に塩、胡椒を加え、小さいすり鉢とすりこ木ですりつぶす。
❸バターを少量ずつ加えてよく混ぜる。
❹目の細かいこし器でこし、なめらかにする。
たいへん香りのよいバター。具あるいは仕上げに使われる。ていねいに混ぜ合わせること。

4. ホースラディッシュバター

材料

ホースラディッシュ.......50g
バター 250g
塩、胡椒

作り方

❶ホースラディッシュをおろし金でおろす。
❷すり鉢とすりこ木を使って、バターを少量ずつ加えてよく混ぜる。
❸塩、胡椒で味をととのえる。
ピリッと辛く、強い味のホースラディッシュがバターに独特の風味を与えている。肉や魚の付け合わせとして塗ったり、仕上げとしても使われる。

Chapitre.2 – Les sauces

5. ベルシィ風ソース

材料

澄ましバター............30g	バター............200g
エシャロットゥ............20g	塩、胡椒
白ワイン............200cc	レモン汁............少々
（辛口のもの）	牛の骨髄............250g
生クリーム............大さじ1	コンソメ............適量

作り方

❶厚底片手鍋に澄ましバターを入れて熱し、細かく刻んだエシャロットゥを入れて炒める。
❷白ワインを加えてデグラッセし、1/2量になるまで煮詰める。
❸生クリームを加え、沸騰したら火からおろし、バターモンテする。(ポイント参照)
❹塩、胡椒で味をととのえ、レモン汁を加える。シノワでこす必要はない。
❺骨髄をコンソメでポシェ(軽く茹でる)し、さいの目に切る。
❻❹に❺を加えて混ぜる。
このソースは付け合わせのソースとされている。

6. 居酒屋風ソース

材料

澄ましバター............20g	バター............150g
エシャロットゥ............30g	塩、胡椒
赤ワイン............200cc	レモン汁............少々
あまり濃くないグラス・ドゥ・	パセリ............小さじ1
ヴィアンドゥ............50cc	（みじん切り）

作り方

❶厚底片手鍋に澄ましバターを入れて熱し、細かく刻んだエシャロットゥを入れて炒める。
❷赤ワインを加えてデグラッセし、1/2量になるまで煮詰める。
❸塩、胡椒で味をととのえる。
❹グラス・ドゥ・ヴィアンドゥを加えてよく混ぜる。(濃い場合は量を減らして調節する)
❺火からおろし、バターモンテする。(ポイント参照)
❻レモン汁とパセリのみじん切りを加える。
このソースは、ポワレあるいはグリエした肉にとてもよく合う。

7. ブール・サレ

材料

バター............1kg	塩、胡椒
ぬるま湯............250cc	マスタード............大さじ1

作り方

❶バターをポマード状にする。
❷ホイッパーで泡立てながら、ぬるま湯を少しずつ加えて混ぜる。
❸塩、胡椒、マスタードを加えて混ぜる。
このとても軽いバターは、カナッペや、あらゆる種類のサンドウィッチに使う。

8. クルミとロックフォールのバター

5章 クルミとロックフォールのサンドウィッチ参照。
ロックフォールチーズ　　　バター
クルミ

9. フォワ・グラのムースとクリーム

フォワ・グラのムース　　　生クリーム

10. 卵のムースリーヌ

5章 卵のムースリーヌのサンドウィッチ参照。
かた茹で卵　　　　　　　　マヨネーズ

11. サーモンのムース

3巻3章 舌平目のファルシ参照。

12. サルディヌバター

6章 サーディンのカナッペ参照。
オイルサーディン1に対しポマード状バター1

13. ウナギの燻製のバター

6章 ウナギの燻製のカナッペ参照。
ウナギの燻製1に対しバター4

14. オーロラ風バター

6章 エビのカナッペ参照。
バター ....100g　　塩、胡椒
トマトゥ・コンサントゥレ .....20g　　パプリカ
コニャックかウォッカ...少々

15. アンチョビバター

4章 アンチョビのフール・サレ参照。
アンチョビのフィレ1に対しバター4

16. タラマ

タラコ ....200g　　生クリーム 60cc
レモン汁.........................10cc　　塩、胡椒
サラダ油........................30cc

17. マスの燻製のバター

6章 マスの燻製のバター参照。

18. 鴨のムース

6章 ムース・ドゥ・カナール参照。
調理した鴨の胸肉.........250g　　生クリーム 30cc
グラス・ドゥ・カナール 20cc

19. ゴルゴンゾーラのクリーム

6章 ゴルゴンゾーラのカナッペ参照。
ゴルゴンゾーラチーズ...100g　　バター 25g
生クリーム 25cc

20. マンステールのクリーム

6章 マンステールのカナッペ参照。
マンステールチーズ ....100g　　バター 25g
生クリーム 25cc

21. シブレットゥとフレッシュチーズのムース

6章 フレッシュチーズとシブレットゥのカナッペ参照。
ジェルヴェ・ナチュラルチーズ　　バター 100g
　　　　　　　　　　　　　.................................200g　　塩、胡椒
生クリーム ....50cc　　シブレットゥ

22. クルミとレーズン入りフレッシュチーズのムース

6章 フレッシュチーズとクルミのカナッペ参照。
クルミ　　　　　　　　　　生クリーム 50cc
レーズン (サルタナ)　　　　ポマード状バター.........100g
ジェルヴェ・ナチュラルチーズ
　　　　...200g

Chapitre.2 – Les sauces

第2章 ソース

23. ロックフォールのクリーム

ロックフォールチーズ.....50g　　ソース・パルムザン.......100g

24. ハーブクリーム

フレッシュチーズ.........200g　　ハーブ.........................大さじ2
生クリーム......................30cc　（セルフイユ、エストラゴン、シブ
　　　　　　　　　　　　　　　レットゥを細かく刻んだもの）

25. パプリカとフレッシュチーズのムース

6章 フレッシュチーズとパプリカのカナッペ参照。

ジェルヴェ・ナチュラルチーズ　　バター.............................100g
.....................................200g　　塩、胡椒
生クリーム......................50cc　　パプリカ

26. エスカルゴバター

8章 エスカルゴのブーシェ参照。

エスカルゴ..................12個分　　塩、胡椒
バター..............................250g　　ナツメグ
イタリアンパセリ............25g　　アニス酒.........................少々
にんにく..........................20g
エシャロットゥ................10g

27. プレールのファルシのバター

バター..............................200g　　ノイリー酒.........................10cc
クレーム・ドゥーブル.....50cc　　塩、胡椒
イタリアンパセリ..............5g
にんにく..........................20g　　※プレールはカブトノシコ
刻んだクルミ..................20g　　ロ貝

28. ムール貝のファルシのバター

3巻1章 ムール貝のファルシ参照。

バター..............................200g　　刻んだディル..................50g
煮詰めたムール貝の煮汁　　　　エシャロットゥ................10g
....50cc　　にんにく..........................10g
刻んだイタリアンパセリ....20g　　胡椒

10 その他のソース

Sauces diverses

1. トマトソース A

材料

オリーブ油 50cc
玉ねぎ 150g
エシャロットゥ 50g
トマトペースト 250g
にんにく 40g
小麦粉 .... 30～60g
コンソメ 1ℓ
（フォンか水でも可）

ブーケガルニ
・タイム
・ローリエ
・パセリの茎
・ポロねぎの青い部分
バジルの葉 20枚
塩、胡椒
砂糖

作り方

❶ 玉ねぎとエシャロットゥは細かく刻み、オリーブ油で色づかないように炒める。
❷ トマトペースト、芯を取ってつぶしたにんにく、小麦粉を加える。
❸ 鍋ごと180℃のオーブンに入れ、5～8分加熱する。
❹ コンソメを注ぎ入れ、ブーケガルニ、バジルを加える。塩、胡椒、砂糖で味をととのえる。
❺ オーブンに入れ、さらに15～30分、加熱する。弱火にかけてもよい。
❻ 裏ごしてなめらかにする。ソースの濃度は用途によって、調節する。

Chapitre.2 – Les sauces

第2章　ソース

2. トマトソース B

材料

オリーブ油	50cc
玉ねぎ	150g
エシャロットゥ	50g
トマト(生)	2.5kg
にんにく	40g

ブーケガルニ
・タイム
・ローリエ
・パセリの茎
・ポロねぎの青い部分

バジルの葉 20枚
塩、胡椒
砂糖

作り方

❶ 玉ねぎとエシャロットゥは細かく刻み、オリーブ油で色づかないように炒める。
❷ トマトは皮をむいて種を取り、くし形に切る。
❸ ❶に❷、芯を取ってつぶしたにんにく、ブーケガルニ、バジルを加える。必要ならトマトペースト少量を加えて味と色を強める。
❹ 塩、胡椒、砂糖で味をととのえる。
❺ ふたをして弱火で煮る。トマトの水分が出てきたらふたを取り、全体の水分がなくなるまで煮詰める。オーブンに入れて加熱してもよい。
❻ ブーケガルニを取り出し、フードプロセッサーにかける。

このソースは旬の時期に生のトマトで作るが、同量の缶詰のトマト(皮をむいて粗く切ったもの)を使ってもよい。多くの料理に使える。

3. ピザ用トマトソース

材料

オリーブ油	200cc
玉ねぎ	3kg
トマト	3kg
(生でも缶詰でも可)	
にんにく	100g
トマトペースト	250g

ブーケガルニ
・タイム
・ローリエ
・パセリの茎
・ポロねぎの青い部分

スイートマジョラム
(生でもドライでも可)
塩、胡椒
砂糖

作り方

❶ 玉ねぎは細かく刻み、オリーブ油で色づかないように炒める。
❷ トマトは皮をむいて、種を取り、適当な大きさに切る。
❸ ❶に❷、芯を取ってつぶしたにんにく、トマトペースト、ブーケガルニ、スイートマジョラムを加える。(トマトの色や味によって、トマトペーストの量を加減する)
❹ 塩、胡椒、砂糖で味をととのえる。
❺ ふたをして弱火で煮る。トマトの水分が出てきたらふたを取り、全体の水分がなくなるまで煮詰める。煮詰め具合は使う生地によって調節する。
❻ 冷蔵庫で保存する。

4. ソース・カンバーランドゥ

材料

赤すぐりのジュレ	150g
ポルト酒	30cc
エシャロットゥ	20g
オレンジの表皮	1/2個分
白マスタード	小さじ1/4
カイエンヌペッパー	少々
ドライジンジャー	少々
(粉末のもの)	

作り方

❶ すぐりのジュレを目の細かいこし器でこし、ポルト酒を加えてのばす。
❷ エシャロットゥは細かく刻んでゆがき、しっかり水気をきる。
❸ オレンジの表皮は短めのジュリエンヌ(細い千切り)にしてゆがき、しっかり水気をきる。
❹ ❶に❷、❸、マスタード、カイエンヌペッパー、ジンジャーを加えて混ぜる。

この英国風冷製ソースは、あらゆるジビエによく合う。特にジビエの季節によく作られる。付け合わせ料理(じゃがいもの付け合わせやパートゥ・ブリゼで作ったバルケットゥにソースをのせる)にも使われる。

5.マリネ

マリネにはいくつかの役割があり、材料と作り方によってかわります。

まず、ソミュール（Saumure＝塩を溶かした溶液に、砂糖、硝石香料を加えた塩漬け用の漬け汁）によるマリネは、塩漬けにするので長期保存が可能になります。特に豚肉加工品に使われます。

ほかに肉類には、味と香り付けを目的としたマリネがあります。ワイン、酒、調味料、香味材料などを使うので保存にも役立ちます。

牛、羊、馬とジビエの肉のマリネには、2つ役割があります。肉に香りをつけることと、肉をやわらかくすることです。

残ったマリネ液は、料理に添えるソースのために使います。

また、冷たいマリネ液は漬け込む時間が長くなりますが、熱いマリネ液は短時間ですみます。

材料

赤ワイン、白ワイン	にんにく
オイル	セロリ
（サラダ油、オリーブ油など）	パセリ
コニャック	タイム
調味料	ローリエ
にんじん	胡椒
玉ねぎ	コリアンダー
エシャロットゥ	ねずの実など

＜インスタントマリネ＞と呼ばれるマリネがあります。これは魚や甲殻類によく使われます。

丸のまま、あるいはスライスしたり、適当な大きさに切った生の魚や甲殻類をマリネ液に漬け込んだものです。加熱していませんが、マリネ液により、軽く調理されたような状態になります。

材料

色々なオイル
調味料
ハーブ

Chapitre.3
Les pâtes

Chapitre.3

第3章
生地
Les pâtes

生地は、フランスにおいてはプロの料理人なら必ず熟知している常識的なものなので、アルティザン・トゥレトゥール　フランス語版には記載されていないのですが、日本のレストラン、あるいは家庭などで作ることを考え、イル・プルー・シュル・ラ・セーヌ　フランス菓子・料理教室の少量の生地のための作り方を掲載しました。本書で使用している生地については、これを参考にしてください。

第3章　生地

Chapitre.3 – Les pâtes

1 パータ・シュー

Pâte à choux

シュー皮は割れ目にまで完全に色がつき、冷めてからも縮まず、しっかりしたかたさを保つほどに焼いた方がおいしいでしょう。
やわらかいシュー皮は食べたという実感が希薄ですが、よく焼いたシュー皮はしっかりした存在感と味が十分に舌と歯に残ります。やわらかさを出すためにラードやサラダ油を加えるようですが、香り、味ともに決してよいものではありません。バターだけのものと比べてみれば、すぐにその違いは分かるはずです。
焼成後一晩たつと、皮の内側が乾燥してかたくなり、歯の先にガリッとした不自然な食感が出ます。焼きたてのものの方が香り、歯ざわり、ともに優れています。
余った皮は、ビニール袋などに包んで冷凍しておけば、よい状態が保てます。

直径7～8cmのシュー・ア・ラ・クレーム15～16個分
器具
手付き鍋、木べら、刷毛、丸口金、絞り袋

材料
水............................70g
牛乳..........................70g
バター........................56g
グラニュー糖................2.7g
塩..............................1g
薄力粉........................43g
強力粉........................43g
全卵..........................170g

＜塗り卵＞
卵黄..........................60g
牛乳..........................15g
グラニュー糖..........1つまみ
塩..........................1つまみ

作り方

❶生地のやわらかさを見るために3cm×5cmのカードを厚紙で作り、下から3cmのところに印をつけておく。
❷薄力粉と強力粉を合わせてふるっておく。
❸全卵をほぐして人肌に温めておく。こうすると卵を混ぜやすい。特に寒い時期は、卵が冷たいとすぐに生地が冷え、それほど卵を加えないうちに生地がやわらかくなってしまうことを防ぐため。

❹バターは沸騰したとき、完全に溶けるように薄く切り、水、牛乳、グラニュー糖、塩と一緒に火にかけ、軽く沸騰したらすぐに火を止めておろす。
【ポイント】
水、牛乳は決して沸騰させすぎないこと。水が蒸発しすぎると、空気を逃さないための膜となるグルテンが十分形成されず、卵を混ぜるときに生地がまとまらなくなる。オーブンに入れると表面が汗をかいたようになり、よく膨らまない。また、口の大きな雪平鍋で加熱すると、同様に短時間で水分が蒸発しすぎるので、できるだけ小さめの手付き鍋を使うこと。

Chapitre.3 – Les pâtes

❺すぐに粉を一度に加え、粉が完全に見えなくなるまで木べらで強く十分に混ぜる。
❻再び中火にかけ、手早く強く鍋の底をこすりながら混ぜる。次第にかたくまとまり始め、やがてほとんど1つになり、鍋の底にも生地がこびりついてくる。ここで練るのをやめ、火からおろす。
❼ほぐした卵の約1/3を加え、すりつぶすように強く混ぜる。卵を吸ってすぐに1つにまとまり、かたくて混ぜにくくなるが、さらにすりつぶすようにして、とにかくよく混ぜる。次の卵はすぐに加えない。

❽2回目は残りの量の1/4を加え、同様にすりつぶすように混ぜる。ここまではかたくて混ぜにくいが、力を入れて強く混ぜることが重要。
【ポイント】
とにかく手早く強く混ぜてから次の卵を加えること。空気を入れるつもりでよく混ぜる。また、卵を加えるのが時間的にゆっくりすぎると、同じ卵の量でもかたくなってしまうので、できるだけ手早く混ぜる。
❾3回目に1/4を加えるころから生地は少しずつやわらかくなり始める。
❿4回目にさらに1/4を加え、十分混ざってからさらに70〜80回ほど混ぜる。

⓫残り1/4を3回ほどに分けて加えるが、1回ずつ加えるたびにカードでかたさを見る。必ず生地を、カードに印をつけた3cmのところと同じ高さになるように平らにならしてから行う。静かにカードを線までさし、手前に5cmほど引き、サッと上にカードを抜き溝を作る。
⓬この溝の崩れ具合でかたさを見る。シューの場合、5秒で溝の両側がゆるみ、完全につくくらいがちょうどよいかたさ。
【ポイント】
卵を入れる量は、そのときの加熱状態や卵の温度で少しずつ違うので、注意すること。

キッチンエイド、ケンミックスなどの卓上ミキサーを使う場合
❶〜❻までは同様に作り、卵を5回に分けて入れ、入れるごとに約1分間中速で撹拌する。
卵を加えるごとにゴムべらでボウルの内側についている生地を払い、中に戻す。

＜焼く＞
❶天板に刷毛で薄くバターを塗る。
❷丸口金をつけた絞り袋で、絞る。表面に刷毛で塗り卵を塗ってオーブンに入れる。
【注意】
グジェール、ニョッキ・ア・ラ・パリジェンヌでは口金の直径が異なる。
❸割れ目にもキツネ色がつくまで十分に焼く。

●電子レンジオーブン
210℃で予熱して、190℃で30分。
●ガス高速オーブン
250℃で予熱して、250℃で2分、170℃にして30分。
●業務用大型オーブン
上下に熱源のあるオーブンの焼成温度、時間は、ガス高速オーブンとほぼ同じ。

第3章　生地

Chapitre.3 – Les pâtes

2 パータ・パテ

Pâte à pâté

イル・プルーではAの配合をクルスタッドゥ用に、Bの配合をパテ用に使用しています。

直径18cm 2台分
器具
フラン型（直径18cm×高さ3cm）、デニムの布、めん棒、ホイッパー、ビニール袋、大理石の台、必要な厚さの板2本、刷毛、プティ・クトー、重石

材料
A クルスタッドゥ用
水 54g
グラニュー糖 10g
塩 5g
バター 120g
薄力粉 125g
強力粉 125g
アーモンドパウダー ... 30g
エダムチーズ 25g
打ち粉 .... 少々
卵黄 .... 少々

B パテ用
水 50g
塩 5g
バター 125g
薄力粉 250g

作り方
［1日目］
❶水、グラニュー糖、塩をホイッパーで混ぜて溶かし、冷蔵庫で5℃近くまで冷やしておく。
❷粉をふるい、ボウルにあけ、アーモンドパウダーとすりおろしたエダムチーズを加え、手でよく混ぜ込む。冷蔵庫でよく冷やしておく。
❸直径24cmのボウルを冷蔵庫で冷やしておく。
❹バターをデニムの布に包んで、めん棒でたたいてやわらかくする。
【注意】
決して温めてやわらかくしないこと。
❺❸に❷を入れる。バターを小さくちぎって入れ、完全にそぼろ状になるまで両手ですり合わせる。

❻刷毛で❶を5回に分けて散らし、散らすごとにボウルの底から粉をすくい、指の間から粉を落とすようにして軽く混ぜる。生地は最後には少しまとまりかけてくる。
❼全部入れ終わったら、3〜4個のだんご状にしてから、ひとかたまりにまとめ、白い粉が見えなくなって、まとまるまでボウルの中で15回ほどもむ。四角にしてビニール袋で包み、冷蔵庫で一晩休ませる。

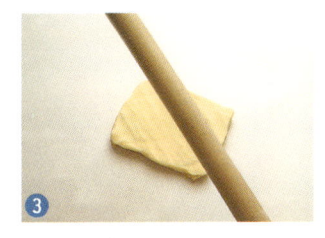

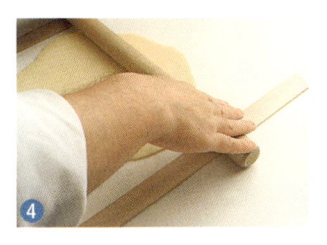

第3章　生地

Chapitre.3 – Les pâtes

[2日目]
＜成形＞
❶型にバターを塗っておく。
❷生地の必要量を切り取り、大理石の台に打ち粉をして生地をおく。
❸めん棒でたたき、全体を均一でのばしやすいやわらかさにする。できるだけ丸い形にする。
❹必要な厚さ（通常3mmほど）の板2本を両端におき、板の上でめん棒をころがす。
❺生地の表面についた粉を刷毛で落とす。焼いている間に生地が浮き上がらないように、フォークでピケをする。  
❻めん棒に巻きながら台からはずし、裏の粉を落とす。台の粉もきれいに払う。
【ポイント】
この生地は、かためなので力を入れてのばす。
焼き縮みしやすい生地なので、型の隅に生地を十分送り込むようにして張りつける。成形した後は1時間以上休ませる。一度冷蔵した方がグルテンの引きは弱まり、焼き縮みが少なくなる。
❼❶に少したるませてのせる。
❽型の角のところで生地を指でしっかりおして折る。
❾生地を立てて側面にしっかりつける。
❿プティ・クトーで余分な生地を切り取る。
⓫冷蔵庫で2時間ほど休ませる。
【ポイント】
これで焼き縮みを防ぐことができる。また、一度冷凍した方がグルテンの弾性が弱まり、焼き縮みはより少なくなる。

＜空焼き＞
❶オーブンを予熱しておく。重石と天板も予熱する。
【ポイント】
重石が冷たいと生地よりも先に重石が熱を吸収してしまい、生地に熱が伝わりにくい。
❷型より少し大き目の紙を用意し、型の底に合わせて円を描き、側面になる部分に切り込みを入れる。
❸ポマード状バター（分量外）を刷毛で塗る。
❹バターを塗った面を下にして、生地の上に紙をのせ、10分くらい常温におき、生地の温度を上げる。
❺熱した重石を取り出して型に入れ、焼く。重石の下（生地の内側）が白くしっかりとかたまり、ところどころ薄い焼き色がつくまで焼くこと。
❻防水のために卵黄を塗ってオーブンに戻し、乾燥させる。

● 電子レンジオーブン
250℃で予熱して、230℃で20分。
● ガス高速オーブン
200℃で予熱して、190℃で14分。
● 業務用大型オーブン
上下に熱源のあるオーブンの焼成温度、時間は、ガス高速オーブンとほぼ同じ。

第3章　生地

Chapitre.3 – Les pâtes

3 パータ・ブリオッシュ
Pâte à brioche

直径10cm×高さ12cmムースリーヌ2台分
器具
筒型（直径10cm×高さ12cm）、パンこね器（レディースニーダー）、ゴムべら、布（デニムなど）、ふきん、ビニール袋、バット、プラスチックカード、大理石の台、めん棒、はさみ、刷毛、紙

パータ・ブリオッシュは卓上ミキサーで作ることが可能ですが、生地の強い負荷がかかり、故障しやすいので大正電機株式会社のレディースニーダーを使用することをおすすめします。

材料
牛乳	33g
グラニュー糖	3.3g
ドライイースト	3.3g
強力粉	158g
塩	3.2g
グラニュー糖	16.5g
全卵	112g
バター	95g

作り方
[1日目]
❶ボウルに牛乳とグラニュー糖を加えて40℃に加熱する。
❷ドライイーストを加えてよく混ぜ、30〜35℃のところで5分くらい予備発酵させる。泡が浮き表面が5mmほど浮き上がったら、ボウルごと氷水にあてて5℃以下に冷やしておく。

【ポイント】
ドライイーストは、5mmくらい表面が浮き上がるほど十分に発酵させること。イースト菌を活性化させておかないと、後で発酵が遅れたり、不十分になる。
❸パンこね器に入れ、冷蔵庫で冷やしておいた強力粉をあける。
❹粉の上に塩、グラニュー糖を加える。

【ポイント】
塩はイースト菌の働きをさまたげるので、イースト菌を発酵させた牛乳に直接入れないこと。
❺スイッチを入れ、ビーターをまわしながら卵をボウルの中心に少しずつ加えながら練っていく。卵液が全部入ったら一度スイッチを切り、側面と底をゴムべらできれいに払う。再びスイッチを入れ3分間まわす。これを4回繰り返す。

❻1回目が終わる頃には、生地にかなり粘りが出て、いくらか白っぽくなり、パンこね器の羽の上に生地が押し上げられるような感じになってくる。
❼2回目が終わる頃になると、底につく生地がいくらか少なくなり、粘りが強く、ゴムべらで払いにくくなる。
❽3回目はさらに底につかなくなり、側面にもつきにくくなる。
❾12分間終わるとほとんどグルテンが張りつめた、かたい感じの独特の弾力が出ている。
❿練り終わった生地の温度は約23℃ほどで、25℃以上の場合はボウルごと氷水にあて、布をかぶせて生地の温度を約23℃に下げる。
⓫バターを手で練って、手の熱でかためのポマード状にする。

第3章　生地

Chapitre.3 − Les pâtes

⓬ ⓫の1/5を入れ、パンこね器のスイッチを入れる。
【ポイント】
バターを加えるときの生地の温度はとても重要。高すぎると、バターが溶けてしまい、生地に細かく入っていかず、焼き上がりは油のしみたような不快な味、食感になってしまう。反対に温度が低すぎると、バターが生地に接したとたんにかたくなり、十分混ざらないため、目の粗い、かたい歯切れの焼き上がりになる傾向がある。
⓭ 30秒混ぜたら、一度スイッチを切り、まわりを払い、さらに1分30秒混ぜる。約30秒でバターがだいたい見えなくなる。同様に4回繰り返し、バターを全部入れ終わったら、さらに3分混ぜる。でき上がりの生地の温度は約24℃。
⓮ ⓭を粉をふったボウルに入れ、後で布をはがしやすいように上に粉をふり、乾いたふきん、ビニール袋をのせる。15〜20℃のところに30〜50分、約1.5倍量に膨れるまで一次発酵させる。
⓯ 約1.5倍量に膨れたら、カードでボウルからはずして大理石の台にのせる。

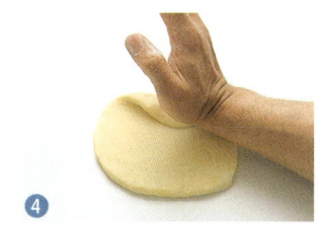

⓰ 生地の真ん中に左右から両手をさし込んで持ち上げ、台に軽くたたきつけ、ガス抜きをする。
⓱ すぐに生地を折るようにして、形をととのえる。
⓲ 今度は両手を上と下に入れて、⓰と同じ向きにしてから、同じ手順を10回繰り返す。長方形にととのえ、粉をふったバットにおく。表面にも粉を軽くふり、乾いたふきんとビニールで包み、15時間ほど冷蔵庫で休ませる。

〈成形〉
[2日目]
❶ 型の底にバターを少し厚めに塗る。
❷ 12.5cm×35cmの紙にバターを塗り、型の内側に張りつける。
❸ 冷えてかたくなった生地を直径15cmくらいに丸くのばす。
❹ 上下の粉を払い、端から3cmくらい折り込み、手で軽くたたいてまとめ、丸める。
❺ 両手で丸く絞り込むようにして丸める。
【ポイント】
ここでしっかりまとめないと、焼き上がったときに中に空洞ができやすい。丸めた生地をかえしてみて生地の合わせ目が消えていることが大事。

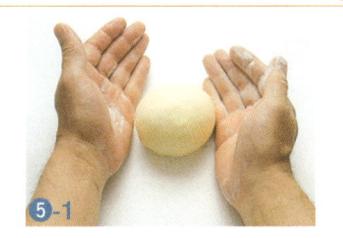

❻ 底の合わせ目を左側にして、右手で5cmくらいの長さに丸める。
❼ 合わせ目を下にして、型に入れ、手で押し、型に均一におさまるようにする。
❽ めん棒の先に粉をつけ、真ん中を押し、周りを強めに押し、再度真ん中を押して平らにする。
❾ 28℃のところで1時間〜1時間15分、約2倍量に膨れるまで発酵させる。
❿ 十分に浮いたら塗り卵を2回する。
⓫ はさみで表面に十文字を入れる。焼き上がりがきれいになる。

⓬ 生地の全面にかなり濃い目の焼き色がつき、さめてからも縮まないほどによく焼く。
●電子レンジオーブン
200℃で予熱して、200℃で17〜20分。
●ガス高速オーブン
180℃で予熱して、180℃で20分。
●業務用大型オーブン
上下に熱源のあるオーブンの焼成温度、時間は、ガス高速オーブンとほぼ同じ。
【ポイント】
電子レンジオーブンは下段、ガス高速オーブンも最下段に入れる。

119

第3章　生地

Chapitre.3 – Les pâtes

4 パートゥ・フイユテ

Pâte feuilletée

1パトン分

器具
ホイッパー、手付き鍋、プラスチックカード、霧吹き、プティ・クトー、ビニール袋、布、めん棒、大理石の台、刷毛、

材料
薄力粉	75g
強力粉	175g
バター	25g
冷水	110g
酢	12g
塩	5g
バター	200g
打ち粉	少々

作り方

❶ 薄力粉と強力粉を2度ふるいにかけ、冷蔵庫に30分ほど入れて5℃ほどに冷やす。

❷ 冷水、酢、塩をボウルに入れてホイッパーでよく混ぜ、完全に溶かし、冷蔵庫で十分冷やしておく。

【ポイント】
生地に使う粉、水などは必ず冷蔵庫で冷やしておく。温かいと、練るときに必要以上にグルテンが形成されて、軽くサクサクした口あたりが失われてしまう。

❸ 手付き鍋にバターを入れ、加熱して溶かし、冷まして常温にしておく。

❹ ❶に溶かしバターをホイッパーで手早く混ぜながら少しずつ流し込む。バターが小さな粒になってもかまわない。

❺ 中央に直径10cmくらいのくぼみを作り、❷を流し込む。

❻ 中心から少しずつ、粉を水に混ぜ込んでいく。混ぜるにつれてしだいにドロッとした状態になり、さらに粉が完全に水分を吸い込んでいく。
水分を含んだ粉とそうでない粉がまだ分かれていて、ダマがある状態。ここで混ぜるのをやめる。

❼ 手の粉をよく落とし、カードで上から生地を5回ほど押して切る。次に底から生地全体をすくい、下になっていたサラサラした粉を上に返し、さらに5回押して切る。これをゆっくり繰り返す。
しだいに生地は少しずつまとまり始め、サラサラした粉がなくなってくる。

❽ ここでまとめやすくするために、霧吹きで表に3回霧を吹き、生地をひっくり返して裏にも3回霧を吹き、さらに押して切る。これを生地がまとまりかけるまで繰り返す。

❾ ほぼ生地がまとまりかけたなら、もう一度生地の裏表に軽く霧を吹き、力を入れすぎないように軽く全体を20回手でもむ。
なめらかなパンの生地のような状態ではない。まとまってはいるが、まだ不均一で、生地はいくらかかため。

【ポイント】
生地を必要以上に練るとグルテンが過度に形成され、かたく舌をさすようなバリッとした歯ざわりになってしまうので注意する。

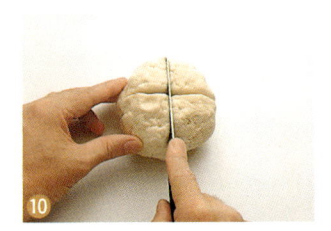

Chapitre.3 – Les pâtes

⑩ 表面に、プティ・クトーで深さ2cmくらいの十文字の切れ目を入れる。これは後で生地をのばしやすくするため。ビニール袋に包み、1時間冷蔵庫で休ませる。
⑪ その間に折り込み用バターを作る。水につけてかたく絞った厚手の布にバターを包んで、めん棒で強くたたく。
【ポイント】
バターは必ず冷蔵庫から出したばかりのかたくて今まで一度も熱でやわらかくなったことのないものを使う。

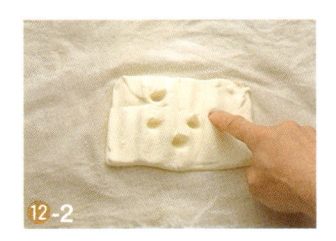

⑫ 薄くのびたバターを折るようにしてまとめ、さらにたたく。これを3回繰り返す。バターにやわらかさが出てきたら、ところどころ指をさしてみて、かたい部分がなく全体が均一になったかを確かめて、たたくのをやめる。
⑬ 次に、バターを包むようにして布を10cm×14cmの長方形にきちんと折る。これを裏返して布の合わせ目を下にし、布の上からめん棒で四隅に十分バターをのばす。折った布より少し大きめの11cm×15cmのバターの板を作り、約1時間冷蔵庫で休ませる。

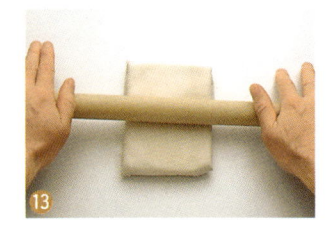

⑭ ⑩を取り出し、生地についている水分をふき取り、手の平で四方をつぶしてほぼ正方形にする。
【ポイント】
作業はできるだけ涼しい場所、(室温は15℃以下が理想)で行う。それが不可能な場合は、作業をする大理石の上に氷水を入れた広いバットをおき、十分に冷やしておくことが必要。

⑮ めん棒で20cm×26cmくらいの大きさにのばし、最初は中央から上下に。続いて中央から左右にのばす。このとき上下左右とも完全に端までのばさず、端は(四隅)3〜4cmほど厚く残しておく。この四隅を斜めにのばすと四角になる。
【ポイント】
のばすときはこわごわやらずに、強めの力で思いきって手早くのばす。
⑯ 生地を横にしてバターを中央にのせる。

第3章　生地

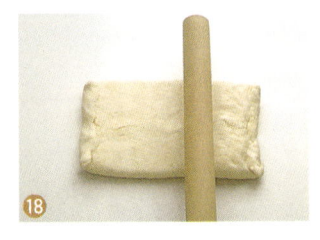

Chapitre.3 – Les pâtes

⓱ 左右、両方からバターを包み、合わせ目を指で押し生地同志をつける。生地の上下の端を折り込み、指でよく押して貼りつける。

⓲ めん棒で表と裏を少し強めにたたきながら、22cmくらいの長さになるまで、できるだけ平らにたたいてのばす。

⓳ 90度回転させて、めん棒で幅15cm×長さ30cmにのばす。裏返してさらにのばし、幅15cm×長さ40cmにする。一度裏返した方が生地ののびが均一になる。

⓴ 刷毛で粉をよく払い落としながら3つ折りにする。慣れないうちはビニール袋などに包んで約30分間、冷蔵庫で休ませてから2回目を折った方が無難。（慣れている方はすぐに2回目を折ってよい）

【ポイント】
生地を練り上げてから折り込んでいく時間は、正確に守ること。あまり長時間休ませると、バターが冷えすぎてかたくなるためにのびる力がなくなり、のばしていく途中でバターの層が切れることがある。

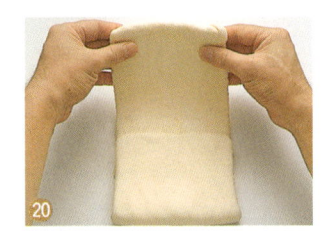

㉑ 2回目からののばし方は、折りたたんだ層が見える方が上下にくるようにおく。生地の上下をめん棒で強く押しつけ、のばすにつれて生地の折り目がずれないようにしてからのばす。まず、長さ20cmにのばし、裏返して幅15cm×長さ40cmにのばして3つ折りにする。

㉒ 3つ折りが2回終わったら冷蔵庫で1時間休ませ、同様の手順で3つ折りを2回繰り返し（3〜4回目）、冷蔵庫で一晩休ませる。

[2日目]
❶ 5回目を折る前に生地を15℃くらいの涼しい所に10〜15分おいて、生地の温度を少し戻して、バターを切れにくくのびやすい状態に戻す。
❷ 3つ折りを2回繰り返して、計6回折り、冷蔵庫に入れて2時間後に成形する。成形の仕方は料理によって異なる。

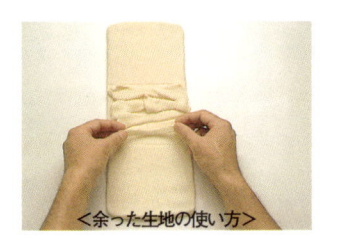

＜余った生地の使い方＞

❸ 成形した生地は2時間以上冷蔵庫で休ませてから焼く。少なくとも冷蔵庫で1時間は休ませないと、焼き縮みが激しくなってしまう。

【ポイント】
折り終わった生地は、必ず翌々日までに成形して冷凍庫で保存すること。冷蔵庫で保存したり、必要な日に成形して焼かないこと。少しずつバターと粉の層が混ざり合ってしまい、浮きが悪くなる。また、生地の中の水分が出てきて台にくっつきやすくなり、のばしにくくなる。成形したものを冷凍しておき、必要なときに自然解凍する。解凍のときについた水滴は、ふかずにそのまま焼いても問題ない。

＜余った生地の使い方＞
切り落とした生地は、丸めずにのばして冷凍庫か冷蔵庫でとっておく。新しい生地を作るときにこれを解凍して3つ折りの4回目に40cmにのばした生地の中央1/3に均一に並べ、3つ折りにする。一晩休ませたら5回目の3つ折りへと続ける。日本の粉で作ったパートゥ・フイユテはグルテンがちみつに張りすぎ、生地が浮きすぎる傾向があるので、二番生地を挟み込んだ方が、ちょうどよい浮き具合になり、よりきれいに焼き上がる。

5 パン・ドゥ・ミ

Pain de mie

2斤分
器具
食パン型（上口18.5×9.5cm，底17.5×9cm，高さ9cm）2個、パンこね器（レディースニーダー）、大理石の板、ストップウォッチ、温度計（100℃）、ゴムべら、木べら、布、ビニール袋、刷毛、アクリルの板、金網

材料
ドライイースト	24g
グラニュー糖	13g
湯（40℃）	240g
強力粉	353g
ライ麦ナチュラル*	161g
ライ麦パワー*	24g
スキムミルク	53g
塩	13g
全卵	93g
卵黄	29g
ポマード状バター	93g

＊鳥越製粉製

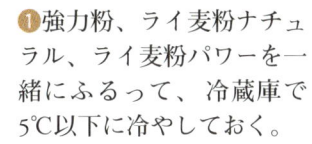

作り方
❶強力粉、ライ麦粉ナチュラル、ライ麦粉パワーを一緒にふるって、冷蔵庫で5℃以下に冷やしておく。
❷ドライイーストとグラニュー糖を40℃の湯で溶き、35～40℃のところで5分くらい予備発酵させる。泡が浮き、表面が5mmほど浮き上がったら、5℃以下に冷やしておく。
❸❷をパンこね器に入れ、❶を入れ、スキムミルクと塩を加えてスイッチを入れる。
❹ほぐした全卵と卵黄をボウルの中心に少しずつ加えて、混ぜていく。
❺生地が1つにまとまってから4分間回す。
❻ポマード状バターを4回に分けて加える。
❼生地を手でもんだり強く握りつぶすようにし、何回か2つにちぎったりしながら練る。

【ポイント】
パンこね器でかたい生地を練る場合は、生地を手で押し込みながら練る。さらに何回か生地を2つにちぎって練る。これで生地全体をよく混ぜることができる。バターを加えるときも、生地と一緒に強く握りつぶしたり、もんだりしてよく混ぜる。

❽ポマード状バターを全部加えて練り、照りが消えてから、さらに4分間手でもみながら練る。
❾ボウルに移し、乾いた布とビニール袋をかぶせて、15～20℃の涼しいところで20分一次発酵させて、1.5倍の大きさにする。

Chapitre.3 – Les pâtes

❿ 大理石の板に強力粉をふり、❾をのせて2つ（1つ530g）に分ける。手でたたきながら1つを18cm×15cmにのばす。

⓫ 向こう側から手前に1/4巻き、手で軽くたたくようにしてくっつけ、残り3/4も同様にして巻く。

⓬ 最後はよくたたいてしっかりくっつける。

⓭ 合わせ目を下にしてバターを塗った型に入れて、型の隅々まで生地がいくようにこぶしで生地を強く押す。生地は両端を少し多くする。

【ポイント】
両端に生地が足りないと角が丸く焼けてしまう。

⓮ 中の生地の発酵の具合が見えるように5mmほどすき間をあけてふたをし、27℃のところで30〜40分間二次発酵させ、型の9分目まで膨らませる。

〈焼く〉
● 電子レンジオーブン
190℃で予熱して、190℃で40分。
● ガス高速オーブン
170℃で予熱して、170℃で40分。
● 業務用大型オーブン
上下に熱源のあるオーブンは、焼成温度、時間は、ガス高速オーブンとほぼ同じ。

ふたを閉めて全体に濃い目の焼き色がつくまで焼く。焼き方が不十分だと、やわらかいだけの歯にまとわりつくものになる。

焼き上がったら、さらに一晩放置して水分を取る。
一度に数多く焼いて冷凍しておいてもよい。

6 パン・オ・レ

Pain au lait

直径12cm 5枚分

器具
パンこね器（レディースニーダー）、ゴムべら、バット、ビニール袋、ふきん

材料
湯...45g
（40℃）
グラニュー糖.......................2g
ドライイースト 2.7g
牛乳..54g
スキムミルク.....................9g
ライ麦ナチュラル＊........90g
フランス粉＊.....................90g
全卵..20g
塩...3.6g
ポマード状バター...........36g

＊鳥越製粉製

作り方
① 粉はふるっておく。
② スキムミルクに牛乳を加え、ホイッパーで溶いておく。
③ ドライイーストとグラニュー糖を40℃の湯で溶き、30〜35℃の所で5分くらい予備発酵させる。泡が浮き、表面が5mmほど浮き上がったらボウルごと氷水にあて、5℃以下に冷やしておく。
④ パンこね器の中に③と②を入れる。
⑤ ①を入れ、さらにその上に卵と塩をおき、スイッチを入れ、練っていく。
⑥ 生地がやわらかく均一になるまで5分間練る。
⑦ バターを2回に分けて入れ、完全にすべてのバターが入り、生地の表面がきれいになったら止める。
⑧ 粉をふったバットにのばし、乾いたふきんとビニール袋をかぶせて一晩休ませる。

＜成形＞
生地を必要な厚さにのばし、型などで抜く。

Chapitre. 4

Les fours salés

Chapitre. 4

第4章

フール・サレ

Les fours salés

さまざまなトゥレトゥールの中でも、フール・サレはあらゆる場合に適応できる商品なので、とても便利なメニューです。作り方も簡単で、しかもきちんと作ったものは味もよく、パーティのアペリティフのおつまみ、ビュッフェの一品、料理の付け合わせなど、活躍する範囲が多くあります。また、販売もしやすいので、手軽につまめる一品としてお客様のニーズに応えられるでしょう。比較的原価も安く、また、作りおきできるので、必須アイテムとされることをおすすめします。
基本の生地を使うものが多く、パティスリーとトゥレトゥールの重なり合う部分に位置しています。

Chapitre.4 – Les fours salés
第4章 フール・サレ

A Fours salés《simples》シンプルなフール・サレ

ポイント
Point

作り方
＜生地＞
パートゥ・フイユテは6回折ります。3回目に2番生地を全体量の20%くらい加えてください。加えないと、焼成時に生地が浮きすぎてバラバラになり、また歯ざわりも軽すぎてしまいます。

塗り卵は均一に美しく仕上がるようにていねいに塗りましょう。
焼く前に生地を冷蔵庫で十分に休ませてください。

＜冷凍＞
成形した後、焼かずに生の状態で冷凍保存できます。そのため種類豊富な品揃えが効率よくでき、収益性も上がります。冷凍庫から出したら自然解凍し、塗り卵をして焼いてください。

＜焼く＞
均一に焼けるように、天板に同じ種類どうしをまとめます。低い温度で焼くと生地が乾燥し、見ためも悪くなるので注意してください。

＜保存＞
焼き上がったら、室温（18〜20℃）で保存します。毎日焼いた方がよい品質のものを提供できます。

1 アーモンド
Fours salés <amandes>

器具
天板、刷毛、めん棒、ブラシ、大理石かアクリルの板、楕円の菊抜き型（長さ7.5cm）、霧吹き、プティ・クトー

材料
＜パートゥ・フイユテ＞
材料と作り方は3章参照。

＜塗り卵＞
材料と作り方は5 チーズのアリュメットゥ参照。

アーモンド
塩

作り方
❶生地を3mmの厚さにのばし、型で抜く。
❷霧吹きした天板の上に裏返して並べる。
❸塗り卵を2回して真ん中にアーモンドをおき、親指で押して、生地に軽く埋め込む。
❹アーモンドに塗り卵をして塩をふる。
❺均一にふくらむように4ヶ所にプティ・クトーでピケをする。
❻冷蔵庫で最低1時間休ませる。
❼210℃のオーブンに入れ、生地が十分に浮いて1/3くらいに焼き色がついたら190℃に下げる。
❽側面もキツネ色になったらオーブンから出す。

第4章　フール・サレ

Chapitre.4 – Les fours salés

A Fours salés 《simples》シンプルなフール・サレ

2 クルミ
Fours salés <noix>

3 ヘーゼルナッツ
Fours salés <noisettes>

2 クルミ

器具
天板、刷毛、めん棒、ブラシ、大理石かアクリルの板、丸菊抜き型（直径5cm）、霧吹き、プティ・クトー

材料
＜パートゥ・フイユテ＞
材料と作り方は3章参照。

＜塗り卵＞
材料と作り方は5 チーズのアリュメットゥ参照。

クルミ

作り方
❶生地を3mmの厚さにのばし、型で抜く。
❷霧吹きした天板の上に裏返して並べる。
❸塗り卵を2回して真ん中にクルミをおき、つぶさないように親指で押して、生地に軽く埋め込む。クルミには塗り卵をしない。塗り卵をすると黒く焼き上がり、見ためも味も悪くなる。
❹均一にふくらむように4ヶ所にプティ・クトーでピケをする。
❺冷蔵庫で最低1時間休ませる。
❻焼き方は1アーモンド参照。

3 ヘーゼルナッツ

器具
天板、刷毛、めん棒、ブラシ、大理石かアクリルの板、丸菊抜き型（直径5cm）、霧吹き、プティ・クトー

材料
＜パートゥ・フイユテ＞
材料と作り方は3章参照。

＜塗り卵＞
材料と作り方は5 チーズのアリュメットゥ参照。

ノワゼットゥ
塩

作り方
❶生地を3mmの厚さにのばし、型で抜く。
❷霧吹きした天板の上に裏返して並べる。
❸塗り卵を2回して真ん中にノワゼットゥを3個おき、親指で押して埋め込む。
❹ノワゼットゥに塗り卵をして塩をふる。
❺均一にふくらむように4ヶ所にプティ・クトーでピケをする。
❻冷蔵庫で最低1時間休ませる。
❼焼き方は1アーモンド参照。

129

第4章　フール・サレ

Chapitre.4 – Les fours salés

A Fours salés 《simples》シンプルなフール・サレ

4 けしの実とごまのアリュメットゥ

Allumettes <pavot/sésame>

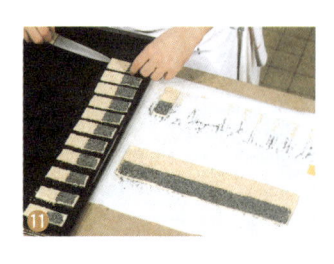

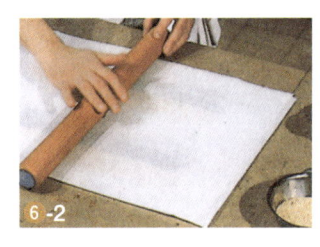

器具
天板、刷毛、めん棒、ブラシ、大理石かアクリルの板、ピケローラー、定規、ルーレット、硫酸紙、霧吹き

材料
<パートゥ・フイユテ>
材料と作り方は3章参照。

<塗り卵>
材料と作り方は5チーズのアリュメットゥ参照。

けしの実
ごま

作り方
❶生地を3mmの厚さにのばし、ピケローラーでピケをする。
❷幅18cmのバンドに切り分け、硫酸紙の上におく。
❸さらに幅9cmに切り分け、それぞれのバンドの中央に、定規で印をつける。
❹定規を下半分にのせ、上半分に塗り卵をして、ごまをのせる。
❺定規をごまの上に移し、残り半分に塗り卵をして、けしの実をのせる。
❻❺の上に硫酸紙をかぶせ、上からめん棒を軽くあて、けしの実とごまが落ちないようにしっかりとおさえる。
❼刷毛で余分なけしの実とごまを落とす。
❽冷蔵庫で1時間休ませる。
❾厚紙で2.5cm×9cmの型紙を作る。
❿バンドの端を切り揃えてから型紙に合わせて切る。こうすると大きさが揃い、並べたときに美しい。
⓫生地が均一に焼けるように、霧吹きした天板の上にひとつずつ等間隔に並べる。
⓬焼き方は1アーモンド参照。

130

第4章　フール・サレ

Chapitre.4 – Les fours salés

A Fours salés 《simples》シンプルなフール・サレ

5 チーズのアリュメットゥ

Allumettes <fromage>

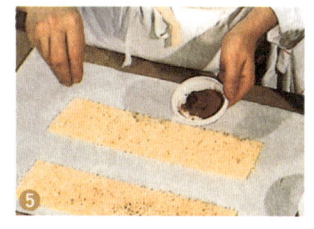

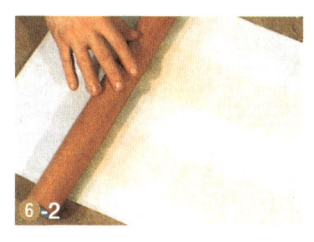

器具
天板、刷毛、めん棒、ブラシ、大理石かアクリルの板、ピケローラー、定規、ルーレット、硫酸紙、霧吹き

材料
<パートゥ・フイユテ>
材料と作り方は3章参照。

<塗り卵>
卵黄.....................60g
牛乳......................15g
グラニュー糖....ひとつまみ
塩..........................ひとつまみ

グリュイエールチーズ
[Gruyère]

塩、胡椒
パプリカ

作り方
<塗り卵>
卵黄をほぐして牛乳を加え混ぜる。
グラニュー糖と塩を加え混ぜて裏ごしする。

❶生地を3mmの厚さにのばし、ピケローラーでピケをする。
❷幅9cmのバンドに切り分け、硫酸紙の上におく。
❸塗り卵の材料を合わせ混ぜて、バンド全体に1回塗る。
❹すりおろしたグリュイエールチーズをほぐしながら、たっぷりとのせる。
❺塩、胡椒、パプリカを軽くふる。
❻❺の上に硫酸紙をかぶせ、上からめん棒を軽くあて、しっかりとおさえる。
❼冷蔵庫で1時間休ませる。
❽厚紙で2.5cm×9cmの型紙を作る。
❾バンドの端を切り揃えてから型紙に合わせて切る。こうすると大きさが揃い、並べたときに美しい。
❿生地が均一に焼けるように、霧吹きした天板の上にひとつずつ等間隔に並べる。
⓫焼き方は1アーモンド参照。

131

Chapitre.4 – Les fours salés

B Fours salés《fourrés》 クリームを詰めたフール・サレ

ポイント
Point

作り方
<生地>
パートゥ・フイユテは6回折ります。3回目に2番生地を全体量の20％くらい加えてください。加えないと、焼成時に生地が浮きすぎてバラバラになり、また歯ざわりも軽すぎてしまいます。塗り卵は均一に美しく仕上がるようにていねいに塗りましょう。
焼く前に生地を冷蔵庫で十分に休ませてください。

<冷凍>
途中まで、または最後まで仕上げた状態で冷凍できます。

<焼く>
おいしく仕上げるには、焼く直前に塗り卵をします。低い温度で焼くと生地が乾燥して切りにくくなり、見ためも悪くなるので注意してください。
温かい方が簡単に切れるので、温かいうちに横半分に切ります。

<仕上げ>
生地が完全に冷めてから、丸口金をつけた絞り袋にクリームやソースを入れて絞ります。
詰めすぎると、温めたときに流れ出て、見栄えが悪くなってしまいます。

<注意>
クリームやソースのように具が水分を多く含んでいる場合、常温ではいたみやすいので、温めたらすぐにサービスしましょう。

1 パルメザンチーズのフール・サレ
Fours salés <parmesan>

器具
天板、刷毛、めん棒、ブラシ、大理石かアクリルの板、プティ・クトー、丸抜き型（直径5cm）、丸口金（直径8mm）、絞り袋、霧吹き

材料
<パートゥ・フイユテ>
材料と作り方は3章参照。

<塗り卵>
材料と作り方は5 チーズのアリュメットゥ参照。

パルメザンチーズ

<ソース・パルムザン>
牛乳 500cc
バター 60g
全卵 2個
コーンスターチ 40g
チーズ 125g
（パルメザンかエメンタール）
塩、胡椒、ナツメグ

作り方
<ソース・パルムザン>
❶牛乳とバターを鍋に入れ、沸騰させて火をとめる。
❷全卵をほぐしてコーンスターチを加え混ぜ、❶に入れてよく混ぜる。
❸ホイッパーで混ぜながら加熱し、10秒ほど沸騰させて火をとめる。
❹すりおろしたパルメザンチーズを加えてよく混ぜる。
❺塩、胡椒、すりおろしたナツメグで味付けする。

❶7 スライスアーモンドのフール・サレ❶〜❸参照。
❷真ん中にすりおろしたパルメザンチーズをのせ、冷蔵庫で最低1時間休ませる。
❸200℃のオーブンで約15分焼く。
❹プティ・クトーで温かいうちに横半分に切る。
❺ソースが冷めたら、丸口金をつけた絞り袋に入れて絞り、生地をのせる。

第4章　フール・サレ

Chapitre.4 — Les fours salés

B Fours salés 《fourrés》 クリームを詰めたフール・サレ

2 スライスアーモンドのフール・サレ
Fours salés <amandes effilées>

3 クミンとマンステールのフール・サレ
Fours salés <cumin/munster>

器具
天板、刷毛、めん棒、ブラシ、大理石かアクリルの板、プティ・クトー、丸菊抜き型（直径5cm）、丸口金（直径8mm）、絞り袋、霧吹き

材料
＜パートゥ・フイユテ＞
材料と作り方は3章参照。

＜塗り卵＞
材料と作り方は5 チーズのアリュメットゥ参照。

スライスアーモンド

＜ロックフォールのクリーム＞
ロックフォールチーズ 50g
[Roquefort]
ソース・パルムザン 100g
（材料と作り方は6 パルメザンチーズのフール・サレ参照）

作り方
＜ロックフォールのクリーム＞
❶材料を合わせてホイッパーでなめらかになるまで混ぜる。

❶生地を3mmの厚さにのばし、型で抜く。
❷霧吹きした天板の上に裏返して並べる。
❸塗り卵を2回して均一にふくらむように4ヶ所にプティ・クトーでピケをする。
❹真ん中にスライスアーモンドを3枚のせ、アーモンドに塗り卵をして、塩をふる。
❺冷蔵庫で最低1時間休ませる。
❻ 6パルメザンチーズのフール・サレ❸〜❺参照。

器具
7 スライスアーモンドのフール・サレ参照。
木べら、こし器、霧吹き

材料
＜パートゥ・フイユテ＞
材料と作り方は3章参照。

＜塗り卵＞
材料と作り方は5 チーズのアリュメットゥ参照。

クミンシード

＜マンステールのクリーム＞
マンステールチーズ 100g
フレッシュチーズ 100g
（ジェルヴェタイプ [Gervais]＊）

＊生クリームを添加した牛乳から作ったフレッシュチーズ。プティ・スイスなど。

作り方
＜マンステールのクリーム＞
❶マンステールの皮をむき、こしてから木べらでフレッシュチーズと混ぜる。

❶生地を3mmの厚さにのばし、型で抜く。
❷霧吹きした天板の上に裏返して互い違いに並べる。
❸塗り卵をして、均一にふくらむように4ヶ所にプティ・クトーでピケをする。
❹クミンシードを1つまみ生地の中央にかける。
❺冷蔵庫で最低1時間休ませる。
❻ 6パルメザンチーズのフール・サレ❸〜❺参照。

第4章　フール・サレ

Chapitre.4 – Les fours salés

B Fours salés 《fourrés》 クリームを詰めたフール・サレ

4 パプリカのフール・サレ
Fours salés <paprika>

器具
天板、刷毛、めん棒、ブラシ、大理石かアクリルの板、プティ・クトー、丸菊抜き型（直径5cm）、丸口金（直径8mm）、絞り袋、霧吹き

材料
＜パートゥ・フイユテ＞
材料と作り方は3章参照。

＜塗り卵＞
材料と作り方は5チーズのアリュメットゥ参照。

＜パプリカのクリーム＞
フレッシュチーズ.........200g
生クリーム...............小さじ1
パプリカ.............ひとつまみ

作り方
＜パプリカのクリーム＞
❶材料を合わせてホイッパーでよく混ぜる。

❶生地を3mmの厚さにのばし、型で抜く。
❷霧吹きした板の上に裏返して互い違いに並べる。
❸塗り卵をして、均一にふくらむように4ヶ所にプティ・クトーでピケをする。
❹パプリカをかける。
❺冷蔵庫で最低1時間休ませる。
❻ 6 パルメザンチーズのフール・サレ❸〜❺参照。

5 けしの実のフール・サレ
Fours salés <graines de pavot>

器具
9 パプリカのフール・サレ参照。

材料
＜パートゥ・フイユテ＞
材料と作り方は3章参照。

＜塗り卵＞
材料と作り方は5チーズのアリュメットゥ参照。

けしの実

＜ハーブのクリーム＞
フレッシュチーズ.........200g
生クリーム 30cc
みじん切りにしたハーブ
.....................................大さじ2
（セルフイユ、エストラゴン、シブレットゥ）
塩、胡椒

作り方
＜ハーブのクリーム＞
❶材料を合わせてホイッパーでよく混ぜる。

❶生地を3mmの厚さにのばし、型で抜く。
❷霧吹きした天板の上に裏返して互い違いに並べる。
❸塗り卵をして、均一にふくらむように4ヶ所にプティ・クトーでピケをする。
❹けしの実をほぐしながらかける。
❺冷蔵庫で最低1時間休ませる。
❻ 6 パルメザンチーズのフール・サレ❸〜❺参照。

Chapitre.4 – Les fours salés

C Fours salés《composés》小さなパイ包み焼き

1 パテ

Fours salés <pâtés>

器具
天板、刷毛、めん棒、ブラシ、大理石かアクリルの板、ピケローラー、丸抜き型（直径4cmと5cm）、網状に切るカッター、パイカッター、霧吹き、フードプロセッサー、プティ・クトー、網

材料
<パートゥ・フイユテ>
材料と作り方は3章参照。

<塗り卵>
材料と作り方は5 チーズのアリュメットゥ参照。

<ファルス>
仔牛肉	500g
（牛ランプでも可）	
豚首肉	500g
全卵	1個
エシャロットゥ	2個
パセリ	50g
白ワイン	50cc
コニャック	30cc
塩、胡椒	
キャトルエピス	
（ナツメグ、クローブ、シナモン）	

作り方
<ファルス>
❶仔牛肉と豚肉をフードプロセッサーにかける。ボウルに移し、全卵を加え、手でよく混ぜる。
❷エシャロットゥとパセリを細かく刻んで加え混ぜる。
❸白ワイン、コニャック、調味料を加え混ぜる。
❹直径1.5cm（約6g）の球状に丸めて冷凍する。

❶生地を1.5mmの厚さにのばし、硫酸紙の上におき、2等分する。
❷1枚の生地にピケローラーでピケをする。
❸直径5cmの丸抜き型の背に粉をつけ、ひとつひとつの間隔をあけずに生地に印をつける。
❹塗り卵をする。
❺円の中心に冷凍したファルスをおく。
❻網状に切るカッターで、もう1枚の生地に切り込みを入れる。
❼❻をめん棒に巻きつけて、❺にかぶせ、ブラシで軽くたたく。
❽直径4cmの丸抜き型の背に粉をつけて上から強くおし、上下の生地をしっかりつける。
❾冷蔵庫でかためる。
❿直径5cmの丸抜き型で抜く。余分な生地は除く。
⓫霧吹きした天板の上に並べる。
⓬塗り卵をしてプティ・クトーで縁にピケをする。
⓭冷蔵庫で最低1時間休ませる。
⓮200℃のオーブンで約20分焼く。
⓯オーブンから出したら、すぐに網の上に移す。

第4章　フール・サレ

Chapitre.4 – Les fours salés

C Fours salés《composés》小さなパイ包み焼き

2 チョリソのフール・サレ

Fours salés <chorizo>

器具
天板、刷毛、めん棒、ブラシ、大理石かアクリルの板、ピケローラー、丸抜き型（直径4cmと5cm）、プティ・クトー、硫酸紙、霧吹き、網

材料
＜パートゥ・フイユテ＞
材料と作り方は3章参照。

＜塗り卵＞
材料と作り方は5 チーズのアリュメットゥ参照。

チョリソ

作り方
❶生地を1.5mmの厚さにのばし、硫酸紙の上におき、2等分する。
❷1枚の生地にピケローラーでピケをする。
❸直径5cmの丸抜き型の背に粉をつけ、ひとつひとつの間隔をあけずに生地に印をつける。
❹塗り卵をする。
❺冷蔵庫で冷やし、皮をむき、厚さ5mmに切ったチョリソの輪切りを円の中心におく。
❻もう1枚の生地を上にかぶせ、ブラシで軽くたたく。
❼直径4cmの丸抜き型の背に粉をつけて上から強くおし、上下の生地をしっかりつける。
❽冷蔵庫でかためる。
❾直径5cmの丸抜き型で抜く。余分な生地は除く。
❿霧吹きした天板の上に並べる。
⓫塗り卵をしてプティ・クトーで縁にピケをする。
⓬冷蔵庫で最低1時間休ませる。
⓭200℃のオーブンで約18分焼く。
⓮オーブンから出したら、すぐに網の上に移す。

第4章 フール・サレ

C Fours salés 《composés》 小さなパイ包み焼き

3 アンチョビのフール・サレ
Fours salés <anchois>

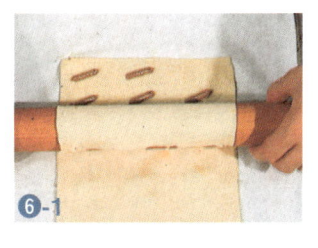

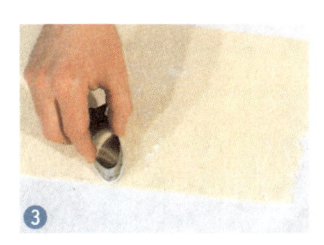

器具
天板、刷毛、めん棒、ブラシ、大理石かアクリルの板、ピケローラー、丸口金（直径8mm）、絞り袋、魚の形の抜き型、フードプロセッサー、霧吹き、プティ・クトー、網

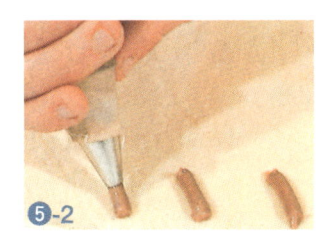

材料
<パートゥ・フイユテ>
材料と作り方は3章参照。

<塗り卵>
材料と作り方は5 チーズのアリュメットゥ参照。

レーズン
(カレンツ)

<アンチョビバター>
アンチョビのフィレ 250g
バター................................50g

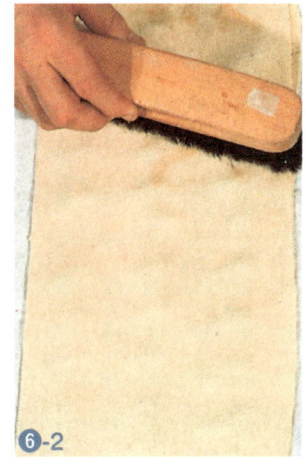

作り方
<アンチョビバター>
❶ 油をよく切ったアンチョビをフードプロセッサーでペースト状にし、ポマード状のバターを加え、よく混ぜる。

❶ 生地を1.5mmの厚さにのばし、硫酸紙の上におき、2等分する。
❷ 1枚の生地にピケローラーでピケをする。
❸ 魚の形の抜き型の背に粉をつけ、ひとつひとつの間隔をあけずに生地に印をつける。
❹ 塗り卵をする。
❺ 丸口金をつけた絞り袋にアンチョビバターを入れて魚の印の中心に絞る。両端(頭と尾の部分)は、1.5cmずつ絞らずに残しておく。
❻ もう1枚の生地を裏返して上にかぶせ、ブラシで軽くたたく。
❼ 冷蔵庫でかためる。
❽ 魚の形の抜き型で抜く。余分な生地は除く。
❾ 霧吹きした天板の上に並べる。
❿ 塗り卵をしてプティ・クトーで縁にピケをする。
⓫ レーズンをおいて魚の目にする。
⓬ プティ・クトーで、生地の真ん中に、網の目の筋をつける。
⓭ 冷蔵庫で最低1時間休ませる。
⓮ 200℃のオーブンで約15分焼く。
⓯ オーブンから出したら、すぐに網の上に移す。

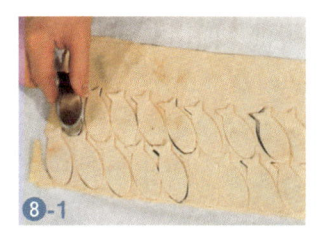

第4章　フール・サレ

Chapitre.4 – Les fours salés

C Fours salés 《composés》 小さなパイ包み焼き

4 クロワッサン・ジャンボン

Croissants jambon

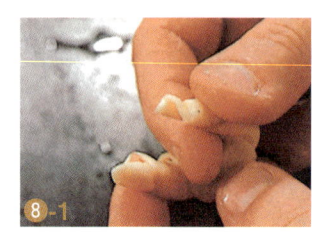

材料

〈パートゥ・フイユテ〉
材料と作り方は3章参照。

〈塗り卵〉
材料と作り方は 5 チーズのアリュメットゥ参照。

ロースハム

器具

天板、刷毛、めん棒、ブラシ、大理石かアクリルの板、霧吹き、プティ・クトー、網

作り方

❶生地を1.5mmの厚さにのばす。
❷幅10cmのバンドに切り分け、硫酸紙の上におく。
❸粉を軽くふり、バンドを重ねる（3枚まで）。
❹底辺7cm、高さ10cmの二等辺三角形に切り分け、1枚ずつ1列に並べる。
❺三角形の 3つの角に塗り卵をする。
❻底辺に厚さ2mm、長さ7cmに切ったハムをおく。
❼生地を巻く。巻き終わりの三角の先端にプティ・クトーで2カ所にピケをする。
❽両端をつなげて指でつぶししっかりとつけ、霧吹きした天板の上に並べる。
❾塗り卵をする。
❿冷蔵庫で最低1時間休ませる。
⓫焼く前にもう1回塗り卵をする。
⓬210℃のオーブンで約15分焼く。
⓭オーブンから出したら、すぐに網の上に移す。

第4章　温かいブーシェ

Chapitre.4 – Les fours salés

C Fours salés 《composés》 小さなパイ包み焼き

5 カクテルソーセージのフール・サレ
Fours salés <saucisses cocktail>

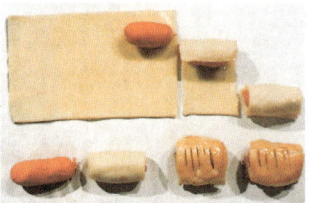

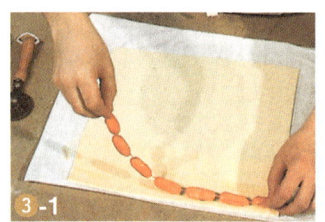

6 オリーブ・ファルシのフール・サレ
Fours salés <olives farcies>

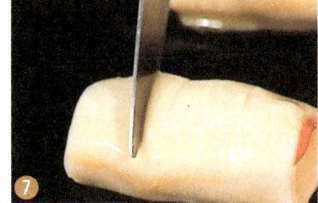

器具
14 クロワッサン・ジャンボン参照。
ルーレット

材料
<パートゥ・フイユテ>
材料と作り方は3章参照。

<塗り卵>
材料と作り方は5チーズのアリュメットゥ参照。

カクテルソーセージ

作り方
❶生地を1.5mmの厚さにのばし、硫酸紙の上におく。
❷生地の上端から幅10cmに塗り卵をする。
❸つながっているカクテルソーセージを生地の上において、約1回半(幅10cm)巻く。
❹ルーレットで生地を切り、巻き終わりをしっかりとおさえる。同様に下の生地でカクテルソーセージを巻いていく。
❺冷凍庫でかためる。
❻ソーセージを切りはなす。
❼霧吹きした天板の上に並べ、塗り卵をして切り込みを入れる。
❽冷蔵庫で最低1時間休ませる。
❾210℃のオーブンで約20分焼く。
❿オーブンから出したら、すぐに網の上に移す。

器具
1 アーモンド参照。

材料
<パートゥ・フイユテ>
材料と作り方は3章参照。

<塗り卵>
材料と作り方は5チーズのアリュメットゥ参照。

オリーブ・ファルシ
(オリーブの中にトマトを詰め、薄塩漬けにしたもの)

作り方
❶生地を1.5mmの厚さにのばし、2:1に切り分ける。大きい方の生地を硫酸紙の上におき、型で抜く。
❷霧吹きした天板の上に並べ、塗り卵をする。
❸生地の中心にオリーブ・ファルシをおく。
❹小さい方の生地を7cm×1.5cmの長方形に切る。
❺オリーブ・ファルシが横から見えるように長方形の生地をのせる。
❻下の生地の出ているところにもう1回塗り卵をして、プティ・クトーでピケをする。
❼上の生地は塗り卵を2回する。
❽冷蔵庫で最低1時間休ませる。
❾13 アンチョビのフール・サレ⓮〜⓯参照。

139

第4章　フール・サレ

Chapitre.4 – Les fours salés

C Fours salés《composés》小さなパイ包み焼き

7 シポラタのフール・サレ

Fours salés <chipolatas>

器具
天板、刷毛、めん棒、ブラシ、大理石かアクリルの板、三角のおこし金、フードプロセッサー、丸口金、絞り袋、カッター、霧吹き、網

材料
<パートゥ・フイユテ>
材料と作り方は3章参照。

<塗り卵>
材料と作り方は5 チーズのアリュメットゥ参照。

<シポラタソーセージ>
豚首肉..............................1kg
全卵..................................1個
エシャロットゥ...............2個
パセリ..............................50g
白ワイン..........................50cc
コニャック......................30cc
塩、胡椒
キャトルエピス
（ナツメグ、クローブ、シナモン）

作り方
<シポラタソーセージ>
❶肉をフードプロセッサーにかける。ボウルに移し、全卵を加え、手でよく混ぜる。
❷エシャロットゥとパセリを細かく刻んで加え混ぜる。
❸白ワイン、コニャック、塩、胡椒、キャトルエピスを加え混ぜる。
❹生地と同じ長さに天板に絞り、冷凍庫でかためる。

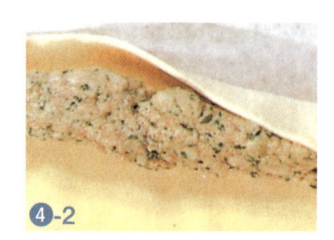

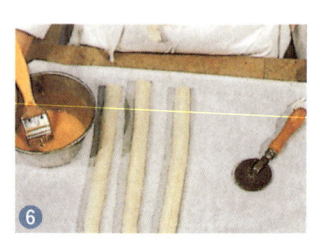

❶生地を1.5mmの厚さにのばし、硫酸紙の上におく。
❷ソーセージがかたまったら三角のおこし金で天板からはがす。
❸生地の上端から幅10cmに塗り卵をする。
❹ソーセージをおき、約1回半巻いて生地を切り、巻き終わりをしっかりとおさえる。同様に下の生地でソーセージを巻いていく。
❺冷蔵庫でかためる。
❻カッターで3.5cmの長さに切る。
❼霧吹きした天板の上に並べる。
❽塗り卵をして、ひし形の筋を入れる。
❾冷蔵庫で最低1時間休ませる。
❿210℃のオーブンで約20分焼く。
⓫オーブンから出したら、すぐに網の上に移す。

Chapitre.4 – Les fours salés

D Pizzas, gougères et croques　ピザ、グジェール、クロック

1 ピザのフール・サレ
Fours salés <mini-pizza>

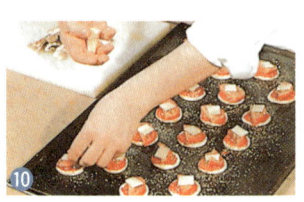

器具
天板、めん棒、プティ・クトー、厚底片手鍋、カード、丸抜き型（直径5cm）、霧吹き、網

材料
＜パータ・ピザ＞
生イースト	15g
牛乳	250cc
中力粉	500g
塩	5g
全卵	1個
溶かしバター	100g
オリーブ油	80cc

＜ピザソース＞
オリーブ油	100cc
玉ねぎ	1kg
トマト	1kg
にんにく	6片
トマトペースト	100g

ブーケガルニ
・タイム ... 3本
・ローリエ ... 1/2枚
・パセリの茎 ... 8本
・ポロねぎの青い部分
塩、胡椒
砂糖

＜塗り卵＞
材料と作り方は 5 チーズのアリュメットゥ参照。

＜ガルニチュール＞
トマト
チーズ
シャンピニオン
黒オリーブ
塩、胡椒
オレガノ
オリーブ油

作り方
＜パータ・ピザ＞
作り方は3章＜パン・オレ＞参照。

＜ピザソース＞
❶玉ねぎとにんにくをみじん切りにする。
❷オリーブ油であめ色になるまで炒める。
❸湯むきしたトマトを乱切りにする。
❹ブーケガルニ、その他すべての材料を合わせて、弱火で水分がなくなるまで煮詰める。
❺塩、胡椒、砂糖で味付けする。

❶生地を厚さ2.5mmにのばし、ピケをする。
❷丸抜き型で生地を抜き、余分な生地を除く。
❸霧吹きした天板の上に生地を裏返して並べる。
❹塗り卵を1回する。
❺軽く発酵させる。
❻抜いた生地の上にピザソースをスプーン1杯分（15g）のせる。
❼ソースを平らに広げる。
❽ソースの上に生地と同じ大きさのトマトの薄切りをのせる。
❾塩、胡椒、オレガノで味付けする。
❿厚さ3mm、2cm角に切ったチーズをのせる。
⓫シャンピニオンの薄切りをのせ、オリーブ油をたらす。
⓬250℃のオーブンで7～8分焼く。
⓭オーブンから出したら、上に黒オリーブをのせる。
⓮刷毛でオリーブ油を塗り、つやを出す。
⓯すぐに網の上に移す。

第4章　フール・サレ

Chapitre.4 − Les fours salés

D Pizzas, gougères et croques　ピザ、グジェール、クロック

2 グジェール

Fours salés \<gougères\>

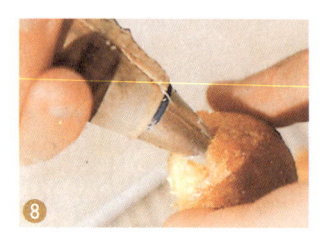

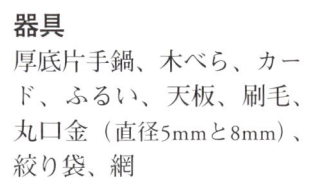

器具
厚底片手鍋、木べら、カード、ふるい、天板、刷毛、丸口金（直径5mmと8mm）、絞り袋、網

材料
\<パータ・シュー\>
材料と作り方は3章参照。

\<塗り卵\>
材料と作り方は5 チーズのアリュメットゥ参照。

グリュイエールチーズ
[Gruyère]

\< ソース・パルムザン \>
牛乳 500cc
バター 65g
全卵 2個
コーンスターチ 40g
エメンタールチーズ 125g
[Emmenthal]

（作り方は6パルメザンチーズのフール・サレ参照）

作り方
❶パータ・シューを作る。
❷直径8mmの丸口金をつけた絞り袋で、天板に直径2cmの大きさにパータ・シューを横並びに9個ずつ6列、互い違いに絞る。
❸塗り卵をして、すりおろしたグリュイエールチーズをかける。
❹天板を傾け、余分なグリュイエールチーズを落とす。
❺200℃のオーブンで、ふくらみすぎないようにオーブン排気口と扉を半開きにして、15〜20分焼く。
❻オーブンから出したら、すぐに網の上に移す。
❼冷めたらシューの横に穴をあける。
❽直径5mmの丸口金をつけた絞り袋にソースを入れて、シューの中に絞る。

第4章　フール・サレ

Chapitre.4 – Les fours salés

D Pizzas, gougères et croques　ピザ、グジェール、クロック

3 クロック・ムッシュウ

Fours salés <croque-monsieur>

●バリエーション A

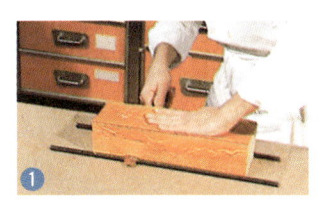

器具
波刃包丁かスライサー、刷毛、定規、パレットナイフ（小）、カード、細い板、天板、はさみ、網

材料
＜パン・ドゥ・ミ＞
材料と作り方は3章参照。

＜ソース・パルムザン＞
材料と作り方は6パルメザンチーズのフール・サレ参照。

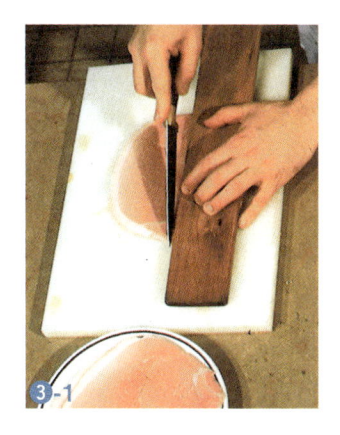

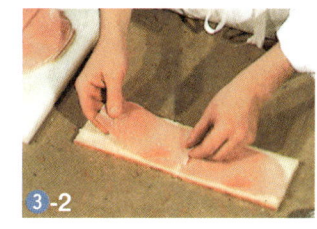

ロースハム
グリュイエールチーズ
[Gruyère]

＜キッシュのアパレイユ＞
牛乳 250cc
生クリーム 250cc
全卵 5個
塩、胡椒
ナツメグ

作り方
＜キッシュのアパレイユ＞
❶卵をよくほぐし、牛乳と生クリームを加え、混ぜる。
❷塩、胡椒、ナツメグで味付けする。

❶パン・ドゥ・ミを波刃包丁かスライサーで厚さ1cmにスライスする。
❷パレットナイフでソースを塗る。
❸厚さ2mmに切ったロースハムをのせる。
❹さらにソースを塗る。
❺すりおろしたグリュイエールチーズをたっぷりかける。
❻板をあてておさえ、グリュイエールチーズをしっかりとつける。
❼端を切り揃え、3.5cm×4.5cmに切り分ける。
❽キッシュのアパレイユにパン・ドゥ・ミの底をしっかり浸ける。
❾バターを塗った天板の上に並べる。
❿250℃のオーブンで約4分焼く。
⓫オーブンから出したら、すぐに網の上に移す。パンからはみ出したチーズをはさみで切り落とし、形をととのえる。

第4章　フール・サレ

Chapitre.4 – Les fours salés

D Pizzas, gougères et croques　ピザ、グジェール、クロック

● バリエーション B

器具
波刃包丁かスライサー、刷毛、定規、パレットナイフ（小）、カード、細い板、天板、網

材料
＜パン・ドゥ・ミ＞
材料と作り方は3章参照。

＜ソース・パルムザン＞
材料と作り方は6パルメザンチーズのフール・サレ参照。

グリュイエールチーズ
[Gruyère]

溶かしバター
ロースハム

作り方
❶ パン・ドゥ・ミを波刃包丁かスライサーで厚さ7mmにスライスする。1組に2枚使用。
❷ パレットナイフで2枚にソースを塗る。
❸ 1枚のパンに、すりおろしたグリュイエールチーズをのせ、よくおさえる。
❹ もう1枚のパンに厚さ2mmに切ったロースハムをのせる。
❺ ❸と❹を合わせる。
❻ 板をあてておさえ、しっかりつける。
❼ 端を切り揃え3.5cm×4.5cmに切り分ける。
❽ 表面に刷毛で溶かしバターを塗る。
❾ バターを塗った天板の上に裏返して並べる。（バターの面が下になる）
❿ もう1回、表面に溶かしバターを塗る。
⓫ 250℃のオーブンで約5分焼く。
⓬ オーブンから出したら、すぐに網の上に移す。

Chapitre.4 – Les fours salés

E Fours salés 《croustades et barquettes》 "クルスタッドゥとバルケットゥ"のフール・サレ

ポイント
Point

作り方
このフール・サレはとても種類が豊富です。パータ・パテをバルケットゥ型かタルトレットゥ型に敷き込んで作ります。
ガルニチュールは、具とアパレイユを合わせるタイプが一般的です。

<焼く>
200℃でやわらかく焼き上げるようにしてください。焼き上がり後は型の中で生地が水分を吸って湿気らないように、すぐに型からはずして網の上に移します。そうしないとサクサクとした食感が損なわれてしまいます。

<保存>
あらかじめ作っておいて冷凍保存することもできます。

1 サーモンのクルスタッドゥ
Croustades de saumon

器具
タルトレットゥ型、丸天板、めん棒、ブラシ、ピケローラー、カード、厚底片手鍋、ドロッパー、丸抜き型(直径5cm)、網

材料
<パータ・パテ>
材料と作り方は3章参照。

ほうれん草
バター
塩、胡椒
ナツメグ

サーモン

<キッシュのアパレイユ>
材料と作り方は20クロック・ムッシュウ参照。

作り方
❶型にパータ・パテを敷き込み、焼き縮みがないように冷蔵庫で最低1時間休ませる。
❷ほうれん草をバターで炒めて、塩、胡椒、ナツメグで味をととのえ、❶に入れる。
❸サーモンを小さく切ってのせる。
❹ドロッパーでアパレイユを縁まで流す。
❺焼き方は23ムール貝のクルスタッドゥ参照。

145

第4章　フール・サレ

Chapitre.4 – Les fours salés

E Fours salés 《croustades et barquettes》 "クルスタッドゥとバルケットゥ" のフール・サレ

2 オニオンとロックフォールのバルケットゥ

Barquettes oignons/roquefort

器具
バルケットゥ型、丸天板、めん棒、ブラシ、ピケローラー、カード、船形の抜き型、厚底片手鍋、シノワ、網

材料
＜パータ・パテ＞
材料と作り方は3章参照。

＜オニオンのフォンデュ＞
澄ましバター.....................80g
玉ねぎ................................1kg
ブーケガルニ
・タイム............................2本
・ローリエ......................1/2枚
・パセリの茎....................3本
・ポロねぎの青い部分
塩、胡椒

＜ロックフォールのアパレイユ＞
ロックフォールチーズ....250g
生クリーム....................400cc
牛乳..............................300cc
全卵...................................7個
塩、胡椒
ナツメグ
(作り方は 20 クロック・ムッシュウ参照)

作り方
＜オニオンのフォンデュ＞
❶厚底片手鍋に澄ましバターを溶かし、薄切りにした玉ねぎをブーケガルニとともに弱火で時間をかけて、あめ色になり、水分がなくなるまで十分に炒める。
❷シノワにあけ、余分な汁気を落とす。レードルでおさないこと。
❸塩、胡椒をする。

❶バルケットゥ型にパータ・パテを敷き込み、焼き縮みがないように冷蔵庫で最低1時間休ませる。
❷オニオンのフォンデュにアパレイユを少しずつ加えながら混ぜる。
フォンデュ1に対してアパレイユ4の割合で混ぜる。
❸スプーンで❶を縁まで入れる。
❹200〜210℃のオーブンで約15分焼く。
❺オーブンから出したらすぐに型からはずし、網の上に移す。

第4章 フール・サレ

Chapitre.4 − Les fours salés

E Fours salés 《croustades et barquettes》 "クルスタッドゥとバルケットゥ" のフール・サレ

3 ムール貝のクルスタッドゥ

Croustades aux moules

器具
タルトレットゥ型、丸天板、めん棒、ブラシ、ピケローラー、カード、厚底片手鍋、丸抜き型（直径5cm）、ドロッパー、網

材料
＜パータ・パテ＞
材料と作り方は3章参照。

＜ムール貝のマリニエール＞
澄ましバター..................20g
エシャロットゥ 45g
白ワイン......................500cc
ムール貝......................600g
ブーケガルニ
・タイム 2本
・ローリエ 1/2枚
・パセリの茎...............3本
・ポロねぎの青い部分
胡椒

＜シャンピニオンのデュクセル＞
澄ましバター..................30g
エシャロットゥ 40g
シャンピニオン 200g
塩、胡椒

＜サフラン入り
　キッシュのアパレイユ＞
牛乳............................250cc
生クリーム 250cc
全卵..................................5個
塩、胡椒、サフラン
（作り方は 20 クロック・ムッシュウ参照）

作り方
＜ムール貝のマリニエール＞
❶貝殻に付着しているものを取り、よく洗う。
❷澄ましバターで炒めたエシャロットゥのみじん切りにムール貝、白ワイン、ブーケガルニを入れて、胡椒で味付けする。ムール貝の殻が開くまで煮る。
❸冷めたら殻をはずし、ひもを切る。

＜シャンピニオンのデュクセル＞
❶澄ましバターでエシャロットゥを軽く炒め、薄切りにしたシャンピニオンを加えて、さらにやわらかくなるまで炒める。
❷塩、胡椒をする。

❶タルトレットゥ型にパータ・パテを敷き込み、焼き縮みがないように冷蔵庫で最低1時間休ませる。
❷❶にシャンピニオンのデュクセルを小さじで少し入れる。
❸❷の上にムール貝のマリニエールをのせる。
❹ドロッパーでアパレイユを縁まで流す。
❺200～210℃のオーブンで約15分焼く。
❻オーブンから出したらすぐに型からはずし、網の上に移す。

147

第4章 フール・サレ

Chapitre.4 – Les fours salés

E Fours salés 《croustades et barquettes》 "クルスタッドゥとバルケットゥ" のフール・サレ

4 シャンピニオンのクルスタッドゥ
Croustades aux champignons

器具
タルトレットゥ型、丸天板、めん棒、ブラシ、ピケローラー、厚底片手鍋、カード、丸抜き型（直径5cm）、ドロッパー、網

材料
<パータ・パテ>
材料と作り方は3章参照。

澄ましバター
シャンピニオン
セルフイユ

<キッシュのアパレイユ>
材料と作り方は 20 クロック・ムッシュウ参照。

作り方
❶タルトレットゥ型にパータ・パテを敷き込み、焼き縮みがないように冷蔵庫で最低1時間休ませる。
❷❶に澄ましバターで炒めたシャンピニオンの薄切りを小さじで少し入れる。
❸ドロッパーで型の縁までアパレイユを流す。セルフイユをのせる。
❹200℃のオーブンで約15分焼く。
❺オーブンから出したらすぐに型からはずし、網の上に移す。

5 キシェットゥ
Quichettes

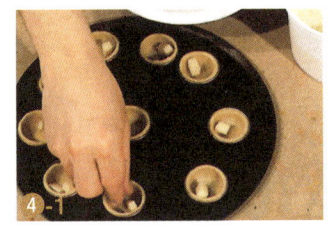

器具
タルトレットゥ型、丸天板、めん棒、ブラシ、ピケローラー、厚底片手鍋、カード、丸抜き型（直径5cm）、ドロッパー、網

材料
<パータ・パテ>
材料と作り方は3章参照。

ハム
コンテチーズ
[Comté]
ベーコン
セルフイユ

<キッシュのアパレイユ>
材料と作り方は 20 クロック・ムッシュウ参照。

作り方
❶タルトレットゥ型にパータ・パテを敷き込み、焼き縮みがないように冷蔵庫で最低1時間休ませる。
❷ハム、コンテチーズ、ベーコンを1cm角に切る。
❸ベーコンを軽く茹でて塩を抜き、澄ましバターで炒める。ハムを加え、さらに炒める。
❹❶にコンテチーズと❸を入れる。
❺ドロッパーでアパレイユを縁まで流す。
❻200～220℃のオーブンで約15分焼く。
❼オーブンから出したらすぐに型からはずし、網の上に移す。

第4章　フール・サレ

Chapitre.4 – Les fours salés

E Fours salés 《croustades et barquettes》 "クルスタッドゥとバルケットゥ"のフール・サレ

6 ピサラディエール

Pissaladières

器具
タルトレットゥ型、丸天板、めん棒、ブラシ、ピケローラー、厚底片手鍋、カード、丸抜き型(直径5cm)、刷毛、網

材料
＜パータ・パテ＞
材料と作り方は3章参照。

＜ピザソース＞
玉ねぎ..................1kg
にんにく..................6片
オリーブ油..................100cc
トマト..................1kg
トマトペースト..................100g
ブーケガルニ
・タイム..................3本
・ローリエ..................1/2枚
・パセリの茎..................8本
・ポロねぎの青い部分
塩、胡椒、砂糖

アンチョビのフィレ
黒オリーブ
オリーブ油

作り方
＜ピザソース＞
❶玉ねぎとにんにくをみじん切りにする。
❷オリーブ油であめ色になるまで炒める。
❸湯むきしたトマトを乱切りにする。
❹ブーケガルニ、その他すべての材料を合わせて弱火で水分がなくなるまで煮詰める。
❺塩、胡椒、砂糖で味付けする。

❶タルトレットゥ型にパータ・パテを敷き込み、焼き縮みがないように冷蔵庫で最低1時間休ませる。
❷縁までピザソースを入れる。
❸200℃のオーブンで15分〜20分焼く。
❹オーブンから出したらすぐに型からはずし、網の上に移す。
❺細く切ったアンチョビのフィレ2枚を十字にのせる。
❻中心に黒オリーブをおく。
❼刷毛でオリーブ油を塗り、つやを出す。

第4章　フール・サレ

Chapitre.4 – Les fours salés

E Fours salés 《croustades et barquettes》 "クルスタッドゥとバルケットゥ" のフール・サレ

7 野菜のジュリエンヌのバルケットゥ
Barquettes de julienne de légumes

8 アンディーブとシブレットゥのクルスタッドゥ
Croustades d'endives/ciboulette

器具
バルケットゥ型、丸天板、めん棒、ブラシ、ピケローラー、厚底片手鍋、カード、ドロッパー、舟形の抜き型、網

材料
＜パータ・パテ＞
材料と作り方は3章参照。

＜バジル入りの野菜のジュリエンヌ＞
にんじん..........................250g
シャンピニオン.............150g
ポロねぎの白い部分....200g
バジルの葉....................15枚
澄ましバター..................35g
塩、胡椒

＜キッシュのアパレイユ＞
材料と作り方は 20 クロック・ムッシュウ参照。

作り方
＜バジル入り野菜のジュリエンヌ＞
①にんじん、シャンピニオン、ポロねぎは細切りにする。
②澄ましバターで①を炒め、軽く塩、胡椒する。
③バジルの葉を細切りにして②に加える。

①バルケットゥ型にパータ・パテを敷き込み、焼き縮みがないように冷蔵庫で最低1時間休ませる。
②①にバジル入り野菜のジュリエンヌを入れる。
③28 アンディーブとシブレットゥのクルスタッドゥ③〜⑤参照。

器具
タルトレットゥ型、丸天板、めん棒、ブラシ、ピケローラー、カード、ドロッパー、木べら、丸抜き型(直径5cm)、網

材料
＜パータ・パテ＞
材料と作り方は3章参照。

＜アンディーブのフォンデュ＞
澄ましバター....................35g
アンディーブ..................250g
塩、胡椒、砂糖
シブレットゥ..................10本
(材料と作り方は 22 オニオンとロックフォールのバルケットゥ参照)

＜キッシュのアパレイユ＞
材料と作り方は 20 クロック・ムッシュウ参照。

作り方
①タルトレットゥ型にパータ・パテを敷き込み、焼き縮みがないように冷蔵庫で最低1時間休ませる。
②①に、シブレットゥ入りアンディーブのフォンデュを入れる。
③ドロッパーでアパレイユを縁まで流す。
④200〜210℃のオーブンで約10分焼く。
⑤オーブンから出したらすぐに型からはずし、網の上に移す。

Chapitre.5

第5章
ミニ・サンドウィッチとプティ・パン・フーレ
Les mini-sandwiches et petits pains fourrés

サンドウィッチは、パンをスライスして具をはさみ、三角形、長方形、ひし形などに切り分けたものをいいます。プティ・パン・フーレ（ナヴェットゥ、ブリオシェットゥ）は生地をいろいろな形に成形し、焼いて冷ましてから具をはさんだものです。
作り方が簡単で短時間でできるため、収益性が高い、低予算でボリューム感を出せる、組み合わせや素材を自由にアレンジできる、どのようなスタイルのパーティでも好評を得られる、などの利点があり、ランチやビュッフェのテーブルには欠かせない存在です。種類も豊富で、中の具もシンプルなものから手の込んだものまでさまざまです。
ここではサンドウィッチの基本を紹介します。応用したものを、第9章「グロス・ピエス」で扱っています。

Chapitre.5 – Les mini-sandwiches et petits pains fourrés

第5章 ミニ・サンドウィッチとプティ・パン・フーレ

A Les mini-sandwiches ミニ・サンドウィッチ

ポイント
Point

材料

＜パン＞

パンの質と鮮度が重要です。サンドウィッチにはパン・ドゥ・ミ（食パン）、パン・ドゥ・セーグル、パン・ブリオッシュ（ブリオッシュ風の甘みのついたパン）、パン・オ・レ、ブリオッシュ、パン・ドゥ・カンパーニュやクルミ、ヘーゼルナッツ、アーモンド、レーズン、ハーブの入ったものなどを使います。

パン・ドゥ・ミはどのような具にも合うのでよく使われます。バターを多く含んだ上質なものを使えば、パンもかたくなりにくく、とてもおいしいサンドウィッチができ上がります。

ナッツやレーズンの入ったパンで作るときは具との相性を考えましょう。クルミとチーズ、セルフイユとカニなどが一般的です。

＜具＞

いろいろな材料が使われますが、基本的な作り方は同じです。ポイントは、あらかじめブール・サレ、マイヨネーズ、ミックスマイヨネーズなどを作り、具も用意して冷蔵庫に入れておくことです。また、素材や調味料を混ぜ込んだブール・コンポゼ（ミックス・バター）やムースなどを直接パンに塗る場合もあります。具に合わせたバターや調味料を使うことで、素材の味わいが一層引き立ち、料理としての質も高くなります。はさむ量は、少ないとパサパサしておいしくないし、多すぎても食べにくいので、パンの大きさに合わせて調節します。

第5章　ミニ・サンドウィッチとプティ・パン・フーレ

Chapitre.5 – Les mini-sandwiches et petits pains fourrés

A Les mini-sandwiches　ミニ・サンドウィッチ

作り方

＜パンの切り方＞
平均的なパンの厚さは6mmですが、具によってかわります。
スライスしたら、調理するまで乾燥しないように、濡れぶきんをかけておきます。

＜具のはさみ方＞
2通りあります。シンプルな具（ハムなど）のときは、2枚のパンにポマード状バターを塗り、パンと同じ大きさに切った具をおき、もう1枚のパンをのせて軽くおさえます。
フォワ・グラのムースなどのときは、パンに直接3mmくらいの厚さに塗り、もう1枚のパンをのせて軽くおさえます。3〜4つ重ねて波刃包丁でパンの耳を落としてから好みの形に切ります。

＜盛り付け＞
いろいろな種類のサンドウィッチを組み合わせて、銀トレイや大皿にきれいに盛りつけることによって、おいしさとともに楽しさも演出できます。

＜保存＞
パンがかたくならないよう、バターなどを多めに塗ります。テイクアウト用は種類別に、パーティ会場へ運ぶときはいくつか重ねて、乾燥しないようにラップやアルミホイルなどでしっかり包みます。

サンドウィッチの種類

❶魚介類
　サーモンの燻製
　サーモンバター
　甲殻類のバター
　カニ
　ツナなど

❷肉類、シャルキュトゥリー
　鶏肉
　ボンレスハム
　生ハム
　　（バイヨンヌ産、パルマ産）
　サラミ
　ソーセージ
　モルタデルソーセージ
　フォワ・グラ
　　（ムース、ピュレ）
　リエットゥ
　パテ・ドゥ・カンパーニュ
　パテ・ドゥ・フォワなど

❸生野菜
　サラダ菜の細切りと卵
　ミックス野菜
　レタスとトマトと卵
　レタスとトマトときゅうり
　レタスとにんじんとセロリなど

❹チーズ
　ハーブとフレッシュチーズ
　ロックフォールバターとクルミ
　［Roquefort］
　コンテチーズ
　［Comté］
　グリュイエールチーズ
　［Gruyère］
　ボーフォールチーズ
　［Beaufort］
　エメンタールチーズなど
　［Emmenthal］

153

第5章　ミニ・サンドウィッチとプティ・パン・フーレ

Chapitre.5 −Les mini-sandwiches et petits pains fourrés

A Les mini-sandwiches　ミニ・サンドウィッチ

1 ハムのサンドウィッチ
Les sandwiches au jambon

2 グリュイエールチーズのサンドウィッチ
Les sandwiches au gruyère

器具
パレットナイフ、波刃包丁

材料
＜パン・ドゥ・ミ＞
材料と作り方は第3章参照。

ロースハム
（上質なもの）

＜ブール・サレ＞
ポマード状バター.........140g
マスタード.........10g
塩.........1g

作り方
① ロースハムは脂の部分を除き、パンと同じ大きさに切る。（ハムの切り落としは別のサンドウィッチやサラダ、ムース、キッシュなどに利用する）
② ブール・サレは材料を合わせてよく混ぜる。
③ パンをスライスしてブール・サレを塗る。
④ ハムをおき、もう1枚のブール・サレを塗ったパンをのせて軽くおさえる。
⑤ 波刃包丁でパンの耳を落としてから、好みの形に切る。

器具
パレットナイフ、波刃包丁

材料
＜パン・ドゥ・ミ＞
材料と作り方は第3章参照。

グリュイエールチーズ

＜ブール・サレ＞
材料と作り方は 1 ハムのサンドウィッチ参照。

【アドバイス】
チーズはボーフォール（Beaufort＝フランス、サヴォワ地方のセミ・ハードタイプのチーズ）やコンテ［Comté］でも可。穴が少ないタイプのものがよい。

作り方
① チーズは皮をむいてスライスし、パンと同じ大きさに切る。
② パンをスライスしてブール・サレを塗る。
③ チーズをおき、もう1枚のブール・サレを塗ったパンをのせて軽くおさえる。
④ 波刃包丁でパンの耳を落としてから、好みの形に切る。

第5章　ミニ・サンドウィッチとプティ・パン・フーレ

Chapitre.5 – Les mini-sandwiches et petits pains fourrés

A Les mini-sandwiches　ミニ・サンドウィッチ

3 フォワ・グラのムースのサンドウィッチ
Les sandwiches à la crème de foie gras

4 トマトとサラダ菜のサンドウィッチ
Les sandwiches tomate/salade

3 フォワ・グラのムースのサンドウィッチ

器具
パレットナイフ、波刃包丁、木べら

材料
＜パン・ドゥ・ミ＞
材料と作り方は3章参照。

フォワ・グラ
（缶詰）

＜ブール・サレ＞
材料と作り方は5章1 ハムのサンドウィッチ参照。

【アドバイス】
缶詰にはピュレ・ドゥ・フォワと脂肪分が加えられたムース・ドゥ・フォワがあり、フォワ・グラに対して加えられている脂肪分の量により呼び名が違ってくる。脂肪分の割合はメーカーによって異なる。

作り方 A
❶フォワ・グラを木べらでポマード状にする。
❷パンをスライスしてブール・サレを塗る。
❸❷に❶を塗り、もう1枚のブール・サレを塗ったパンをのせて軽くおさえる。
❹波刃包丁でパンの耳を落としてから、好みの形に切る。

作り方 B
❶フォワ・グラの脂肪分の量に応じて、好みの量のブール・サレを加える。
❷❶をパンに直接塗り、もう1枚のパンをのせて軽くおさえる。
❸波刃包丁でパンの耳を落としてから、好みの形に切る。

4 トマトとサラダ菜のサンドウィッチ

器具
パレットナイフ、波刃包丁

材料
＜パン・ドゥ・ミ＞
材料と作り方は3章参照。

トマト
サラダ菜
マヨネーズ
塩、胡椒

【ポイント】
●やわらかいトマトは食べにくいので、かためのものを選ぶこと。
●好みでみじん切りにしたパセリ、セルフイユ、エストラゴン、シブレットゥを加えてもよい。

作り方
❶サラダ菜はかたい部分を除き、よく洗って水気をきり、7～8mmの細切りにする。
❷トマトは輪切りにしておく。
❸パンをスライスしてマヨネーズを塗る。
❹トマトをのせ、軽く塩、胡椒する。
❺サラダ菜の細切りをほぐしてのせる。
❻もう1枚のマヨネーズを塗ったパンをのせて軽くおさえる。
❼波刃包丁でパンの耳を落としてから、好みの形に切る。

第5章 ミニ・サンドウィッチとプティ・パン・フーレ

Chapitre.5 – Les mini-sandwiches et petits pains fourrés

A Les mini-sandwiches ミニ・サンドウィッチ

5 サラミのサンドウィッチ
Les sandwiches au salami

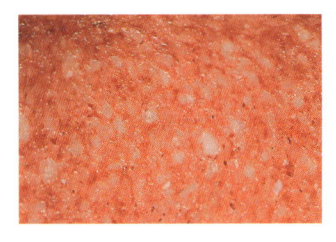

6 鶏の胸肉のサンドウィッチ
Les sandwiches au blanc de poulet

器具
パレットナイフ、波刃包丁

材料
〈パン・ドゥ・ミ〉
材料と作り方は第3章参照。

サラミ

〈ブール・サレ〉
材料と作り方は 5章1 ハムのサンドウィッチ参照。

作り方
① サラミの皮をむく。
② サラミはパンの大きさに合わせてスライスする。
③ パンをスライスしてブール・サレを塗る。
④ サラミをおく。
⑤ もう1枚のブール・サレを塗ったパンをのせて軽くおさえる。
⑥ 波刃包丁でパンの耳を落としてから、好みの形に切る。

【アドバイス】
● ヨーロッパ諸国にはいろいろな種類のソーセージがある。フランス産はもちろんだがどれもとてもおいしい。
● イタリア産の太くて長いサラミはサンドウィッチに最適。

器具
パレットナイフ、波刃包丁、プティ・クトー、厚底片手鍋

材料
〈パン・ドゥ・ミ〉
材料と作り方は第3章参照。

マヨネーズ
鶏の胸肉
(七面鳥、その他の家禽でも可)
フォン・ドゥ・ヴォライユ
塩、胡椒

【ポイント】
● 胸肉は、水で茹でると縮んだり、風味が失われたりするので、必ずフォン・ドゥ・ヴォライユ(鶏のフォン)を使うこと。
● 鶏は丸のまま茹でてもよいし、胸肉だけを用意して茹でてもよい。皮は取り除くこと。
● マヨネーズに刻んだハーブを加えてもよい。

作り方A
① 鶏のフォンで胸肉を茹でる。
② 冷ました胸肉を繊維と同じ方向に細く、薄く切る。
③ パンをスライスしてマヨネーズを塗る。
④ 胸肉をのせる。
⑤ もう1枚のマヨネーズを塗ったパンをのせて軽くおさえる。
⑥ 波刃包丁でパンの耳を落としてから、好みの形に切る。

作り方B (家禽を使う場合)
茹でてほぐした胸肉をマヨネーズであえ、カレー粉またはパプリカをひとつまみ加えたものをパンにたっぷりのせてはさむ。

第5章　ミニ・サンドウィッチとプティ・パン・フーレ

Chapitre.5 – Les mini-sandwiches et petits pains fourrés

A Les mini-sandwiches　ミニ・サンドウィッチ

7 モルタデルソーセージのサンドウィッチ
Les sandwiches à la mortadelle

器具
パレットナイフ、波刃包丁

材料
〈パン・ドゥ・ミ〉
材料と作り方は3章参照。

モルタデルソーセージ

〈ブール・サレ〉
材料と作り方は5章1 ハムのサンドウィッチ参照。

【アドバイス】
直径15cmくらいのボローニャ産モルタデルソーセージは、ピスターシュ入りのものが多く、サンドウィッチに最適。

作り方
1. モルタデルソーセージを薄くスライスする。
2. パンをスライスしてブール・サレを塗る。
3. モルタデルソーセージをおく。
4. もう1枚のブール・サレを塗ったパンをのせて軽くおさえる。
5. 波刃包丁でパンの耳を落としてから、好みの形に切る。

8 卵のムースリーヌのサンドウィッチ
Les sandwiches à la mousseline d'œufs

器具
パレットナイフ、波刃包丁、厚底片手鍋、目の粗いこし器

材料
〈パン・ドゥ・ミ〉
材料と作り方は3章参照。

卵
サラダ菜
マイヨネーズ
カレー粉
（パプリカかカイエンヌペッパーでも可）
塩、胡椒

作り方A
1. 卵をかた茹でにする。
2. 殻をむき、裏ごしする。
3. サラダ菜を細切りにする。
4. パンをスライスしてマイヨネーズを塗る。
5. 2とカレー粉を混ぜてパンにのせる。
6. サラダ菜の細切りをほぐしてのせる。
7. もう1枚のマイヨネーズを塗ったパンをのせて軽くおさえる。
8. 波刃包丁でパンの耳を落としてから、好みの形に切る。

作り方B
1. 卵をかた茹でにする。
2. 殻をむき、みじん切りにする。
3. サラダ菜を細切りにする。
4. パンをスライスする。
5. 2、3、カレー粉、マイヨネーズをあえて1枚のパンにパレットナイフで塗る。
6. もう1枚のパンをのせて軽くおさえる。
7. 波刃包丁でパンの耳を落としてから、好みの形に切る。

第5章　ミニ・サンドウィッチとプティ・パン・フーレ

Chapitre.5 – Les mini-sandwiches et petits pains fourrés

A Les mini-sandwiches　ミニ・サンドウィッチ

9 きゅうりとサラダ菜のサンドウィッチ
Les sandwiches concombre/salade

10 カニのサンドウィッチ
Les sandwiches au crabe

器具
パレットナイフ、波刃包丁

材料
＜パン・ドゥ・ミ＞
材料と作り方は3章参照。

マヨネーズ
きゅうり
サラダ菜
塩、胡椒

作り方
① きゅうりは皮をむいて厚さ2mmの輪切りにする。
② サラダ菜を細切りにする。
③ パンをスライスしてマヨネーズを塗る。
④ きゅうりの輪切りを並べる。
⑤ サラダ菜の細切りをほぐしてのせ、軽く塩、胡椒する。
⑥ もう1枚のマヨネーズを塗ったパンをのせて軽くおさえる。
⑦ 波刃包丁でパンの耳を落としてから、好みの形に切る。

器具
パレットナイフ、波刃包丁

材料
＜パン・ドゥ・ミ＞
材料と作り方は3章参照。

カニ
マヨネーズ
ハーブ（セルフイユなど）

【ポイント】
● おいしく作るには材料を吟味し、上質なカニを使うこと。
● カニは缶詰でも可。よく汁気をきってほぐし、軟骨を除いておくこと。

作り方A
① カニは茹でて殻を外し、身をほぐす。
② マヨネーズと細かく刻んだセルフイユを混ぜる。
③ パンをスライスして②を塗る。
④ ほぐしたカニをのせる。
⑤ もう1枚の②を塗ったパンをのせて軽くおさえる。
⑥ 波刃包丁でパンの耳を落としてから、好みの形に切る。

作り方B
① カニは茹でて殻を外し、身をほぐす。
② マヨネーズと細かく刻んだセルフイユを混ぜる。
③ ①と②をあえる。
④ ③をパンに直接塗り、もう1枚のパンをのせて軽くおさえる。
⑤ 波刃包丁でパンの耳を落としてから、好みの形に切る。

11 クルミとロックフォールのサンドウィッチ

Les sandwiches au roquefort et aux noix

器具
パレットナイフ、波刃包丁、こし器、プティ・クトー

材料
<パン・ドゥ・ミ>
材料と作り方は3章参照。

ロックフォールチーズ
バター

<ブール・サレ>
材料と作り方は1ハムのサンドウィッチ参照。

クルミ

【ポイント】
● どんなロックフォールチーズを選ぶかが重要。青カビの部分が多く、味が濃いものを選んだ方がよい。
● ロックフォール以外のブルーチーズ(ブルー・ドベルニュ[Bleu d'Auvergne]、フルム・ダンベール[Fourme d'Ambert]、ゴルゴンゾーラ[Gorgonzola]、デニッシュ・ブルー[Danish Blue])を使ってもよい。チーズの種類によって、混ぜるバターの割合をかえる。
● クルミのかわりに炒ったアーモンドやヘーゼルナッツを使うこともできる。
● 熱湯に1分ほど浸けたレーズンを散らしてもよい。レーズンはチーズとたいへん相性がよい。

作り方
❶ ロックフォールチーズを裏ごししてなめらかにする。フォークで粗くつぶし、粒を残してもよい。
❷ ロックフォールチーズと半量のバターを混ぜる。
❸ クルミを刻む。
❹ パンをスライスして薄くブール・サレを塗る。
❺ ❷を塗り、クルミを散らす。
❻ もう1枚のブール・サレを塗ったパンをのせて軽くおさえる。
❼ 波刃包丁でパンの耳を落としてから、好みの形に切る。

Chapitre.5 – Les mini-sandwiches et petits pains fourrés

B Les petits pains fourrés プティ・パン・フーレ

ポイント

Point

作り方

プティ・パン・フーレは作り方が簡単で、味も繊細でおいしく、楽しみのある料理です。細長いものは＜ナヴェットゥ＞、丸や三角のものは＜ブリオシェットゥ＞と呼ばれます。
パン・オ・レやブリオッシュなどリッチな味わいのパンを使います。
生地をのばして型で抜き、1個あたり約10gの大きさに成形します。ていねいに塗り卵をしてつやを出し、高温、短時間でやわらかく焼き上げます。
サンドウィッチと同じようにさまざまな種類があり、具をパンと同じ形に切ってはさむもの(タイプA)と、バターやムースを直接塗るもの(タイプB)があります。
味にアクセントをつけるために、相性のよい調味料やハーブを加えるとよいでしょう。

＜盛り付け＞

盛り付け方も、同じ種類でまとめて並べたり、他の種類といろいろ取り合わせて並べたりと自由に演出できます。
細長いナヴェットゥが一般的ですが、色々な形のプティ・パンを作って取り合わせるのも面白いでしょう。パーティの規模や他の料理とのバランスを考慮して、ハムやチーズをはさんだもの、ムースやブール・コンポゼを絞ったものなどを幅広く用意すると理想的です。
販売する場合は、大きめに作り、1つずつ紙袋に入れると扱いやすくなります。

＜保存＞

プティ・パンは乾燥しやすいので、保存の際は必ずラップに包んでおきます。
パンに水分がしみ込んでしまうため、濡れぶきんは使わないようにします。

第5章　ミニ・サンドウィッチとプティ・パン・フーレ

Chapitre.5 – Les mini-sandwiches et petits pains fourrés

B Les petits pains fourrés　プティ・パン・フーレ

●バリエーション A

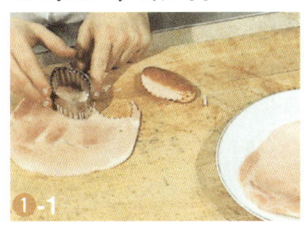

器具
波刃包丁、パレットナイフ、包丁かパンの形に合わせた抜き型

材料
プティ・パン

＜ブール・サレ＞
材料と作り方は5章1ハムのサンドウィッチ参照。

好みの具
（コンテチーズ［Comté］、生ハム、ロースハムなど）

作り方
❶具をパンの形に合わせて切る。（型で抜いてもよい）
❷プティ・パンを波刃包丁で切る。上下に切り分けてしまう作り方と、2/3ほど切れ目を入れる作り方がある。
❸内側の面にブール・サレを塗り、具をはさむ。

【ポイント】
●食べやすさを考え、パンからあまりはみださない大きさに具を切ること。
●サンドウィッチに比べて具の切り落としが多くなるので、他の料理に利用する。

161

第5章　ミニ・サンドウィッチとプティ・パン・フーレ

Chapitre.5 −Les mini-sandwiches et petits pains fourrés

B Les petits pains fourrés プティ・パン・フーレ

● バリエーション B

器具
波刃包丁、星口金（直径8mm）、絞り袋、丸抜き型

材料
プティ・パン
好みのムースやブール・コンポゼ
（ムース・ドゥ・フォワ、ロックフォールチーズ、ハーブとクリームチーズなど）

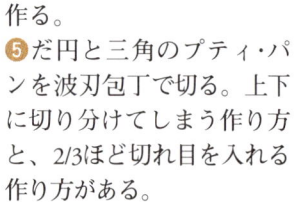

作り方
❶ムース・ドゥ・フォワを作る。
❷ロックフォールチーズのムースを作る。
❸サーモンの燻製のムースを作る。
❹ハーブとクリームチーズを作る。
❺だ円と三角のプティ・パンを波刃包丁で切る。上下に切り分けてしまう作り方と、2/3ほど切れ目を入れる作り方がある。
❻星口金をつけた絞り袋で、ていねいに美しく具を絞る。
❼丸いプティ・パンの切り分けた上の生地は丸抜き型で抜いて形をととのえてからのせる。

【ポイント】
●内側にバターを塗る必要はない。
●絞る量はプティ・パン1個（焼く前の生地10g）につき、同量の10gくらい。食べやすさを考え、多すぎないようにすること。

Chapitre. 6

第6章

カナッペ

Les canapés

トゥレトゥールの技術力と個性を十分に発揮できるのが、カナッペです。「どのようなカナッペを作るかでその職人の腕前がわかる」とさえ言われます。
カナッペを作るのはいとも簡単に見えますが、おいしく、しかも美しいカナッペを作るためには、材料をよく吟味し、見ためと味わいのバランスが取れる組み合わせを考え、仕上げのグラッサージュをきちんとすることが大切です。また、多量に作る場合、準備段階においては、予算や経済性を十分に考えて内容を決めるようにしましょう。製作時間の段取りをよくするためにも、プログラム化することをおすすめします。

第6章 カナッペ
Chapitre. 6 – Les canapés

A Les canapés カナッペ

ポイント
Point

材料

〈パン〉
カナッペの台になるものは、パン・ドゥ・ミで作るのが一般的ですが、場合によってはその他のパンを使うこともあります。その場合、身が詰まっていてすだちが小さく、やわらかいものが適しています。

〈ジュレ〉
カナッペに具をのせてからその上に薄くジュレを塗ると、表面が保護されて新鮮さを保つことができます。ジュレは、やわらかい刷毛を使い、具を傷つけないよう注意して塗りましょう。ジュレには、具とのハーモニーを考えて香りをつけます。アニス風味のジュレ・ドゥ・ポワソン、エストラゴン風味のジュレ・ドゥ・ヴォライユ、そしてマデラ酒、シェリー酒、ポルト酒風味などのジュレを作ります。

〈ガルニチュール〉
カナッペ作りの材料は無数にあります。それらをうまく組み合わせれば、とてもバラエティに富んだ、見て美しく、食べておいしいカナッペができ上がります。

● 生野菜
旬のもので傷がなく、よく熟したものを選びます。大きすぎる野菜は、身のしまりが悪く、香りも弱いので小ぶりな方がよいでしょう。

● 茹で野菜
ていねいに汚れを落としてたっぷりの水で洗い流し、沸騰した湯に塩を少々入れて茹でます。
野菜の自然な色を出すため、錫メッキしていない銅鍋を使います。アスパラガス、パルミエ（椰子）の芯、ブロッコリーなどは、缶詰やビン詰を使ってもよいでしょう。

● フルーツ
傷がなく熟したものを選びます。酸味や味わいの具合も考慮しましょう。

● 魚
[燻製]
サーモン、ウナギ、マスなどがありますが、香りの高いものを選びます。

[マリネ]
既成のビン詰などのマリネしてあるものでもよいでしょう。その場合は、乾燥していないか、香りはどうかチェックします。自分でマリネする場合は、そのための時間をあらかじめ考えます。

[鮮魚]
できるだけ使う直前に購入し、砕いた氷を敷き詰めた上にのせておき、鮮度を保ちます。

[魚の卵]
通常は缶詰、ビン詰になったものを使います。価格は高めなので、原価のバランスを考えて使うことが大切です。

● 卵
鮮度のよいものを使います。

● ハム、ソーセージ類
上質で新鮮なものを選びます。

● チーズ
熟成がちょうどよいものを選びますが、あまりにも癖の強いチーズでは他のカナッペと釣り合いが取れないので注意します。

[単独で使うもの]
コンテ
[Comté]

ボーフォール
[Beaufort]

シェーヴル
[Chèvre]

[ミックスして使うもの]
ロックフォール
[Roquefort]

パルメザン
[Parmesane]

ゴルゴンゾーラ
[Gorgonzola]

クレーム・ドゥ・フロマージュ
ハーブ入りフレッシュチーズ

第6章　カナッペ

Chapitre. 6 – Les canapés

A Les canapés カナッペ

作り方
＜パン＞

パンは焼いて24時間たち、ほどよいかたさになってから、波刃包丁か、パン・ドゥ・ミ専用のスライサーを使ってスライスします。厚さに決まりはありませんが、6mm前後が一般的です。
スライスしたパンは、ラップか濡らした硫酸紙に包んで乾燥を防ぎます。

丸やひし形、ハートなどの型で抜くか、包丁で正方形や長方形に切ります。
はじめにブール・サレなどを塗り、冷蔵庫に入れてかためてから耳を切り落とすときれいに切ることができます。

型抜きしたカナッペの台にブール・サレなどを塗ったら、乾燥を防ぐため、濡らした硫酸紙の上に並べておきます。カナッペによっては、パンに溶かしバターを塗ってからオーブンで濃い焼き色をつけ、カリカリになるまで焼くこともあります。このような場合は、濡らした紙の上においてはいけません。

165

第6章　カナッペ

Chapitrer.6 – Les canapés

A Les canapés カナッペ

ドゥニ・リュッフェルの57種類のカナッペ

Les 57canapés de Denis Ruffel

舌平目とカワカマスのムース/フレッシュサーモン/サーモンの燻製/サーディン/ツナ/アンコウ/ウナギの燻製/ニシンの酢漬け/カニ/エビ/ムール貝/姫ホタテ貝/キャビア/アンコウの卵/イクラ/アンチョビ/タラマ/マスの燻製/サーモンのムース
左から右、上から下へ

トマト/ズッキーニ/ラディッシュ/きゅうり/チェリートマト/かぶ/さやいんげん/アスパラガスの穂先/アーティチョークの芯/ブロッコリー/パルミエ(椰子)の芯/ベビーコーン/シャンピニオン/ピーマン/マセドワーヌ
左から右、上から下へ

茹で卵/うずらの卵/卵のムースリーヌ/ロースハム/生ハム/牛舌/にんにく入りソーセージ/乾燥ソーセージ/腸詰/ムース・ドゥ・フォワ/ムース・ドゥ・カナール/フォワ・グラ/ブーダンとりんご/ミニョネットゥ
左から右、上から下へ

コンテチーズ/ロックフォール/パルメザン/ゴルゴンゾーラ/マンステール/フレッシュチーズとシブレットゥ/フレッシュチーズとクルミ/フレッシュチーズとパプリカ/プティ・シェーヴル
左から右、上から下へ

Chapitre. 6 – Les canapés

A Les canapés カナッペ

カナッペ名	主材料
1. 舌平目とカワカマスのムース	魚（生）
2. フレッシュサーモン	魚（生）
3. サーモンの燻製	魚（燻製）
4. サーディン	魚（缶詰）
5. ツナ	魚（缶詰）
6. アンコウ	魚（生）＋柑橘類
7. ウナギの燻製	魚（燻製）
8. ニシンの酢漬け	魚（半貯蔵）
9. カニ	甲殻類
10. エビ	甲殻類
11. ムール貝	甲殻類
12. 姫ホタテ貝	甲殻類
13. キャビア	魚の卵
14. アンコウの卵	魚の卵
15. イクラ	魚の卵
16. アンチョビ	魚（半貯蔵）
17. タラマ	魚の卵
18. マスの燻製	魚（燻製）
19. サーモンのムース	魚（燻製）
20. 茹で卵	卵
21. うずらの卵	卵
22. 卵のムースリーヌ	卵
23. ロースハム	シャルキュトゥリー（ハム・ソーセージ類）
24. 生ハム	シャルキュトゥリー（ハム・ソーセージ類）
25. 牛舌	シャルキュトゥリー（ハム・ソーセージ類）
26. にんにく入りソーセージ	シャルキュトゥリー（ハム・ソーセージ類）
27. 乾燥ソーセージ	シャルキュトゥリー（ハム・ソーセージ類）
28. 腸詰	シャルキュトゥリー（ハム・ソーセージ類）
29. ムース・ドゥ・フォワ	缶詰
30. ムース・ドゥ・カナール	家禽の肉
31. フォワ・グラ	缶詰
32. ブーダンとりんご	ブーダン（血あいのソーセージ）＋果物
33. ミニョネットゥ	ミニ・ブーダン
34. トマト	野菜
35. ズッキーニ	野菜
36. ラディッシュ	野菜
37. きゅうり	野菜
38. チェリートマト	野菜
39. かぶ	野菜
40. さやいんげん	野菜
41. アスパラガスの穂先	野菜（缶詰）
42. アーティチョークの芯	野菜（缶詰）
43. ブロッコリー	野菜
44. パルミエの芯	野菜（缶詰）
45. ベビーコーン	野菜
46. シャンピニオン	野菜
47. ピーマン	野菜
48. マセドワーヌ	野菜
49. コンテチーズ	チーズ
50. ロックフォール	チーズ
51. パルメザン	チーズ
52. ゴルゴンゾーラ	チーズ
53. マンステール	チーズ
54. フレッシュチーズとシブレットゥ	チーズ
55. フレッシュチーズとクルミ	チーズ
56. フレッシュチーズとパプリカ	チーズ
57. プティ・シェーヴル	チーズ

第6章 カナッペ

Chapitrer.6 – Les canapés

A Les canapés カナッペ

1 舌平目とカワカマスのムースのカナッペ

Canapés de sole mousse aux herbes

器具
フードプロセッサー、糸、銅鍋、丸抜き型（直径5cm）、刷毛、プティ・クトー、パレットナイフ（小）、たこ糸、こし器

材料
＜ポピエットゥ＞
舌平目のフィレ
フュメ・ドゥ・ポワソン
材料と作り方は1章参照。

カワカマスの切り身 100g
（舌平目でも可）
生クリーム......................100g
（乳脂肪分35%）
卵..1個
ハーブのみじん切り
............................大さじ2杯分
（セルフイユ、エストラゴン、シブレットゥ）
塩
カイエンヌペッパー

＜ジュレ＞
ジュレ・ドゥ・ポワソン
（材料と作り方は1章参照）
アニス酒
（好みで加えてもよい）

＜パン・ドゥ・ミ＞
材料と作り方は3章参照。

＜ブール・サレ＞
材料と作り方は 5章1 ハムのサンドウィッチ参照。

サフラン入りマイヨネーズ

レモンとライムの皮

作り方
＜ポピエットゥ＞
❶できれば前日に作っておく。半冷凍のカワカマスをフードプロセッサーにかけてペースト状にし、ボウルにあけて生クリーム、卵を加えこし器でこす。
❷氷水にあててよく冷しながら、木べらで少し強めに混ぜ、塩、カイエンヌペッパーを加え、刻んだハーブを混ぜる。
❸舌平目のフィレの皮の面に、厚さ3〜4mmに❷を塗り、細い方から巻く。
❹ラップでキャンディのようにきっちりと包み、両端を強くたこ糸でしばる。
❺冷たいフュメ・ドゥ・ポワソンか水から加熱し、80℃で6〜8分茹でる。

＜組み立てと仕上げ＞
❶パン・ドゥ・ミにブール・サレを塗り、さらにパレットナイフでサフラン入りマイヨネーズを塗る。
❷ハーブ入り舌平目のポピエットゥを厚さ3mmに切り、のせる。
❸ジュレを塗る。
❹別々に茹でたレモンとライムの細切りを重ねて飾り、もう1度ジュレを塗る。

第6章 カナッペ

Chapitre.6 – Les canapés

A　Les canapés カナッペ

2 フレッシュサーモンのカナッペ
Canapés au saumon frais

3 サーモンの燻製のカナッペ
Canapés au saumon fumé

器具
丸抜き型(直径5cm)、パレットナイフ(小)、鍋、キャスロール

材料
サーモンの細長い切り身
フュメ・ドゥ・ポワソン
(材料と作り方は1章参照)

ジロール茸
バター

＜パン・ドゥ・ミ＞
材料と作り方は3章参照。

＜ブール・サレ＞
材料と作り方は5章1 ハムのサンドウィッチ参照。

エストラゴン入りマイョネーズ
エストラゴンの葉

＜ジュレ＞
材料と作り方は1 舌平目とカワカマスのムースのカナッペ参照。

作り方
❶ サーモンの切り身を冷たいフュメ・ドゥ・ポワソンか水から加熱し、80℃で茹でる。
❷ ジロール茸をバターで炒める。
❸ パン・ドゥ・ミにブール・サレを塗り、さらにパレットナイフでエストラゴン入りマイョネーズを塗る。
❹ サーモンとジロール茸をのせる。
❺ ジュレを塗る。
❻ エストラゴンの葉を1枚のせる。
❼ もう1度ジュレを塗る。

器具
丸抜き型(直径5cm)、パレットナイフ(小)、コルネ、刷毛

材料
厚さ2mmのサーモンの燻製

＜パン・ドゥ・ミ＞
材料と作り方は3章参照。

＜ブール・サレ＞
材料と作り方は5章1 ハムのサンドウィッチ参照。

レモン

セルフイユの葉

＜ジュレ＞
材料と作り方は1 舌平目とカワカマスのムースのカナッペ参照。

作り方
❶ サーモンの燻製をパン・ドゥ・ミと同じ大きさに切る。
【ポイント】
サーモンの燻製はスライスする前に軽く冷凍しておくと切りやすい。
❷ パン・ドゥ・ミにブール・サレを塗る。
❸ レモンを薄切りにして皮をはずして小さな三角形に切る。
❹ パン・ドゥ・ミに、❶をのせ、耳を切り落とし、5cm×4.5cmに切る。
❺ コルネにブール・サレを入れ、写真のように絞る。
❻ ジュレを塗る。
❼ カナッペの角にレモンをおき、その対角にセルフイユの葉をおく。
❽ もう1度ジュレを塗る。

第6章　カナッペ

Chapitrer.6 – Les canapés

A Les canapés カナッペ

4 サーディンのカナッペ
Canapés à la sardine

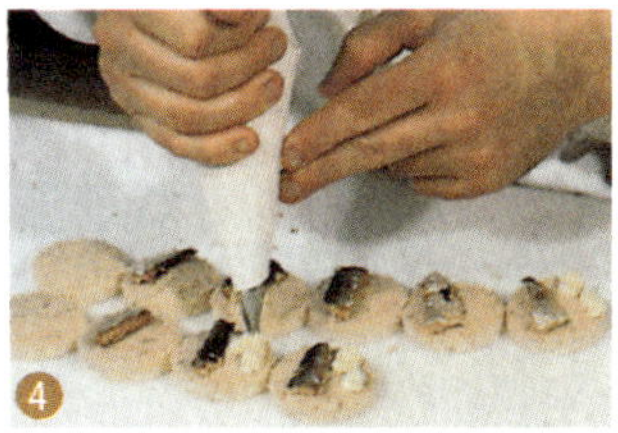

5 ツナのカナッペ
Canapés au thon

---

4 サーディンのカナッペ

器具
丸抜き型(直径5cm)、木べら、パレットナイフ(小)、星口金(直径7mm切れ数8)、絞り袋

材料
オイルサーディン(缶詰)

＜サルディヌバター＞
オイルサーディン(缶詰)
ポマード状バター
塩、胡椒

＜パン・ドゥ・ミ＞
材料と作り方は3章参照。

＜ブール・サレ＞
材料と作り方は5章1 ハムのサンドウィッチ参照。

ケッパー

作り方
❶サルディヌバターはオイルサーディンの身を木べらですりつぶし、同量のポマード状バターを加え混ぜ、塩、胡椒で調味する。
❷パン・ドゥ・ミに、パレットナイフでサルディヌバターを厚さ3mmのドーム状に塗る。
❸オイルサーディンをのせる。
❹ブール・サレを絞り、ケッパーを1つのせる。

---

5 ツナのカナッペ

器具
丸抜き型(直径5cm)、パレットナイフ(小)

材料
＜ツナマヨネーズ＞
ツナ
マヨネーズ
パセリ
カレー粉

＜パン・ドゥ・ミ＞
材料と作り方は3章参照。

＜ブール・サレ＞
材料と作り方は5章1 ハムのサンドウィッチ参照。

小玉ねぎの酢漬け
パセリの葉

作り方
❶ツナマヨネーズはツナをフォークでほぐし、ツナ1に対してマヨネーズ4の割合で混ぜる。
❷パセリのみじん切りと、カレー粉で調味する。
❸パン・ドゥ・ミにごく薄くブール・サレを塗る。
❹パレットナイフでツナマヨネーズをドーム状に塗る。
❺ドームの上に小玉ねぎの酢漬けの輪切りをおき、その上にパセリの葉をのせる。

第6章 カナッペ

Chapitre.6 − Les canapés

A Les canapés カナッペ

6 アンコウのカナッペ
Canapés au médaillon de lotte

器具
丸抜き型（直径5cm）、糸、銅鍋、パレットナイフ（小）、刷毛、星口金（直径7mm切れ数8）、絞り袋

材料
アンコウ
フュメ・ドゥ・ポワソン
（材料と作り方は1章参照）

オレンジ

＜パン・ドゥ・ミ＞
材料と作り方は3章参照。

＜ブール・サレ＞
材料と作り方は5章1 ハムのサンドウィッチ参照。

マイヨネーズ
トマトゥ・コンサントゥレ
グリーンペッパー（塩漬け）

＜ジュレ・ドゥ・ポワソン＞
フュメ・ドゥ・ポワソン
板ゼラチン

作り方
❶ アンコウは開いて骨を取り、3枚におろす。
❷ 切り身の後ろ半分（薄い方）を巻いて、ラップでキャンディのようにきっちりと包み、両端を強くたこ糸でしばる。
❸ 冷たいフュメ・ドゥ・ポワソンか水から加熱し、軽く弾力が出るくらいに茹でてさます。
❹ 厚さ3mmの薄切りにする。
❺ オレンジは皮をむき、袋から切り出して薄切りにする。
❻ パン・ドゥ・ミにごく薄くブール・サレを塗る。
❼ パレットナイフで、マイヨネーズとトマトゥ・コンサントゥレを混ぜて、❻に少し塗る。
❽ 茹でたアンコウをのせる。
❾ 横に❺をのせる。
❿ ブール・サレを絞り、その上にグリーンペッパーの粒をのせる。
⓫ ジュレ・ドゥ・ポワソンを塗る。

7 ウナギの燻製のカナッペ
Canapés d'anguille fumée

器具
丸抜き型（直径5cm）、フードプロセッサー、こし器、パレットナイフ（小）、星口金（直径7mm切れ数8）、絞り袋

材料
ウナギの燻製

＜ウナギの燻製のバター＞
ウナギの燻製
バター
塩、胡椒

＜パン・ドゥ・ミ＞
材料と作り方は3章参照。

＜ブール・サレ＞
材料と作り方は5章1 ハムのサンドウィッチ参照。

ラディッシュ

作り方
❶ ウナギの燻製バターは、ウナギの燻製をすりつぶしたもの1に対してバター4の割合で混ぜ、目の細かいこし器にかける。
❷ 塩、胡椒で調味する。
❸ パン・ドゥ・ミにごく薄くブール・サレを塗る。
❹ パレットナイフで❶を塗る。
❺ その上に、ウナギの燻製の皮と骨を取り除いてのせる。
❻ ブール・サレを絞り、ラディッシュの薄切りをのせる。

第6章 カナッペ

Chapitrer.6 – Les canapés

A　Les canapés カナッペ

8　ニシンの酢漬けのカナッペ
Canapés harengs au vinaigre

器具
丸抜き型（直径5cm）、マンドリーヌ、銅鍋、パレットナイフ（小）、刷毛

材料
ニシンの酢漬け
にんじん

＜パン・ドゥ・ミ＞
材料と作り方は3章参照。

＜ブール・サレ＞
材料と作り方は5章1 ハムのサンドウィッチ参照。

マヨネーズ

セルフイユの葉

＜ジュレ＞
材料と作り方は1 舌平目とカワカマスのムースのカナッペ参照。

作り方
❶ニシンの酢漬けはひし形に切る。
❷マンドリーヌで切ったにんじんを茹でてゴーフレットゥを作る。
❸パン・ドゥ・ミにごく薄くブール・サレを塗り、さらにマヨネーズを塗る。
❹ニシンの酢漬けとにんじんのゴーフレットゥをのせる。
❺セルフイユの葉をのせて、ジュレを塗る。

9　カニのカナッペ
Canapés au crabe

器具
丸抜き型（直径5cm）、こし器、パレットナイフ（小）、丸口金（直径12mm）、絞り袋、刷毛

材料
＜アヴォカドのムース＞
アヴォカドの果肉.........250g
レモン汁.....................数滴
板ゼラチン.......................2枚
生クリーム.....................100g
塩
カイエンヌペッパー

＜パン・ドゥ・ミ＞
材料と作り方は3章参照。

＜ブール・サレ＞
材料と作り方は5章1 ハムのサンドウィッチ参照。

マヨネーズ

カニ
イクラ

＜ジュレ＞
材料と作り方は1 舌平目とカワカマスのムースのカナッペ参照。

作り方
＜アヴォカドのムース＞
❶板ゼラチンを冷水で30分ほどふやかしておく。湯煎にかけて溶かす。
❷アヴォカドの果肉は、目の細かいこし器にかけ、レモン汁を加え、❶を加え混ぜる。
❸前もって8分に泡立てておいた生クリームを❷と混ぜる。
❹塩、カイエンヌペッパーで調味する。

❶カニはほぐしておく。
❷パン・ドゥ・ミにごく薄くブール・サレを塗り、さらに薄くマヨネーズを塗る。
❸中心にアヴォカドのムースを直径3cmくらいに絞る。
❹まわりにカニを散らす。
❺イクラをアヴォカドのムースの上にのせ、ジュレを塗る。

第6章 カナッペ

Chapitre.6 – Les canapés

A Les canapés カナッペ

10 エビのカナッペ
Canapés de crevettes

11 ムール貝のカナッペ
Canapés de moules

器具
丸抜き型（直径5cm）、星口金（直径7mm切れ数8）、絞り袋、コルネ、刷毛

材料
<オーロラ風バター>
バター 100g
トマトゥ・コンサントゥレ ... 20g
コニャックかウォッカ... 数滴
塩、胡椒
パプリカ

エビ

<パン・ドゥ・ミ>
材料と作り方は3章参照。

<ブール・サレ>
材料と作り方は5章1 ハムのサンドウィッチ参照。

黒オリーブ
トマトゥ・コンサントゥレ

<ジュレ>
材料と作り方は1舌平目とカワカマスのムースのカナッペ参照。

作り方
❶ オーロラ風バターのすべての材料を混ぜ合わせる。
❷ エビの殻をむく。
❸ 黒オリーブを丸く切った小片をのせる。
❹ パン・ドゥ・ミに❶を塗る。
❺ エビを3尾のせる。
❻ ブール・サレを絞り、真ん中のブール・サレに、オリーブをのせる。
❼ まわりのブール・サレの上に、コルネでトマトゥ・コンサントゥレを絞る。
❽ ジュレを塗る。

器具
丸抜き型（直径5cm）、厚底片手鍋、パレットナイフ（小）、星口金（直径7mm切れ数8）、絞り袋、銅鍋、刷毛

材料
<ムール貝のマリニエール>
材料と作り方は4章23 ムール貝のクルスタッドゥ参照。

<パン・ドゥ・ミ>
材料と作り方は3章参照。

<ブール・サレ>
材料と作り方は5章1 ハムのサンドウィッチ参照。

カレー入りマヨネーズ

赤ピーマン
シブレットゥ

<ジュレ>
材料と作り方は1舌平目とカワカマスのムースのカナッペ参照。

作り方
❶ パン・ドゥ・ミにごく薄くブール・サレを塗り、さらに薄くカレー入りマヨネーズを塗る。
❷ ムール貝2個を扇のようにおく。
❸ ブール・サレを絞る。
❹ 茹でた赤ピーマンをひし形に切ったものと、シブレットゥのみじん切りをのせる。
❺ ジュレを塗る。

第6章 カナッペ

Chapitrer.6 – Les canapés

A Les canapés カナッペ

12 姫ホタテ貝のカナッペ
Canapés au pétoncle

13 キャビアのカナッペ
Canapés au caviar

器具
丸抜き型(直径5cm)、パレットナイフ(小)、銅鍋、星口金(直径7mm切れ数8)、絞り袋、コルネ

材料
フュメ・ドゥ・ポワソン
(材料と作り方は1章参照)

姫ホタテ貝

ポロねぎの青い部分

〈パン・ドゥ・ミ〉
材料と作り方は3章参照。

〈ブール・サレ〉
材料と作り方は5章1 ハムのサンドウィッチ参照。

マイヨネーズ

トマトゥ・コンサントゥレ

〈ジュレ〉
材料と作り方は1 舌平目とカワカマスのムースのカナッペ参照。

作り方
❶姫ホタテ貝を、冷たいフュメ・ドゥ・ポワソンか水から加熱して茹でる。
❷ポロねぎの青い部分を茹でておく。
❸パン・ドゥ・ミにごく薄くブール・サレを塗り、さらに薄くマイヨネーズを塗る。
❹三角に切ったポロねぎの青い部分をのせる。
❺茹でた姫ホタテ貝をのせ、ブール・サレを絞る。
❻コルネでトマトゥ・コンサントゥレを絞る。
❼ジュレを塗る。

器具
丸抜き型(直径5cm)、パレットナイフ、リング(直径4cm)、プティ・クトー

材料
キャビア
レモン

〈パン・ドゥ・ミ〉
材料と作り方は3章参照。

溶かしバター

作り方
❶レモンを薄切りにして皮をはずし、小さな三角形に切る。
❷パン・ドゥ・ミの両面に溶かしバターを塗り、オーブンでキツネ色に焼く。
❸量と形を揃えるために、リングを使ってキャビアを盛る。
❹レモンをのせる。

第6章　カナッペ

Chapitre. 6 – Les canapés

A Les canapés　カナッペ

14 アンコウの卵のカナッペ
Canapés œufs de lump

器具
丸抜き型（直径5cm）、パレットナイフ（小）、リング（直径4cm）

材料
アンコウの卵（ビン詰）
レモン

〈パン・ドゥ・ミ〉
材料と作り方は3章参照。

〈ブール・サレ〉
材料と作り方は5章1 ハムのサンドウィッチ参照。

作り方
❶レモンを薄切りにして皮をはずし、小さな三角形に切る。
❷パン・ドゥ・ミに薄くブール・サレを塗り、冷蔵庫に入れてかためる。
【ポイント】
冷蔵庫に入れてかためるのは、リングにブール・サレがつかないようにするため。
❸ブール・サレがかたまったらリングをのせ、アンコウの卵を中に入れる。
❹レモンをのせる。

15 イクラのカナッペ
Canapés œufs de saumon

器具
丸抜き型（直径5cm）、パレットナイフ（小）、星口金（直径7mm切れ数8）、絞り袋、コルネ、プティ・クトー

材料
イクラ
レモン

〈パン・ドゥ・ミ〉
材料と作り方は3章参照。

〈ブール・サレ〉
材料と作り方は5章1 ハムのサンドウィッチ参照。

マイョネーズ

トマトゥ・コンサントゥレ

作り方
❶レモンを薄切りにして皮をはずし、小さな三角形に切る。
❷パン・ドゥ・ミにごく薄くブール・サレを塗り、さらにマイョネーズを塗る。
❸ブール・サレをだ円に絞る。
❹だ円の中にイクラを入れる。
❺飾りに小さくブール・サレを絞り、その上にコルネでトマトゥ・コンサントゥレを絞る。
❻レモンをのせる。

第6章 カナッペ

Chapitrer.6 – Les canapés

A Les canapés カナッペ

16 アンチョビのカナッペ
Canapés aux anchois

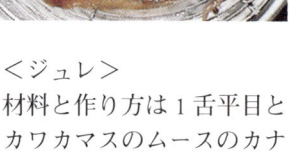

17 タラマのカナッペ
Canapés au tarama

器具
フードプロセッサー、パレットナイフ（小）、丸口金（直径3mm）、丸抜き型（直径5cm）、星口金（直径7mm切れ数8）、絞り袋、刷毛、コルネ

材料
<アンチョビバター>
アンチョビ（缶詰）
バター

アンチョビの切り身（缶詰）
茹で卵

<パン・ドゥ・ミ>
材料と作り方は3章参照。

<ブール・サレ>
材料と作り方は5章1 ハムのサンドウィッチ参照。

赤ピーマン
トマトゥ・コンサントゥレ

<ジュレ>
材料と作り方は1 舌平目とカワカマスのムースのカナッペ参照。

作り方
❶アンチョビバターは、アンチョビをすりつぶしたものの1に対してバター4の割合で混ぜる。
❷アンチョビの切り身は、縦半分に切る。
❸赤ピーマンを、丸口金の先で抜いて魚の目にする。
❹パン・ドゥ・ミにアンチョビバターを2mmの厚さに塗る。
❺アンチョビの切り身を魚の型におき、内側に茹で卵のみじん切りをのせる。
❻赤ピーマンを魚の目の位置にのせる。
❼ブール・サレを絞る。
❽アクセントにトマトゥ・コンサントゥレをコルネで絞る。
❾ジュレを塗る。

器具
丸抜き型（直径5cm）、パレットナイフ（小）

材料
<タラマ>
タラやボラの卵の塩漬け
..................200g
レモン汁..................10g
サラダ油..................30g
生クリーム..................60g
（乳脂肪分35%）
塩、胡椒

<パン・ドゥ・ミ>
材料と作り方は3章参照。

溶かしバター

ライムの皮

作り方
❶タラマのすべての材料を混ぜ合わせる。
❷ライムは皮を細切りにして茹でておく。
❸パン・ドゥ・ミの両面に溶かしバターを塗り、オーブンでキツネ色に焼く。
❹❶をドーム状に塗り、中心をパレットナイフで少し平らにする。
❺ライムの皮を飾る。

第6章　カナッペ

Chapitre.6 – Les canapés

A　Les canapés　カナッペ

18　マスの燻製のカナッペ
Canapés mousse de truite fumée

19　サーモンのムースのカナッペ
Canapés mousse de saumon

18

器具
丸抜き型（直径5cm）、パレットナイフ（小）、フードプロセッサー、こし器、刷毛

材料
マスの燻製の切り身
ポロねぎの白い部分
（生のまま）

＜マスの燻製のバター＞
マスの燻製
バター
塩、胡椒

＜パン・ドゥ・ミ＞
材料と作り方は3章参照。

茹で卵

＜ジュレ＞
材料と作り方は1舌平目とカワカマスのムースのカナッペ参照。

作り方
❶マスの燻製のバターは、マスの燻製をすりつぶしたもの1に対してバター4の割合で混ぜ、目の細かいこし器にかけ、塩、胡椒で調味する。
❷マスの燻製の切り身をひし形に切る。
❸ポロねぎを輪切りにする。
❹茹で卵は、白身と黄身を別々にみじん切りにする。
❺パン・ドゥ・ミに小さなパレットナイフで❶を塗る。
❻❷をのせる。
❼両脇に、ポロねぎの白い部分の輪切りを半分に切ってのせる。
❽茹で卵の白身と黄身をひし形の両端にのせる。
❾ジュレを塗る。

19

器具
丸抜き型（直径5cm）、星口金（直径10mm切れ数8）、絞り袋、刷毛

材料
＜サーモンの燻製のムース＞
材料と作り方は3巻3章舌平目のファルシ参照。

＜パン・ドゥ・ミ＞
材料と作り方は3章参照。

＜ブール・サレ＞
材料と作り方は5章1ハムのサンドウィッチ参照。

イクラ
アネットゥの葉

＜ジュレ＞
材料と作り方は1舌平目とカワカマスのムースのカナッペ参照。

作り方
❶パン・ドゥ・ミにブール・サレを塗る。
❷サーモンの燻製のムースをバラの形に絞る。
❸イクラとアネットゥの葉をのせる。
❹ジュレを塗る。

177

第6章 カナッペ

Chapitrer.6 – Les canapés

A Les canapés カナッペ

20 茹で卵のカナッペ
Canapés œuf dur

21 うずらの卵のカナッペ
Canapés œuf de caille

器具
丸抜き型（直径5cm）、パレットナイフ（小）、星口金（直径7mm切れ数8）、絞り袋、丸抜き型（直径1cm）、刷毛

材料
茹で卵
（1個でカナッペ5個分）
トゥリュフ

＜パン・ドゥ・ミ＞
材料と作り方は3章参照。

＜ブール・サレ＞
材料と作り方は5章1 ハムのサンドウィッチ参照。

マヨネーズ

＜ジュレ＞
ジュレ・ドゥ・ヴォライユかジュレ・ドゥ・ヴィアンドゥ（材料と作り方は1章参照）

作り方
❶ トゥリュフを丸く抜く。
❷ 茹で卵を薄い輪切りにする。
❸ パン・ドゥ・ミにごく薄くブール・サレを塗り、さらにマヨネーズを薄く塗る。
❹ 茹で卵の輪切りをのせ、マヨネーズを絞る。
❺ トゥリュフをのせる。
❻ ジュレを塗る。

器具
丸抜き型（直径5cm）、刷毛、パレットナイフ（小）、星口金（直径7mm切れ数8）、絞り袋、刷毛

材料
うずらの茹で卵（ビン詰でも可）

＜パン・ドゥ・ミ＞
材料と作り方は3章参照。

＜ブール・サレ＞
材料と作り方は5章1 ハムのサンドウィッチ参照。

マヨネーズ

セルフイユの葉
アンコウの卵

＜ジュレ＞
ジュレ・ドゥ・ヴォライユかジュレ・ドゥ・ヴィアンドゥ（材料と作り方は1章参照）

作り方
❶ うずらの茹で卵を縦半分に切る。
❷ パン・ドゥ・ミにごく薄くブール・サレを塗り、さらにマヨネーズを薄く塗る。
❸ うずらの茹で卵を、切り口が上になるようにのせる。
❹ 卵のまわりにマヨネーズを絞る。
❺ セルフイユの葉をのせ、マヨネーズの上にアンコウの卵を飾る。
❻ ジュレを塗る。

第6章　カナッペ

Chapitre.6 – Les canapés

A　Les canapés　カナッペ

22　卵のムースリーヌのカナッペ
Canapés œuf mousseline

23　ロースハムのカナッペ
Canapés jambon blanc

器具
丸抜き抜型（直径5cm）、こし器、パレットナイフ（小）、星口金（直径7mm切れ数8）、絞り袋、リング（直径4cm）、刷毛

材料
茹で卵

マヨネーズ
パセリ

〈パン・ドゥ・ミ〉
材料と作り方は3章参照。

〈ブール・サレ〉
材料と作り方は5章1 ハムのサンドウィッチ参照。

ケッパー

〈ジュレ〉
材料と作り方は 1 舌平目とカワカマスのムースのカナッペ参照。

作り方
❶ 茹で卵の白身と黄身を別々に裏ごしする。
❷ マヨネーズにパセリのみじん切りを混ぜる。
❸ パン・ドゥ・ミにごく薄くブール・サレを塗り、さらにマヨネーズを薄く塗る。
❹ リングをのせ、❷を内側に丸く絞る。
❺ リングをはずし、まわりに裏ごしした白身をのせ、内側に裏ごしした黄身をのせる。
❻ 中心にケッパーをのせ、ジュレを塗る。

器具
刷毛、コルネ

材料
ロースハム

〈パン・ドゥ・ミ〉
材料と作り方は3章参照。

〈ブール・サレ〉
材料と作り方は5章1 ハムのサンドウィッチ参照。
ピクルス

〈ジュレ〉
ジュレ・ドゥ・ヴォライユかジュレ・ドゥ・ヴィアンドゥ（材料と作り方は1章参照）

作り方
❶ パン・ドゥ・ミにブール・サレを塗る。
❷ ロースハムは、厚さ2mmでパン・ドゥ・ミと同じ大きさに切ってのせる。
❸ パン・ドゥ・ミの耳を切り落とし、5cm×4.5cmに切る。
❹ ピクルスを縦半分に切って、さらに扇型の飾り切りにする。
❺ ロースハムの上に、ピクルスをのせる。
❻ コルネでブール・サレを絞る。
❼ ジュレを塗る。

179

第6章　カナッペ

Chapitrer.6 – Les canapés

A　Les canapés　カナッペ

24　生ハムのカナッペ
Canapés jambon de Parme

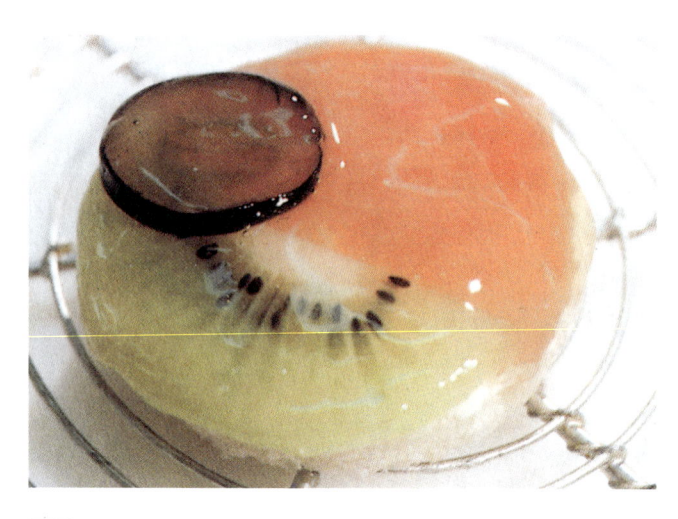

25　牛舌のカナッペ
Canapés langue écarlate

24

器具
丸抜き型（直径5cm）、刷毛

材料
生ハム
キウイ

〈パン・ドゥ・ミ〉
材料と作り方は3章参照。

〈ブール・サレ〉
材料と作り方は5章1 ハムのサンドウィッチ参照。

黒ブドウ

〈ジュレ〉
ジュレ・ドゥ・ヴォライユかジュレ・ドゥ・ヴィアンドゥ（材料と作り方は1章参照）

作り方
❶生ハムは、厚さ1mmにスライスし、丸抜き型で抜いて、半分に切る。
❷キウイは、厚さ2mmにスライスし、皮をむいて輪切りにし、半分に切る。
❸パン・ドゥ・ミにブール・サレを塗る。
❹生ハムを2枚重なるようにのせる。
❺生ハムの横にキウイの輪切りをのせる。
❻黒ブドウの薄切りを飾る。
❼ジュレを塗る。

25

器具
丸抜き型（直径5cm）、星口金（直径7mm切れ数8）、絞り袋、刷毛

材料
牛舌の塩漬け

〈パン・ドゥ・ミ〉
材料と作り方は3章参照。

バター

〈ブール・サレ〉
材料と作り方は5章1 ハムのサンドウィッチ参照。

ケッパー
小玉ねぎの酢漬け

〈ジュレ〉
ジュレ・ドゥ・ヴォライユかジュレ・ドゥ・ヴィアンドゥ（材料と作り方は1章参照）

作り方
❶パン・ドゥ・ミにバターを塗る。
❷牛舌は、厚さ2mmにスライスし、パン・ドゥ・ミと同じ大きさの丸抜き型で抜いてのせる。
❸ブール・サレを絞り、ケッパーを1つのせる。
❹小玉ねぎの酢漬けの薄切りをのせる。
❺ジュレを塗る。

Chapitre. 6 – Les canapés

A Les canapés カナッペ

26 にんにく入りソーセージのカナッペ
Canapés saucisson à l'ail

器具
丸抜き型（直径5cm）、星口金（直径7mm切れ数8）、絞り袋、刷毛

材料
にんにく入りソーセージ

＜パン・ドゥ・ミ＞
材料と作り方は3章参照。

＜ブール・サレ＞
材料と作り方は5章1 ハムのサンドウィッチ参照。

黒オリーブ
小玉ねぎの酢漬け

＜ジュレ＞
ジュレ・ドゥ・ヴォライユかジュレ・ドゥ・ヴィアンドゥ（材料と作り方は1章参照）

作り方
① パン・ドゥ・ミにブール・サレを塗る。
② にんにく入りソーセージをパン・ドゥ・ミと同じ大きさの型で抜いてのせる。
③ ブール・サレを絞り、黒オリーブを丸く切った小片をのせる。
④ 小玉ねぎの酢漬けの薄切りをのせる。
⑤ ジュレを塗る。

27 乾燥ソーセージのカナッペ
Canapés saucisson sec

器具
丸抜き型2種（直径4cmと5cm）、コルネ、刷毛

材料
乾燥ソーセージ

＜パン・ドゥ・ミ＞
材料と作り方は3章参照。

＜ブール・サレ＞
材料と作り方は5章1 ハムのサンドウィッチ参照。

ピクルス

＜ジュレ＞
ジュレ・ドゥ・ヴォライユかジュレ・ドゥ・ヴィアンドゥ（材料と作り方は1章参照）

作り方
① 乾燥ソーセージをスライスし、パン・ドゥ・ミよりも少し小さい丸抜き型（直径4cm）で抜く。
② ピクルスを輪切りにする。
③ パン・ドゥ・ミにブール・サレを塗り、乾燥ソーセージをのせる。
④ コルネでブール・サレをジグザグに絞る。
⑤ ピクルスをのせる。
⑥ ジュレを塗る。

Chapitrer.6 – Les canapés

第6章 カナッペ

A Les canapés カナッペ

28 腸詰のカナッペ
Canapés à l'andouille

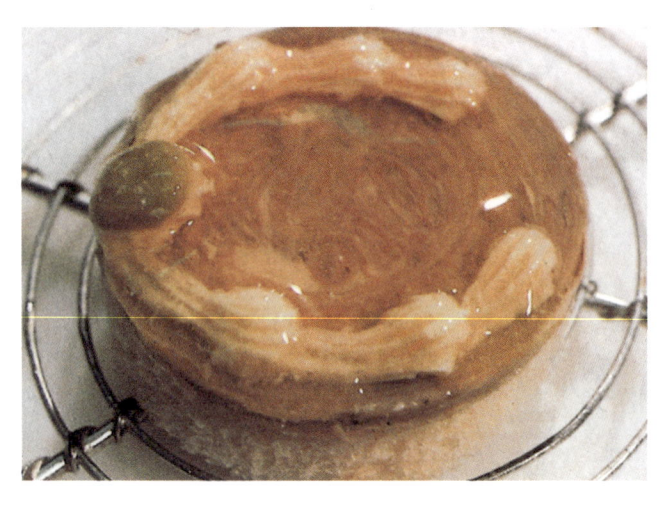

作り方
① 腸詰は、厚さ3mmにスライスし、パン・ドゥ・ミと同じ大きさの型で抜く。
② ピクルスは輪切りにする。
③ パン・ドゥ・ミにブール・サレを塗る。
④ 腸詰めをのせ、ブール・サレを絞る。
⑤ ピクルスをのせる。
⑥ ジュレを塗る。

器具
丸抜き型（直径5cm）、星口金（直径7mm切れ数8）、絞り袋、刷毛

材料
＜パン・ドゥ・ミ＞
材料と作り方は3章参照。

＜ブール・サレ＞
材料と作り方は5章1 ハムのサンドウィッチ参照。

腸詰
ピクルス

＜ジュレ＞
ジュレ・ドゥ・ヴォライユかジュレ・ドゥ・ヴィアンドゥ（材料と作り方は1章参照）

29 ムース・ドゥ・フォワのカナッペ
Canapés mousse de foie

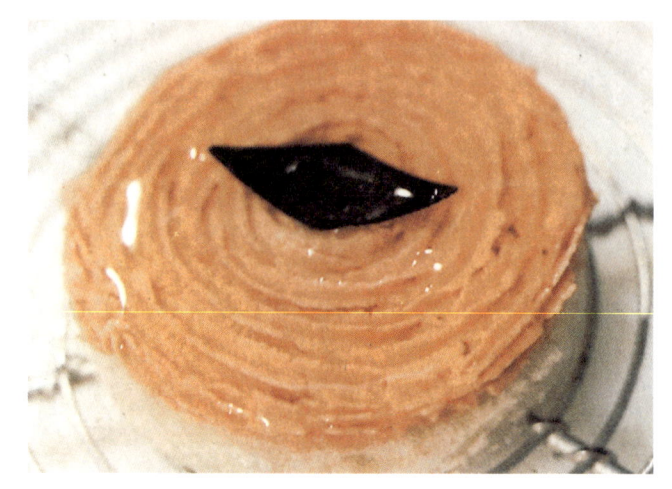

作り方
① トゥリュフをひし形に切る。
② パン・ドゥ・ミにごく薄くブール・サレを塗る。
③ ムース・ドゥ・フォワを絞り、トゥリュフを飾る。
④ ジュレを塗る。

器具
丸抜き型（直径5cm）、星口金（直径7mm切れ数8）、絞り袋、刷毛

材料
ムース・ドゥ・フォワの缶詰
（バターを適量加えてもよい）
トゥリュフ

＜パン・ドゥ・ミ＞
材料と作り方は3章参照。

＜ブール・サレ＞
材料と作り方は5章1 ハムのサンドウィッチ参照。

＜ジュレ＞
ジュレ・ドゥ・ヴォライユかジュレ・ドゥ・ヴィアンドゥ（材料と作り方は1章参照）

第6章 カナッペ

Chapitre.6 – Les canapés

A Les canapés カナッペ

30 ムース・ドゥ・カナール

Canapés mousse de canard

ここで使うマグレ・ドゥ・カナールとは、フォア・グラ用に飼育した鴨の胸肉を焼いて、皮をカリカリに、中をレアに焼いたもの。また、グラス・ドゥ・カナールは、鴨から取ったフォン(1章参照)のことです。

器具
丸抜き型(直径5cm)、フードプロセッサー、星口金(直径7mm切れ数8)、絞り袋、刷毛

材料
<ムース・ドゥ・カナール>
焼いたマグレ・ドゥ・カナール
..................................250g
グラス・ドゥ・カナール..20cc
バター..............................50g
生クリーム 30cc
(乳脂肪分35%)
ポルト酒........................10cc
塩、胡椒

<パン・ドゥ・ミ>
材料と作り方は3章参照。

溶かしバター

<ブール・サレ>
材料と作り方は5章1 ハムのサンドウィッチ参照。

オレンジの皮
グリーンペッパー
(塩漬けのもの)

<ジュレ>
ジュレ・ドゥ・ヴォライユかジュレ・ドゥ・ヴィアンドゥ(材料と作り方は1章参照)

作り方
<ムース・ドゥ・カナール>
❶マグレ・ドゥ・カナールとグラス・ドゥ・カナール、生クリームはよく冷やしておく。
❷マグレ・ドゥ・カナールは小さく切り、グラス・ドゥ・カナール、バターをフードプロセッサーにかけてペースト状にし、さらに生クリーム、ポルト酒、塩、胡椒を加える。

❶オレンジの皮は茹でて細切りにする。
❷パン・ドゥ・ミの両面に溶かしバターを塗り、オーブンでキツネ色に焼き、ブール・サレを薄く塗る。
❸パン・ドゥ・ミに、ムース・ドゥ・カナールを渦巻き状に絞る。
❹茹でたオレンジの細切りを3本、グリーンペッパーを3粒飾る。
❺ジュレを塗る。

第6章　カナッペ

Chapitrer.6 – Les canapés

A Les canapés カナッペ

31 フォワ・グラのカナッペ
Canapés de foie gras

器具
丸抜き型(直径5cm)

材料
<パン・ドゥ・ミ>
材料と作り方は3章参照。

溶かしバター

トゥリュフ入りフォア・グラ
(缶詰のテリーヌ)

<ジュレ>
ジュレ・ドゥ・ヴォライユかジュレ・ドゥ・ヴィアンドゥ(材料と作り方は1章参照)

作り方
❶フォワ・グラを厚さ1cm弱に切り、パン・ドゥ・ミと同じ大きさの型で抜く。
❷パン・ドゥ・ミの両面に溶かしバターを塗り、オーブンでキツネ色に焼く。
❸フォワ・グラをのせる。
❹フォワ・グラの表面と側面にジュレを塗る。
【ポイント】
パン・ドゥ・ミの側面にジュレを塗らないように注意する。

32 ブーダンとりんごのカナッペ
Canapés boudin aux pommes

器具
丸抜き型2種(直径4cmと5cm)、刷毛、りんごの芯抜き器

材料
<パン・ドゥ・ミ>
材料と作り方は3章参照。

溶かしバター

ブーダン・ノワール
(血あいのソーセージ)
りんご
澄ましバター
無糖のりんごのコンポットゥ
(缶詰か、水で水分がなくなるまで煮くずしたもの)

<ジュレ>
ジュレ・ドゥ・ヴォライユかジュレ・ドゥ・ヴィアンドゥ(材料と作り方は1章参照)

作り方
❶りんごは皮をむいて丸く芯を抜き、穴をあける。厚さ2mmにスライスしてからパン・ドゥ・ミより少し小さい丸抜き型(直径4cm)で抜く。
❷澄ましバターで、りんごを透明になるまで炒める。
❸パン・ドゥ・ミの両面に溶かしバターを塗り、オーブンでキツネ色に焼く。
❹❷が冷めたら❸にのせ、真ん中の穴にりんごのコンポットゥを入れる。
❺ブーダンのスライスをのせる。
❻ジュレを塗る。

第6章　カナッペ

Chapitre.6 – Les canapés

A Les canapés カナッペ

33 ミニョネットゥ
Canapés "mignonnettes"

器具
丸抜き型(直径5cm)、星口金(直径7mm切れ数8)、絞り袋、コルネ、刷毛

材料
＜パン・ドゥ・ミ＞
材料と作り方は3章参照。

＜ブール・サレ＞
材料と作り方は5章1 ハムのサンドウィッチ参照。

カクテルソーセージ
ミニ・ブーダン・ブラン
ミニ・ブーダン・ノワール
無糖のりんごのコンポットゥ
(缶詰か、水で水分がなくなるまで煮くずしたもの)
エストラゴンの葉
トマトゥ・コンサントゥレ

＜ジュレ＞
ジュレ・ドゥ・ヴォライユかジュレ・ドゥ・ヴィアンドゥ(材料と作り方は1章参照)

作り方
❶ カクテルソーセージ、ミニ・ブーダン・ブラン、ミニ・ブーダン・ノワールを厚さ5mmに切る。
❷ エストラゴンの葉を縦半分に切る。
❸ パン・ドゥ・ミにごく薄くブール・サレを塗り、さらにりんごのコンポットゥを塗る。
❹ ❶をのせる。
❺ 両側に、エストラゴンの葉をおく。
❻ ブール・サレを絞る。
❼ その上にコルネでトマトゥ・コンサントゥレを絞る。
❽ ジュレを塗る。

34 トマトのカナッペ
Canapés quartiers de tomates

器具
丸抜き型(直径5cm)、星口金(直径7mm切れ数8)、絞り袋、コルネ

材料
＜パン・ドゥ・ミ＞
材料と作り方は3章参照。

＜ブール・サレ＞
材料と作り方は5章1 ハムのサンドウィッチ参照。

＜ハーブ入りマイョネーズ＞
マイョネーズ
好みのハーブ

真っ赤なかたいトマト

トマトゥ・コンサントゥレ

作り方
❶ トマトをくし形に切る。
❷ パン・ドゥ・ミにごく薄くブール・サレを塗り、さらにハーブ入りマイョネーズを塗る。
❸ ❶をのせる。
❹ ブール・サレを絞る。
❺ コルネでトマトゥ・コンサントゥレを絞る。

185

第6章　カナッペ

Chapitrer.6 – Les canapés

A　Les canapés　カナッペ

35　ズッキーニのカナッペ
Canapés courgettes poêlées

器具
丸抜き型(直径5cm)、大きな星口金、絞り袋、刷毛、溝切り器

材料
〈パン・ドゥ・ミ〉
材料と作り方は3章参照。

溶かしバター

ズッキーニ
オリーブ油

サーモンのムース
(材料と作り方は3巻3章舌平目のファルシ参照)
アネットゥの葉

〈ジュレ〉
ジュレ・ドゥ・ヴォライユかジュレ・ドゥ・ヴィアンドゥ(材料と作り方は1章参照)

作り方
❶ズッキーニの皮に縦に筋を付け、厚さ1cmに切ってオリーブ油で炒める。
❷パン・ドゥ・ミの両面に溶かしバターを塗り、オーブンでキツネ色に焼く。
❸サーモンのムースを塗る。
❹ズッキーニをのせる。
❺サーモンのムースを絞る。
❻アネットゥの葉を飾る。
❼ジュレを塗る。

36　ラディッシュのカナッペ
Canapés radis

器具
丸抜き型(直径5cm)、星口金(直径7mm切れ数8)、絞り袋、コルネ、刷毛

材料
〈パン・ドゥ・ミ〉
材料と作り方は3章参照。

〈ブール・サレ〉
材料と作り方は5章1 ハムのサンドウィッチ参照。

ラディッシュ
トマトゥ・コンサントゥレ
シブレットゥ

〈ジュレ〉
ジュレ・ドゥ・ヴォライユかジュレ・ドゥ・ヴィアンドゥ(材料と作り方は1章参照)

作り方
❶ラディッシュをごく薄く切る。
❷パン・ドゥ・ミにブール・サレを塗る。
❸ラディッシュを花のように並べ、ブール・サレを絞る。
❹コルネでトマトゥ・コンサントゥレを絞る。
❺シブレットゥを花の茎になるようにおく。
❻ジュレを塗る。

Chapitre.6 – Les canapés

A Les canapés カナッペ

37 きゅうりのカナッペ
Canapés concombre/maïs/poivre vert

器具
丸抜き型(直径5cm)、パレットナイフ(小)、菊抜き型(直径3cm)、刷毛

材料
＜パン・ドゥ・ミ＞
材料と作り方は3章参照。

＜ブール・サレ＞
材料と作り方は5章1 ハムのサンドウィッチ参照。

マヨネーズ

きゅうり
コーン
グリーンペッパー
(塩漬けのもの)
セルフイユの葉

＜ジュレ＞
ジュレ・ドゥ・ヴォライユかジュレ・ドゥ・ヴィアンドゥ(材料と作り方は1章参照)

作り方
❶ きゅうりの皮をむき、厚さ5mmに切り、菊抜き型で種の部分を抜く。
❷ パン・ドゥ・ミにごく薄くブール・サレを塗り、さらにマヨネーズを塗る。
❸ きゅうりをのせる。
❹ きゅうりの種を取ったところに、コーンとグリーンペッパーを入れる。
❺ セルフイユの葉をのせる。
❻ ジュレを塗る。

38 チェリートマトのカナッペ
Canapés tomates cerises

器具
丸抜き型(直径5cm)、パレットナイフ(小)、星口金(直径7mm切れ数8)、絞り袋、刷毛

材料
＜パン・ドゥ・ミ＞
材料と作り方は3章参照。

＜ブール・サレ＞
材料と作り方は5章1 ハムのサンドウィッチ参照。

ハーブ入りマヨネーズ

チェリートマト
ハーブ入りフレッシュチーズ
【アドバイス】
フレッシュチーズとマヨネーズは、好みのハーブが入ったものでよい。

作り方
❶ チェリートマトはヘタを付けたまま上を切り(ふたになるので捨てない)、中身をくり抜いておく。
❷ パン・ドゥ・ミにごく薄くブール・サレを塗り、さらにハーブ入りマヨネーズを塗る。
❸ パン・ドゥ・ミに、トマトの台になるブール・サレを丸く絞る。
❹ チェリートマトをのせ、中にハーブ入りフレッシュチーズを詰める。
❺ チェリートマトのふたをのせる。

Chapitrer.6 – Les canapés

第6章　カナッペ

A　Les canapés　カナッペ

39　かぶのカナッペ
Canapés navets frais

器具
丸抜き型2種（直径4cmと5cm）、パレットナイフ(小)、刷毛

材料
＜パン・ドゥ・ミ＞
材料と作り方は3章参照。

＜ブール・サレ＞
材料と作り方は5章1 ハムのサンドウィッチ参照。

ハーブ入りマヨネーズ

＜かぶのグラッセ＞
かぶ
砂糖、バター

＜ファルス＞
材料と作り方は4章11 パテ参照。

澄ましバター

＜ジュレ＞
ジュレ・ドゥ・ヴォライユかジュレ・ドゥ・ヴィアンドゥ（材料と作り方は1章参照）

作り方
❶かぶを厚さ5mmに切ってから、パン・ドゥ・ミより少し小さい丸抜き型(直径4cm)で抜く。バターと砂糖で煮汁がなくなるまでグラッセする。(10章1 鶏のブロシェットゥ参照)
❷ファルスを澄ましバターで炒める。
❸パン・ドゥ・ミにごく薄くブール・サレを塗り、さらにハーブ入りマヨネーズを塗る。
❹❶をのせる。
❺❷をのせる。
❻ジュレを塗る。

40　さやいんげんのカナッペ
Canapés haricots verts

器具
丸抜き型(直径5cm)、パレットナイフ(小)、刷毛

材料
＜パン・ドゥ・ミ＞
材料と作り方は3章参照。

＜ブール・サレ＞
材料と作り方は5章1 ハムのサンドウィッチ参照。

マヨネーズ

極細のさやいんげん
赤ピーマン

＜ジュレ＞
ジュレ・ドゥ・ヴォライユかジュレ・ドゥ・ヴィアンドゥ（材料と作り方は1章参照）

作り方
❶さやいんげんを茹でて、長さを揃えて切る。
❷赤ピーマンを細切りにする。
❸パン・ドゥ・ミにごく薄くブール・サレを塗り、さらにマヨネーズを塗る。
❹パン・ドゥ・ミに、さやいんげんを束にしてのせ、赤ピーマンを飾る。
❺ジュレを塗る。

Chapitre. 6 – Les canapés

A　Les canapés　カナッペ

41　アスパラガスの穂先のカナッペ
Canapés pointes d'asperges

器具
丸抜き型（直径5cm）、パレットナイフ（小）、コルネ、刷毛

材料
＜パン・ドゥ・ミ＞
材料と作り方は3章参照。

＜ブール・サレ＞
材料と作り方は5章1 ハムのサンドウィッチ参照。

ハーブ入りマイヨネーズ

アスパラガスの穂先（缶詰）
トマトゥ・コンサントゥレ

＜ジュレ＞
ジュレ・ドゥ・ヴォライユかジュレ・ドゥ・ヴィアンドゥ（材料と作り方は1章参照）

作り方
❶アスパラガスをパン・ドゥ・ミの直径と同じ長さに切る。
❷パン・ドゥ・ミにごく薄くブール・サレを塗り、さらにハーブ入りマイヨネーズを塗る。
❸アスパラガスをおく。
❹コルネでトマトゥ・コンサントゥレをリボンのように絞る。
❺ジュレを塗る。

42　アーティチョークの芯のカナッペ
Canapés fonds d'aritichauts

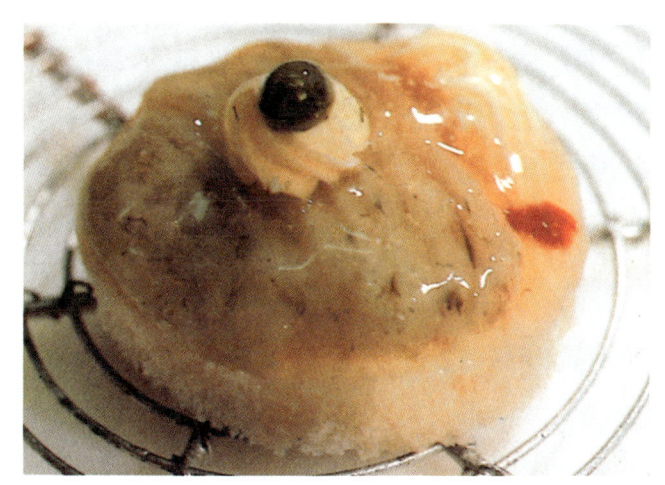

器具
丸抜き型（直径5cm）、パレットナイフ（小）、星口金（直径7mm切れ数8）、絞り袋、コルネ、刷毛

材料
＜パン・ドゥ・ミ＞
材料と作り方は3章参照。

＜ブール・サレ＞
材料と作り方は5章1 ハムのサンドウィッチ参照。

マイヨネーズ

アーティチョークの芯
（茹でたものか缶詰）
グリーンペッパー
（塩漬けのもの）
トマトゥ・コンサントゥレ

＜ジュレ＞
ジュレ・ドゥ・ヴォライユかジュレ・ドゥ・ヴィアンドゥ（材料と作り方は1章参照）

作り方
❶アーティチョークの芯を薄切りにし、大きいものは小さく切る。
❷パン・ドゥ・ミにごく薄くブール・サレを塗り、さらにマイヨネーズを塗る。
❸パン・ドゥ・ミの2/3に、アーティチョークをのせる。
❹ブール・サレを絞り、上にグリーンペッパーをのせる。
❺コルネでトマトゥ・コンサントゥレを絞る。
❻ジュレを塗る。

第6章　カナッペ

Chapitrer.6 – Les canapés

A Les canapés カナッペ

43　ブロッコリーのカナッペ
Canapés brocolis

44　パルミエの芯のカナッペ
Canapés coeurs de palmier

器具
蒸し器、丸抜き型(直径5cm)、星口金(直径7mm切れ数8)、絞り袋、刷毛

材料
オリーブ入りパン
マヨネーズ

ブロッコリー

＜ブール・サレ＞
材料と作り方は5章1 ハムのサンドウィッチ参照。

＜ジュレ＞
ジュレ・ドゥ・ヴォライユかジュレ・ドゥ・ヴィアンドゥ(材料と作り方は1章参照)

作り方
❶ブロッコリーを蒸して小さく分ける。
❷パンの中のオリーブが透けて見えるように、マヨネーズをごく薄く塗る。
❸ブール・サレを絞り、ブロッコリーをのせる。
❹ジュレを塗る。

器具
丸抜き型(直径5cm)、星口金(直径7mm切れ数8)、絞り袋

材料
＜パン・ドゥ・ミ＞
材料と作り方は3章参照。

＜ブール・サレ＞
材料と作り方は5章1 ハムのサンドウィッチ参照。

好みのハーブ入りマヨネーズ

パルミエ（椰子）の芯(缶詰)
グリーンペッパー
(塩漬けのもの)

＜ジュレ＞
ジュレ・ドゥ・ヴォライユかジュレ・ドゥ・ヴィアンドゥ(材料と作り方は1章参照)

作り方
❶パルミエの芯を厚さ5mmに切る。
❷パン・ドゥ・ミにごく薄くブール・サレを塗り、さらにハーブ入りマヨネーズを塗る。
❸パン・ドゥ・ミに、パルミエの芯2枚をずらしてのせる。
❹ブール・サレを絞り、グリーンペッパーをのせる。
❺ジュレを塗る。

第6章　カナッペ

Chapitre.6 – Les canapés

A Les canapés　カナッペ

45　ベビーコーンのカナッペ
Canapés au maïs

46　シャンピニオンのカナッペ
Canapés aux champignons

器具
丸抜き型(直径5cm)、パレットナイフ(小)、星口金(直径7mm切れ数8)、絞り袋、刷毛

材料
〈パン・ドゥ・ミ〉
材料と作り方は3章参照。

〈ブール・サレ〉
材料と作り方は5章1 ハムのサンドウィッチ参照。

マヨネーズ

ベビーコーンの先端
クレッソンの葉
チェリートマト
うずらの卵
黒オリーブ

〈ジュレ〉
ジュレ・ドゥ・ヴォライユかジュレ・ドゥ・ヴィアンドゥ(材料と作り方は1章参照)

作り方
❶チェリートマトとうずらの卵はくし形に切る。
❷パン・ドゥ・ミにごく薄くブール・サレを塗り、さらにマヨネーズを塗る。
❸ベビーコーン、クレッソンの葉、うずらの卵、トマトをのせる。
❹ブール・サレを絞り、黒オリーブを丸く切った小片を飾る。
❺ジュレを塗る。

器具
丸抜き型(直径5cm)、パレットナイフ(小)、星口金(直径7mm切れ数8)、絞り袋、刷毛

材料
〈パン・ドゥ・ミ〉
材料と作り方は3章参照。

〈ブール・サレ〉
材料と作り方は5章1 ハムのサンドウィッチ参照。

マヨネーズ
パセリ

シャンピニオン
パセリ

〈ジュレ〉
ジュレ・ドゥ・ヴォライユかジュレ・ドゥ・ヴィアンドゥ(材料と作り方は1章参照)

作り方
❶シャンピニオンを茹でて、軸をかさのところで切り落とし4つに切る。
❷パセリのみじん切りを、マヨネーズに加える。
❸パン・ドゥ・ミにごく薄くブール・サレを塗り、さらに❷を塗る。
❹シャンピニオンを4つのせる。
❺ブール・サレを絞り、パセリをおく。
❻ジュレを塗る。

191

第6章 カナッペ

Chapitrer.6 – Les canapés

A Les canapés カナッペ

47 ピーマンのカナッペ
Canapés aux piments doux

48 マセドワーヌのカナッペ
Canapés à la macédoine

47

器具
蒸し器、丸抜き型(直径5cm)、パレットナイフ(小)、刷毛

材料
<パン・ドゥ・ミ>
材料と作り方は3章参照。

<ブール・サレ>
材料と作り方は5章1 ハムのサンドウィッチ参照。

マヨネーズ

サルタナレーズン
ライム
クスクス
ピーマン(辛くない唐辛子)
フレッシュミントの葉

<ジュレ>
ジュレ・ドゥ・ヴォライユかジュレ・ドゥ・ヴィアンドゥ(材料と作り方は1章参照)

作り方
❶クスクスを蒸す。
❷ライムを薄くスライスして小さく切る。
❸サルタナレーズンを熱湯に30秒くらい浸け、ザルにあけて冷ましておく。
❹パン・ドゥ・ミにごく薄くブール・サレを塗り、さらにマヨネーズを塗る。
❺クスクスをドーム状にのせる。
❻ピーマン、フレッシュミントの葉、サルタナレーズン、ライムをのせる。
❼ジュレを塗る。

48

器具
丸抜き型(直径5cm)、パレットナイフ(小)、星口金(直径7mm切れ数8)、絞り袋、コルネ、刷毛

材料
<パン・ドゥ・ミ>
材料と作り方は3章参照。

<ブール・サレ>
材料と作り方は5章1 ハムのサンドウィッチ参照。

マヨネーズ

にんじん
かぶ
さやいんげん
グリーンピース
トマトゥ・コンサントゥレ

<ジュレ>
ジュレ・ドゥ・ヴォライユかジュレ・ドゥ・ヴィアンドゥ(材料と作り方は1章参照)

作り方
❶にんじん、かぶ、さやいんげんを切って茹で、ジュレであえる。グリーンピースも茹でてジュレであえる。
❷パン・ドゥ・ミにごく薄くブール・サレを塗り、さらにマヨネーズを塗る。
❸ブール・サレをハートの形に絞る。先端は丸くバラの形に絞る。
❹ハートの中に❶を入れる。
❺コルネでトマトゥ・コンサントゥレをアクセントに絞る。

第6章　カナッペ

Chapitre.6 – Les canapés

A Les canapés　カナッペ

49 コンテチーズのカナッペ
Canapés au comté

器具
パレットナイフ(小)、コルネ、刷毛

材料
＜パン・ドゥ・ミ＞
材料と作り方は3章参照。

＜ブール・サレ＞
材料と作り方は5章1 ハムのサンドウィッチ参照。

コンテチーズ
スライスアーモンド

＜ジュレ＞
ジュレ・ドゥ・ヴォライユかジュレ・ドゥ・ヴィアンドゥ(材料と作り方は1章参照)

作り方
❶ パン・ドゥ・ミに、ブール・サレを塗る。
❷ 厚さ4mmに切ったコンテチーズをパン・ドゥ・ミと同じ大きさに切ってのせ、耳を切り落とし、正方形か長方形に切る。
❸ スライスアーモンドをオーブンで軽く焼く。
❹ コルネでブール・サレを絞る。
❺ ジュレを塗る。
❻ ブール・サレの模様の両脇に、スライスアーモンドを1つずつおく。

50 ロックフォールのカナッペ
Canapés au roquefort

器具
丸抜き型(直径5cm)、パレットナイフ(小)

材料
クルミ入りパン

＜ロックフォールバター＞
青かびが多く入ったロックフォールチーズ............100g
ポマード状バター...........50g

けしの実
クルミ

作り方
❶ ロックフォールバターの材料を混ぜ合わせる。
❷ クルミ入りパンにロックフォールバターをドーム状に塗る。
❸ ドームの縁に沿って、けしの実をのせる。
❹ ドームの上にクルミをのせる。

第6章　カナッペ

Chapitrer.6 – Les canapés

A Les canapés カナッペ

51 パルメザンのカナッペ
Canapés parmesane

52 ゴルゴンゾーラのカナッペ
Canapés au gorgonzola

器具
丸抜き型(直径5cm)、丸口金、絞り袋

材料
＜ソース・パルムザン＞
材料と作り方は4章6 パルメザンチーズのフール・サレ参照。

＜パン・ドゥ・ミ＞
材料と作り方は3章参照。

＜ブール・サレ＞
材料と作り方は5章1 ハムのサンドウィッチ参照。

ヘーゼルナッツ
パルメザンチーズ

作り方
❶ ヘーゼルナッツをオーブンで焼き、皮を取る。
❷ パルメザンチーズをすりおろす。
❸ パン・ドゥ・ミにごく薄くブール・サレを塗る。
❹ ソース・パルムザンをドーム状に絞る。
❺ 全体に❷をふりかける。
❻ ヘーゼルナッツをのせる。

器具
丸抜き型(直径5cm)、パレットナイフ(小)、刷毛

材料
パン・ドゥ・セーグル

＜ゴルゴンゾーラのクリーム＞
ゴルゴンゾーラチーズ...100g
生クリーム......................25cc
(乳脂肪分35%)
ポマード状バター............25g

洋梨
レーズン(カレンツ)

＜ジュレ＞
ジュレ・ドゥ・ヴォライユかジュレ・ドゥ・ヴィアンドゥ(材料と作り方は1章参照)

作り方
❶ ゴルゴンゾーラのクリームの材料を混ぜ合わせる。
❷ 洋梨を薄切りにする。
❸ パン・ドゥ・セーグルに、ゴルゴンゾーラのクリームをドーム状に塗る。
❹ 洋梨とレーズンをおく。
❺ ジュレを薄く塗る。

第6章　カナッペ

Chapitre.6 – Les canapés

A　Les canapés　カナッペ

53　マンステールのカナッペ
Canapés à la crème de munster

器具
丸抜き型(直径5cm)、星口金(直径10mm)、絞り袋

材料
<パン・ドゥ・ミ>
材料と作り方は3章参照。

<ブール・サレ>
材料と作り方は5章1 ハムのサンドウィッチ参照。

<マンステールのクリーム>
マンステールチーズ 100g
生クリーム 25cc
(乳脂肪分35%)
ポマード状バター 25g

クミンシード

<ジュレ>
ジュレ・ドゥ・ヴォライユかジュレ・ドゥ・ヴィアンドゥ(材料と作り方は1章参照)

作り方
❶マンステールのクリームの材料を混ぜ合わせる。
❷パン・ドゥ・ミにごく薄くブール・サレを塗る。
❸マンステールのクリームを絞り、クミンシードを少し散らす。
❹ジュレを薄く塗る。

54　フレッシュチーズとシブレットゥのカナッペ
Canapés fromage frais ciboulette

器具
丸抜き型(直径5cm)、星口金(直径10mm)、絞り袋、刷毛

材料
<パン・ドゥ・ミ>
材料と作り方は3章参照。

<ブール・サレ>
材料と作り方は5章1 ハムのサンドウィッチ参照。

<フレッシュチーズのムース>
ジェルヴェ・ナチュラル...200g
[Gervais]
生クリーム......................50cc
(乳脂肪分35%)
ポマード状バター 100g
塩、胡椒
シブレットゥ ....適量

シブレットゥ

<ジュレ>
ジュレ・ドゥ・ヴォライユかジュレ・ドゥ・ヴィアンドゥ(材料と作り方は1章参照)

作り方
❶シブレットゥを細かいみじん切りにして、フレッシュチーズのムースの材料を混ぜ合わせる。
❷パン・ドゥ・ミにごく薄くブール・サレを塗る。
❸フレッシュチーズのムースを絞る。
❹シブレットゥのみじん切りを散らす。
❺ジュレを薄く塗る。

195

第6章 カナッペ

Chapitrer.6 – Les canapés

A Les canapés カナッペ

55 フレッシュチーズとクルミのカナッペ
Canapés fromage frais noix/raisins

56 フレッシュチーズとパプリカのカナッペ
Canapés fromage frais paprika

55

器具
丸抜き型(直径5cm)、星口金(直径10mm)、絞り袋、刷毛

材料
＜パン・ドゥ・ミ＞
材料と作り方は3章参照。

＜ブール・サレ＞
材料と作り方は5章1 ハムのサンドウィッチ参照。

＜フレッシュチーズのムース＞
ジェルヴェ・ナチュラル....200g [Gervais]
生クリーム............................50cc
(乳脂肪分35%)
ポマード状バター.........100g
塩、胡椒

＜ジュレ＞
ジュレ・ドゥ・ヴォライユかジュレ・ドゥ・ヴィアンドゥ(材料と作り方は1章参照)

クルミ
サルタナレーズン

作り方
① フレッシュチーズのムースの材料を混ぜ合わせる。
② サルタナレーズンは熱湯に30秒くらいつけ、ザルにあけて冷ましておく。
③ パン・ドゥ・ミにごく薄くブール・サレを塗る。
④ フレッシュチーズのムースを絞る。
⑤ ジュレを塗る。
⑥ クルミのみじん切りを散らし、中心にサルタナレーズンをおく。

56

器具
丸抜き型(直径5cm)、星口金(直径10mm)、絞り袋、目の細かいふるい、刷毛

材料
＜パン・ドゥ・ミ＞
材料と作り方は3章参照。

＜ブール・サレ＞
材料と作り方は5章1 ハムのサンドウィッチ参照。

＜フレッシュチーズのムース＞
ジェルヴェ・ナチュラル....200g [Gervais]
生クリーム............................50cc
(乳脂肪分35%)
ポマード状バター.........100g
塩、胡椒

＜ジュレ＞
ジュレ・ドゥ・ヴォライユかジュレ・ドゥ・ヴィアンドゥ(材料と作り方は1章参照)

パプリカ

作り方
① フレッシュチーズのムースの材料を混ぜ合わせる。
② パン・ドゥ・ミにごく薄くブール・サレを塗る。
③ フレッシュチーズのムースを絞る。
④ ジュレを塗る。
⑤ 目の細かいふるいでパプリカをふるう。

第6章 カナッペ

Chapitre. 6 – Les canapés

A Les canapés カナッペ

57 プティ・シェーヴルのカナッペ
Canapés "petit chèvre"

器具
丸抜き型（直径5cm）、星口金（直径10mm）、絞り袋、刷毛

材料
＜パン・ドゥ・ミ＞
材料と作り方は3章参照。

溶かしバター

シェーヴル・ブトン
（山羊のチーズ）

＜ブール・サレ＞
材料と作り方は5章1 ハムのサンドウィッチ参照。

クルミ

＜ジュレ＞
ジュレ・ドゥ・ヴォライユかジュレ・ドゥ・ヴィアンドゥ（材料と作り方は1章参照）

クレソンの葉

作り方
❶ シェーヴル・ブトンを半分に切る。
❷ クルミを1/4に切る。
❸ パン・ドゥ・ミの両面にごく薄く溶かしバターを塗り、オーブンでキツネ色に焼く。
❹ ジュレをつけたクレソンの葉を台にのせる。
❺ ブール・サレを絞る。
❻ シェーヴル・ブトンをのせる。
❼ ブール・サレの両側にクルミをのせる。

第6章　カナッペ
Chapitre.6 – Les canapés

B Les canapés aspics　カナッペ・アスピック

ポイント

Point

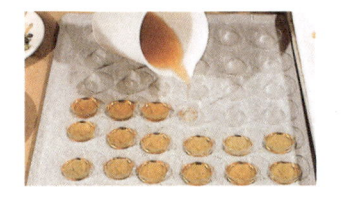

作り方
カナッペ・アスピックはとてもきれいで、透明なジュレを通して見えるいろいろなガルニチュールが目を楽しませてくれます。
より美しく作るためには、カナッペの形と中に入れる材料の彩りをよく考えることが大切です。

〈パン〉
このカナッペ・アスピックは、食べやすいようにトーストしたパン・ドゥ・ミにのせます。

〈ジュレ〉
カナッペのタイプやガルニチュールによって、ポルト酒、マデラ酒、シェリー酒、アニス酒などを加えた数種類のジュレを使い分けることもあります。

カナッペ・アスピックはプラスチックの小さな容器に流して作るのが一般的です。
おいしく作るためには以下のことに注意してください。
● 作るときには材料をよく冷やして使うこと。
● いろいろな材料を組み合わせること。
● 型の底にジュレを流したら、冷蔵庫でしっかりかためること。

● 型の縁までジュレを入れたら、冷蔵庫でしっかりかためること。

〈型抜き〉
型をぬるめの湯に数秒つけてから、冷めたトーストの上にそっと返すと簡単です。

おいしく食べるには、必ず冷蔵庫で保存し、食べる直前に冷蔵庫から取り出し、トーストにのせます。

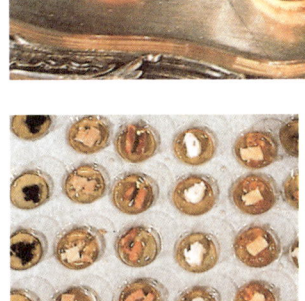

第6章　カナッペ

Chapitre.6 – Les canapés

B Les canapés aspics　カナッペ・アスピック

1 鶏のレバーのアスピック
Canapés aspics foie de volaille

2 サーモンのアスピック
Canapés aspics saumon

器具
丸抜き型(直径5cm)、ボーラー、プラスチックの小さな容器

材料
〈パン・ドゥ・ミ〉
材料と作り方は3章参照。

鶏のレバー
塩、胡椒
澄ましバター

にんじん
ズッキーニ
カリフラワー

〈ジュレ〉
材料と作り方は1舌平目とカワカマスのムースのカナッペ参照。

作り方
❶鶏のレバーを小さく切り、塩、胡椒をして、澄ましバターで炒める。
❷にんじんを丸く抜き、ズッキーニを7～8mm角に切る。
❸カリフラワーを茹でるか蒸すかして、小さく切る。
❹型の底にジュレを流し、冷やしかためる。
❺❶～❸を彩りよく型に入れる。
❻型の縁までジュレを入れ、冷蔵庫で冷やしかためる。
❼型からはずし、トーストしたパン・ドゥ・ミの上にのせる。

器具
丸抜き型(直径5cm)、ボーラー、プラスチックの小さな容器

材料
〈パン・ドゥ・ミ〉
材料と作り方は3章参照。

サーモンの切り身
いくら
きゅうり
ライムの皮
グリーンペッパー
(塩漬けのもの)

作り方
❶サーモンの切り身を茹でる。
❷きゅうりを丸く抜く。
❸ライムの皮を細切りにして茹でる。
❹型の底にジュレを流し、冷やしかためる。
❺❶～❸、イクラ、グリーンペッパーを彩りよく型に入れる。
❻型の縁までジュレを入れ、冷蔵庫で冷やしかためる。
❼型からはずし、トーストしたパン・ドゥ・ミの上にのせる。

第6章　カナッペ

Chapitrer.6 – Les canapés

B Les canapés aspics カナッペ・アスピック

3 ラングスティーヌのアスピック
Canapés aspics langoustine

4 牛舌の塩漬けのアスピック
Canapés aspics langue écarlate

器具（3）
丸抜き型(直径5cm)、ボーラー、プラスチックの小さな容器

材料（3）
＜パン・ドゥ・ミ＞
材料と作り方は3章参照。

ラングスティーヌ
きゅうり
にんじん
レモンの皮
ライムの皮

＜ジュレ＞
材料と作り方は１舌平目とカワカマスのムースのカナッペ参照。

作り方（3）
1. ラングスティーヌの殻をむき、茹でる。
2. きゅうりとにんじんを丸く抜いて茹でる。
3. レモンとライムの皮を細切りにして、別々に茹でる。
4. 型の底にジュレを流し、冷やしかためる。
5. 1〜3を彩りよく型に入れる。
6. 型の縁までジュレを入れ、冷蔵庫で冷やしかためる。
7. 型からはずし、トーストしたパン・ドゥ・ミの上にのせる。

器具（4）
丸抜き型(直径5cm)、ボーラー、プラスチックの小さな容器

材料（4）
＜パン・ドゥ・ミ＞
材料と作り方は3章参照。

塩漬けの牛舌のスライス
にんじん
いんげん
グリーンピース

＜ジュレ＞
材料と作り方は１舌平目とカワカマスのムースのカナッペ参照。

作り方（4）
1. 牛舌を小さな棒状に切る。蒸してもよい。
2. にんじんを丸く抜いて茹でる。
3. いんげんを7〜8mmに切って茹でる。
4. グリーンピースを茹でる。
5. 型の底にジュレを流し、冷やしかためる。
6. 1〜4を彩りよく型に入れる。
7. 型の縁までジュレを入れ、冷蔵庫で冷やしかためる。
8. 型からはずし、トーストしたパン・ドゥ・ミの上にのせる。

第6章　カナッペ

Chapitre. 6 – Les canapés

B Les canapés aspics　カナッペ・アスピック

5 鶏のアスピック
Canapés aspics au poulet

作り方
❶鶏の胸肉を茹でて小さく切る。
❷赤ピーマンといんげんを7〜8mmに切り、別々に茹でる。グリーンピースも茹でる。
❸型の底にジュレを流し、冷やしかためる。
❹❶〜❷を彩りよく型に入れる。
❺型の縁までジュレを入れ、冷蔵庫で冷やしかためる。
❻型からはずし、トーストしたパン・ドゥ・ミの上にのせる。

器具
丸抜き型(直径5cm)、ボーラー、プラスチックの小さな容器

材料
＜パン・ドゥ・ミ＞
材料と作り方は3章参照。

鶏の胸肉
赤ピーマン
いんげん
グリーンピース

＜ジュレ＞
材料と作り方は１舌平目とカワカマスのムースのカナッペ参照。

6 アンコウの卵のアスピック
Canapés aspics œufs de lump

作り方
❶きゅうりを丸く抜いて茹でる。
❷レモンとライムの皮は細切りにして、別々に茹でる。
❸型の底にジュレを流し、冷やしかためる。
❹アンコウの卵、❶〜❷、コーンを彩りよく型に入れる。
❺型の縁までジュレを入れ、冷蔵庫で冷やしかためる。
❻型からはずし、トーストしたパン・ドゥ・ミの上にのせる。

器具
丸抜き型(直径5cm)、ボーラー、プラスチックの小さな容器

材料
＜パン・ドゥ・ミ＞
材料と作り方は3章参照。

アンコウの卵
きゅうり
コーン
レモンの皮
ライムの皮

＜ジュレ＞
材料と作り方は１舌平目とカワカマスのムースのカナッペ参照。

Chapitre. 7
Les mignonnettes

Chapitre. 7

第7章
ミニョネットゥ
Les mignonnettes

ミニョネットゥとは、カナッペとアスピック以外の塩味の料理の総称です。いずれもひと口かふた口で食べられる小さなサイズで、温製と冷製があります。クルスタッドゥやクルトン、野菜に具やクリームをのせたもの、マリネしたもの、揚げたものなどがあります。ベーコン、ソーセージ、魚介類、野菜、フルーツと使用する材料はさまざまで、作り方も簡単なので便利な料理です。

これらはアペリティフに出されることが多いのですが、立食パーティにも用いられます。また、トゥレトゥールの売り場では、1個単位で売られていて、種類によっては立派な一品料理ともなります。

第7章　ミニョネットゥ

Chapitre.7 – Les mignonnettes

ポイント

Point

● 4種類のミニョネットゥ
作り方

A ミニョネットゥ・カクテル
ミニソーセージをベースにして作ります。

B フルーツを使ったミニョネットゥ
生または乾燥フルーツを使って作ります。

C 魚を使ったミニョネットゥ
いろいろな調理法の魚または甲殻類を使って作ります。

D 野菜を使ったミニョネットゥ
生または火を通した野菜を使って作ります。

＜盛り付け＞
ミニョネットゥは、種類ごとに別々の皿に盛ることもありますが、大皿に全種を盛り合わせた方が、視覚的なバランスやボリューム感が表現できて効果的です。

Chapitre. 7 – Les mignonnettes

A Les mignonnettes cocktail ミニョネットゥ・カクテル

1 カクテルソーセージとマスタードのクルスタッドゥ
Saucisses cocktail en croustade moutarde

2 ブーダン・ブランとりんごのクルトン
Croûtons de boudins blancs aux pommes

器具
蒸し器か銅鍋、プティ・フール型（直径4.5cm）、丸口金、絞り袋

材料
＜パータ・パテ＞
材料と作り方は3章参照。

マスタード
カクテルソーセージ

作り方
❶ カクテルソーセージを蒸す。茹でる場合は、鍋の底から小さな泡が上がってくるくらいの湯で茹でる。半分に切る。
【ポイント】
沸騰した湯で茹でると破裂するので注意すること。
❷ パータ・パテを型に敷いて、空焼きする。
❸ パータ・パテがまだ温かいうちにマスタードを絞り、カクテルソーセージをのせる。
【ポイント】
生地がやわらかくならないように、カクテルソーセージは水気をよくきってのせること。

器具
丸抜き型（直径4～5cm）、丸抜き型（直径3.5～4.5cm）、刷毛、パレットナイフ（小）、楊枝

材料
＜パン・ドゥ・ミ＞
材料と作り方は3章参照。

溶かしバター

酸味のあるりんご
ブーダン
澄ましバター

作り方
❶ パン・ドゥ・ミを厚さ1cmに切り、直径4～5cmの丸抜き型で抜く。
❷ 両面に薄く溶かしバターを塗り、オーブンでキツネ色で、カリカリになるまで焼く。
❸ りんごの皮をむき、厚さ5～6mmにスライスする。
❹ パン・ドゥ・ミより小さい丸抜き型で抜く。
❺ 澄ましバターでりんごの両面を焼き、きれいな焼き色をつける。
【アドバイス】
裏返すときはパレットナイフを使うとよい。
❻ ブーダンは澄ましバターで炒め、全体に焼き色をつけて、半分に切る。
❼ パン・ドゥ・ミが温かいうちにりんごのスライスをのせ、さらに温かいブーダンをのせる。

Chapitre. 7 – Les mignonnettes

第7章 ミニョネットゥ

A Les mignonnettes cocktail ミニョネットゥ・カクテル

3 アンティエ風ブーダンとりんごのコンポットゥのクルスタッドゥ
Boudin antillais en croustade sur mousse de pommes

器具
銅鍋、厚手のフライパン、プティ・フール型（直径4.5cm）、丸口金（直径10mm）、絞り袋

材料
〈パータ・パテ〉
材料と作り方は3章参照。

アンティエ風ミニブーダン（スパイシーな味のもの）
澄ましバター

〈りんごのコンポットゥ〉
（缶詰でも可）
りんご
砂糖
胡椒
バター

作り方
❶ パータ・パテを型に敷いて空焼きする。
❷ りんごと砂糖を煮詰め、コンポットゥを作る。缶詰でもよいが、いずれの場合でも挽いた胡椒をかけ、バターを加える。
❸ ミニブーダンは、澄ましバターを使い、中火で炒めて、縦半分に切る。
【ポイント】
ミニブーダンは、強火で炒めると破裂するので注意すること。
❹ 温かいクルスタッドゥに熱いりんごのコンポットゥを少々絞り、炒めたミニブーダンをのせる。

4 カクテルソーセージのベーコン巻き
Saucisses cocktail à la poitrine fumée

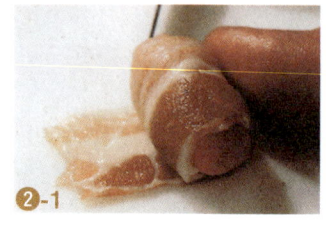

器具
厚手のフライパン（小）、スライサー、ふきんかキッチンペーパー、楊枝

材料
ブロックのベーコン
カクテルソーセージ
澄ましバター

作り方
❶ ベーコンに皮と軟骨がついている場合はそれを落とし、冷凍してかためてから厚さ2mmにスライスする。
【アドバイス】
スライサーを使うと便利。
❷ カクテルソーセージをベーコンで巻く。
【ポイント】
ベーコンは短いと、オーブンで焼くときに縮んではずれてしまうので、最低1回半は巻ける長さにすること。
❸ 焼き方には、2つの方法がある。

〈フライパンで焼く場合〉
フライパンを火にかけ、澄ましバターを熱して❷を入れ、中火でときどき返しながら色がつくまで炒める。

〈オーブンを使う場合〉
天板に澄ましバターを塗り、❷を並べて220℃で焼く。焦げないように注意し、途中で裏返して全体に色をつける。

❹ きれいなふきんかキッチンペーパーに取って油をきり、楊枝を刺す。
【ポイント】
熱いうちにサービスすること。マスタードを添えてもよい。

Chapitre. 7 − Les mignonnettes

B Les mignonnettes à base de fruits d'hiver 冬のフルーツを使ったミニョネットゥ

1 バナナのベーコン巻き

Banane surprise en rondelles sur poitrine fumée

器具
厚手のフライパン、楊枝

材料
ベーコン
バナナ
澄ましバター

作り方
❶ ベーコンに皮と軟骨がついている場合はそれを落とし、冷凍してかためてから厚さ2mmにスライスする。
【アドバイス】
スライサーを使うと便利。
❷ バナナは皮をむき、ベーコンの幅と同じ長さに輪切りにする。
❸ バナナをベーコンで1回半巻き、楊枝を刺す。
❹ 厚手のフライパンに澄ましバターを熱して❸を入れ、中火でときどき返しながら色づくまで炒める。

第7章　ミニョネットゥ

Chapitre. 7 – Les mignonnettes

B Les mignonnettes à base de fruits d'hiver　冬のフルーツを使ったミニョネットゥ

2 プルーンのベーコン巻き

Pruneaux au bacon farcis

● バリエーション A

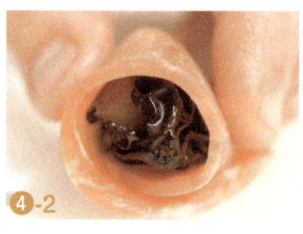

器具
スライサー、楊枝

材料
プルーン
りんご
澄ましバター
カルバドス
ベーコン
（豚の背ロースの燻製）
溶かしバター
【ポイント】
プルーンは種を抜いていないものを使うこと。種抜きのものは形がくずれていることが多く、手で抜いた方がきれいで、果肉もやわらかい。

作り方
❶ りんごの皮をむき、太さ2cm、長さ3cmくらいの大きさに切る。
❷ ❶を少量の澄ましバターで炒め、カルバドスでフランベ（火をつける）してアルコールを燃やして香りをつける。
❸ 種を抜いたプルーンに❷を入れる。
❹ ベーコンを厚さ2mmにスライスして❸を巻く。
❺ 天板に澄ましバターを塗り、❹を並べる。刷毛で❹に溶かしバターを塗り、220℃のオーブンで焼く。

第7章　ミニョネットゥ

Chapitrer. 7 – Les mignonnettes

B Les mignonnettes à base de fruits d'hiver　冬のフルーツを使ったミニョネットゥ

●バリエーション B

器具
スライサー、丸口金、絞り袋、楊枝

材料
プルーン
りんごのコンポットゥ
アーモンド
ベーコン

作り方
❶種を抜いたプルーンにアーモンドを入れる。
❷絞り袋に、りんごのコンポットゥを入れて、❶に絞る。
❸ベーコンを厚さ2mmにスライスして❷を巻く。
❹焼き方はバリエーションA参照。

【アドバイス】
アーモンドを入れなくてもよい。

第7章 ミニョネットゥ
Chapitre. 7 – Les mignonnettes

C Les mignonnettes à base de poisson 魚介類のミニョネットゥ

1 小エビのマリネ

Crevettes bouquet en marinade

作り方
① 小エビは茹でて殻をむいておく。
② 小エビにオリーブ油をかけ、乾燥したオレガノを散らす。
③ タバスコ、塩、胡椒を加え、スプーンで全体を混ぜる。
④ レモンをのせ、冷蔵庫で最低2時間、最高2日間マリネする。
⑤ 小エビに楊枝を刺す。
⑥ マリネからレモンを除き、シノワにあけて汁気を切ってから、よく冷やした器か皿に盛り付ける。半分にして飾りをつけたレモンを添えるとよい。

器具
楊枝、シノワ

材料
小エビ 250g

＜マリナード＞
オリーブ油 100g
タバスコ .... 数滴
乾燥したオレガノ .... 少々
塩、胡椒
レモンの輪切り 6枚

Chapitrer.7 – Les mignonnettes

C Les mignonnettes à base de poisson 魚介類のミニョネットゥ

2 タラのアクラム

Acrame de morue

器具
揚げ物用の鍋、パレットナイフ（小）、丸口金（直径10mm）、絞り袋、木べら、カード、楊枝

材料
＜パータ・シュー＞
水......................................250cc
バター..................................50g
塩..5g
小麦粉................................150g
卵..3個
胡椒
カレー粉
（作り方は3章参照）

＜タラのブランダード＞
タラ
牛乳
オリーブ油

サラダ油

作り方
❶ タラを水に漬け、塩抜きしてから、牛乳で茹でる。
❷ つぶしてオリーブ油を加え混ぜる。かたい場合は生クリームを加える。
❸ パータ・シューをかために作る。
❹ ❸に、❷を少しずつ加え混ぜ、さらに胡椒とカレー粉を加える。
❺ 丸口金をつけた絞り袋に❹を入れて、天板に直径2cmに絞る。
❻ 鍋にサラダ油を160℃に熱し、生地をパレットナイフにとって、油に入れる。全体に焼き色がつくように、途中で何度か裏返す。
❼ キツネ色に揚がったら網の上におき、油をきる。
❽ 最後にキッチンペーパーにのせて、さらに油をよくきる。
【アドバイス】
冷めた場合は、食べるときにオーブンで温めてサービスする。
❾ 皿にレースペーパーを敷いて積み上げ、楊枝で刺して食べる。

第7章　ミニョネットゥ

Chapitre. 7 – Les mignonnettes

C Les mignonnettes à base de poisson　魚介類のミニョネットゥ

3 舌平目のポピエットゥ

Paupiettes de sole en gelée

器具
銅鍋、フードプロセッサー、目の細かいこし器、やわらかい毛の刷毛、木べら、たこ糸、網、肉たたき

材料

<ポピエットゥ>
舌平目の切り身..............6枚
塩、胡椒

<魚のムース>
カワカマスの切り身....100g
（舌平目でも可）
生クリーム....................100cc
（乳脂肪分35%）
卵..1個
塩、胡椒
ほうれん草......................6枚
ハーブのみじん切り
........................大さじ2杯分
（セルフイユ、エストラゴン、シブレットゥ）
フュメ・ドゥ・ポワソン
（水でも可）

ジュレ・ドゥ・ポワソン
アニス酒

レモン
ライム

作り方

<魚のムース>
❶半冷凍のカワカマスをフードプロセッサーにかけてペースト状にし、ボウルにあけて生クリームと卵を加え混ぜる。
❷こし器でこす。
❸氷水にあててよく冷やしながら、木べらで少し強めに混ぜ、塩、胡椒を加える。
❹刻んだハーブと茹でて細かく刻んだほうれん草を加える。

<ポピエットゥ>
❶舌平目の切り身を、茹でてから縮まないように肉たたきでたたき、塩、胡椒する。
❷皮の面が上になるように作業台の上におき、魚のムースを3～4mmの厚さに塗って、細い方から巻く。
❸巻き終わったら1個ずつラップできっちりと包み、キャンディの包みのように両端を強く巻いて、茹でているときに開かないようにたこ糸で両端をしばる。
❹ポピエットゥを冷たいフュメ・ドゥ・ポワソンに入れて加熱し、80℃で6～8分茹でる。
❺そのまま冷めるまで煮汁の中におき、冷めたらきれいなふきんの上に取り出して余分な水気をきる。
❻レモンとライムは皮をむき、細切りにして別々に茹でておく。

<組み立てと仕上げ>
❶ポピエットゥの大きさに応じて2つか3つに切り、網にのせて冷蔵庫で十分に冷やす。
❷刷毛で、ジュレ・ドゥ・ポワソンを塗る。まず1回目を塗り、冷やしかためてからレモンとライムの皮をのせる。
❸2回目のジュレ・ドゥ・ポワソンを塗る。
❹ケースに入れて皿にのせ、よく冷やしてからサービスする。

第7章　ミニョネットゥ

Chapitrer.7 – Les mignonnettes

C Les mignonnettes à base de poisson　魚介類のミニョネットゥ

4 ラングスティーヌのベニエ

Beignets de langoustines

器具
揚げ物用の鍋、網、ふるい

材料
ラングスティーヌ

<パータ・フリール>
卵 4個
ビール 500cc
小麦粉 500g
塩 10g
卵白 5個分

<マリナード>
オリーブ油
タイム
ローリエ
塩、胡椒
レモンの薄切り

<ソース・タルタル>
P214参照。

サラダ油 100g

パセリ

作り方
<パータ・フリール>
① 卵を割ってほぐし、ビールを1/3加え混ぜる。
② ふるった小麦粉を①に加え混ぜる。
③ 残りのビールと塩を加え、冷蔵庫で2時間休ませる。
④ 卵白を泡立てて③に加え、メレンゲが見えなくなるまで軽く混ぜる。

<ラングスティーヌ>
① ラングスティーヌは生のまま身をくずさないように殻をはずす。
② 水で洗い、きれいなふきんで水気を取る。
③ マリナード液の材料を合わせて、②を入れ、1時間マリネする。

<組み立てと仕上げ>
① 鍋にサラダ油を熱し、ラングスティーヌをひとつずつパータ・フリールにつけて揚げる。全体にきれいな色がつくように、途中で裏返す。
② キツネ色に揚がったら網の上におき、十分に油をきる。
③ 皿にレースペーパーを敷いて盛り、レモンのくし切りとパセリを飾る。ソース・タルタルを添える。

【ポイント】
温め直しはおいしくないので、作りおきせず、できたてをサービスすること。

第7章 ミニョネットゥ

Chapitre.7 – Les mignonnettes

C Les mignonnettes à base de poisson 魚介類のミニョネットゥ

5 アンコウのベニエ
Beignets de lotte

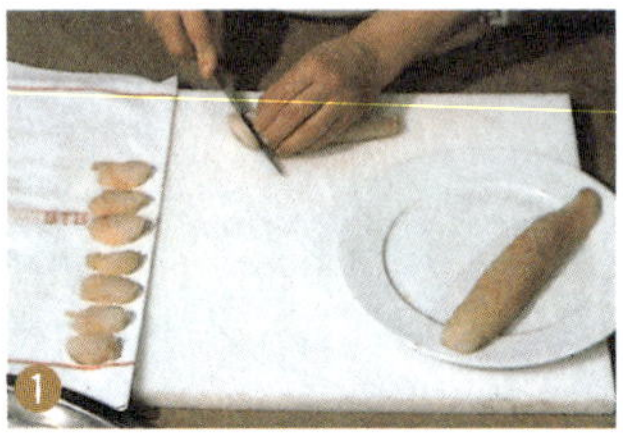

ソース・タルタル
Sauce Tartare

器具
揚げ物用の鍋

材料
アンコウの切り身

＜マリナード＞
オリーブ油
レモンの薄切り
タイム
ローリエ
塩、胡椒
アニス酒........................数滴

＜パータ・フリール＞
材料と作り方は4ラングスティーヌのベニエ参照。

＜ソース・タルタル＞
P214参照。

レモン
パセリ

作り方
❶アンコウを1.5cmに切り、皿に並べる。
❷塩、胡椒をし、その上にレモンの薄切り、タイム、ローリエをのせる。オリーブ油、アニス酒を加え、最低1時間マリネする。
❸4ラングスティーヌのベニエ＜組み立てと仕上げ＞参照。

＜マイョネーズ＞
卵黄............................2個
マスタード..........大さじ1杯
塩
カイエンヌペッパー
油............................500g
（コーン油かピーナッツ）
ビネガー ....少々
（作り方は2章参照）

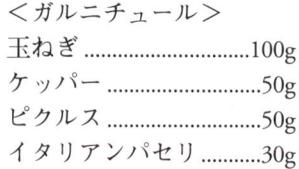

＜ガルニチュール＞
玉ねぎ 100g
ケッパー 50g
ピクルス 50g
イタリアンパセリ 30g

作り方
❶かためのマイョネーズを作る。
❷玉ねぎをみじん切りにする。
❸ケッパーとピクルスの水気をきり、みじん切りにする。
❹パセリはきれいなところをとって洗い、水気をきってみじん切りにする。
❺マイョネーズに❷、❸、❹を混ぜ、必要なら味をととのえる。

【アドバイス】
魚介類のベニエなどにはとてもよく合う。サービスする際にはソース入れを使うとよい。

Chapitre. 7 – Les mignonnettes

D Les mignonnettes à base de légumes 野菜を使ったミニョネットゥ

1 ブロッコリーのベニエ
Beignets de brocolis

器具
むし器、揚げ物用の鍋

材料
ブロッコリー
塩

＜パータ・フリール＞
材料と作り方は4 ラングスティーヌのベニエ参照。

作り方
❶ブロッコリーを適当な大きさに分ける。
❷冷水でていねいに洗い、ザルにあげて水気をきる。
❸後で油で揚げるので、かために蒸す。
❹❸をふきんに取り、水気を取って塩をひとつまみふる。
❺4 ラングスティーヌのベニエ＜組み立てと仕上げ＞参照。

2 セロリとロックフォール
Branchettes de céleri au roquefort

器具
こし器、星口金（直径10mm 切れ数8）、絞り袋、木べら

材料
セロリ
クルミ

＜ロックフォールバター＞
ロックフォールチーズ…200g
（青カビの量が多いもの）
ポマード状バター…………50g

作り方
＜ロックフォールバター＞
❶ロックフォールチーズを目の細かいこし器でこし、木べらでなめらかにする。
❷ポマード状バターを加え、よく混ぜる。
❸セロリを1本ずつ分けて水でよく洗い、きれいなふきんで水気を取る。
❹くぼみが深い茎を選び、筋を取って長さ6cmに切る。
❺星口金をつけた絞り袋で、ロックフォールバターをセロリのくぼみに絞る。
❻クルミをのせる。

第7章　ミニョネットゥ

Chapitre. 7 – Les mignonnettes

D Les mignonnettes à base de poisson　野菜を使ったミニョネットゥ

3 アンディーブのサーモンとフォワ・グラのフイヤンティーヌ

Feuillantines d'endives au saumon ou au foie gras

器具
ホイッパー、星口金（直径10mm切れ数8）、絞り袋、刷毛、木べら

材料
＜サーモンの
　　　フイヤンティーヌ＞
アンディーブ
生クリーム（乳脂肪分35％）
レモン .... 数滴
塩、胡椒 .... 少々
サーモンの燻製
ジュレ・ドゥ・ポワソン
フヌイユ
（ういきょうの葉）

＜フォワ・グラの
　　　フイヤンティーヌ＞
アンディーブ
ムース・ドゥ・フォワ
トゥリュフ
ポルト酒入りジュレ
（2章参照）

作り方
＜サーモンの
　　　フイヤンティーヌ＞
❶きれいなアンディーブを選ぶ。小さな葉ははずし、大きな葉のみを使う。
❷ていねいに洗い、きれいなふきんで破かないように注意しながら水気を取る。
❸かために泡立てた生クリームにレモン、塩、胡椒を加える。
❹アンディーブに❸を絞り入れ、その上にサーモンの薄切りをのせる。
❺冷蔵庫で冷やして、ジュレ・ドゥ・ポワソンを塗ってつやを出す。
❻中心にフヌイユを飾る。

＜フォワ・グラの
　　　フイヤンティーヌ＞
❶アンディーブの準備をする。
❷フォワ・グラのムースを木べらでなめらかにする。
❸星口金をつけた絞り袋でアンディーブに絞る。
❹トゥリュフをのせる。
❺冷蔵庫に入れて冷やして、ポルト酒入りジュレを塗ってつやを出す。
❻いずれも大皿に盛り、冷やしてサービスする。

Chapitrer 7 – Les mignonnettes

D Les mignonnettes à base de poisson 野菜を使ったミニョネットゥ

4 ブドウの葉のファルシ
Feuilles de vigne farcies

器具
銅鍋、木べら、楊枝、網

材料
＜ブドウの葉＞
殺菌済みのビン詰のもの

＜ガルニチュール＞
アンチョビ 10尾
ツナの油漬け 100g
オリーブ 10個
玉ねぎ 40g
レモン汁 ....少々
オリーブ油 20g
イタリアンパセリ..大さじ1杯
（みじん切り）
茹でたインディカ米 100g
塩、胡椒

＜マリネ液＞
オリーブ油 ....少々
レモン汁 ....数滴

作り方
ブドウの葉は水気をきる。

＜ガルニチュール＞
① アンチョビをみじん切りにする。
② ツナをみじん切りにする。
③ オリーブの種を抜き、ごく小さいさいの目に切る。
④ 玉ねぎをみじん切りにする。
⑤ ボウルに①～④の材料を入れ、木べらで混ぜる。
⑥ レモン汁とオリーブ油で味をととのえる。
⑦ イタリアンパセリを加え、塩、胡椒してよく混ぜる。
⑧ 米を加える。

＜組み立てと仕上げ＞
① よく水気をきったブドウの葉を、清潔なふきんの上に広げる。大きい葉は半分に切り、中心にガルニチュールをコーヒースプーン1杯分のせる。
② 葉の両端を内側に折り、きつく巻く。
③ 少し深さのある皿などに並べ、オリーブ油とレモン汁をふってマリネする。
④ ラップをかけ、冷蔵庫に48時間以上おく。
⑤ 皿から取り出し、網の上においで水気をきる。
⑥ 楊枝を刺して大皿に盛り付け、室温にしてサービスする。

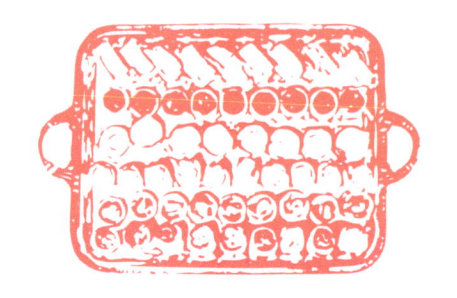

Chapitre. 8

Les bouchées chaudes
pour cocktails

Chapitre. 8

第8章

温かいブーシェ
Les bouchées chaudes pour cocktails

温かいブーシェはとてもグレードの高いフール・サレです。その特長は生地を別に焼いてから、ガルニチュール（具）を詰めるというように、2段階に分けて作られることです。ガルニチュールは、ソースによって見ためも美しくなり、味もよりおいしくなるものもあります。温かいブーシェは、立食パーティのビュッフェや着席のディナーの最初に出されます。

第8章 温かいブーシェ
Chapitre. 8 – Les bouchées chaudes pour cocktails

ポイント
Point

Les feuilletés
パートゥ・フイユテ

Les brioches
ブリオッシュ

Les pâte à pâté
パータ・パテ

Les croûtons ou toasts
クルトン

この章では12種類を選びましたが、これらには、はっきりした分類はありません。それは、野菜、甲殻類、魚、卵、エスカルゴ、リ・ドゥ・ヴォー（仔牛の胸腺肉）などガルニチュールが異なるからです。いずれも少量の軽いソースやバター、ブール・コンポゼ（ミックスバター）などが添えられます。生地をあらかじめ作っておいて、注文が入ったときに仕上げをします。いろいろな素材を組み合わせていたり、デリケートなソースを使っているため、保存期間は短くなります。生地のサクサクした食感を損ねないように、水分の多いガルニチュールは、サービスする直前に詰めた方がよいでしょう。
生地は、大きく4つに分けられます。
❶パートゥ・フイユテ
❷パータ・パテ
❸クルトン
❹パータ・ブリオッシュ

❶パートゥ・フイユテ
これはバターを折り込んだ生地です。6回折ったパートゥ・フイユテをのばし、カットして焼いて器や台を作ります。切れ端などの2番生地を加えてもかまいません。
台は必要に応じた形にします（長方形、正方形、楕円形、丸形）。必要な厚さにのばした生地を1枚抜いて同じ形のひと回り小さい抜き型で、生地の高さの半分まで押して切り、これを焼き、後でふたをはずす場合と、より薄い生地を同じ大きさで2枚抜き、1枚は真ん中をひとまわり小さく切り抜いて輪や長方形の縁を作り、これを重ねて焼く場合があります。
この方が、くぼみが大きくなるので中にガルニチュールやソースがたくさん入ります。

❷パータ・パテ
いろいろな形の型に生地を敷き込んで作ります。
薄くのばした生地にピケをし、型の中に敷き込みます。冷蔵庫でよく休ませてから重石を入れて空焼きをします。

❸クルトン
パン・ドゥ・ミ、またはブリオッシュを8〜10mmの厚さにのばし、いろいろな形の型で抜きます。バターを塗ってオーブンでしっかり焼き色をつけ、カリカリに焼き上げるので、歯ざわりを損なわないようにソースは添えません。

❹パータ・ブリオッシュ
生地は、きれいに型抜きするために必要な厚さにのばしてから冷蔵庫に入れてかたくして抜き型で抜きます。かなりやわらかいときは、中をきれいにくり抜くために、いったん冷凍庫へ入れてかたくします。1個分は約10gです。
ホイロ（30℃くらいのところ）で約2倍にふくらむまで発酵させ、高温のオーブンで焼きます。
短時間でやわらかく焼き上げるので、オーブンを注意して見てください。

第8章　温かいブーシェ

Chapitre.8 — Les bouchées chaudes pour cocktails

1 アスパラガスのフイユテ

Feuilletés de pointes d'asperges

材料

＜パートゥ・フイユテ＞
材料と作り方は3章参照。

＜塗り卵＞
材料と作り方は 10 ミニ・ブーシェ・ア・ラ・レーヌ参照。

グリーンアスパラガス

＜ブール・ブラン＞
澄ましバター	20g
エシャロットゥ	80g
辛口白ワイン	50g
ワインビネガー	50g
生クリーム	30g
バター	200g

塩、胡椒

器具
大理石かアクリルの板、めん棒、刷毛、木べら、こし器、プティ・クトー、網、銅鍋、厚底片手鍋

作り方

＜生地の成形＞
❶ 6回折ったパートゥ・フイユテをのばし、厚さ5mm、長さ6.5cm、幅3cmに切る。
❷ まわりに1cm間隔で、プティ・クトーでピケをする。
❸ 塗り卵をし、冷蔵庫で1時間休ませる。もう1回塗り卵をして、200℃のオーブンで表面と側面がキツネ色になるまで焼く。

＜グリーンアスパラガス＞
❶ グリーンアスパラガスは穂先5cmの部分を使う。沸騰させた湯に塩少々を入れ、ややかたさが残るくらいに茹でる。
❷ 氷水にサッと浸けて粗熱を取り、ふきんで水気を取る。
【ポイント】
銅鍋で茹でると、緑色がきれいに出る。

＜ブール・ブラン＞
❶ エシャロットゥをみじん切りにする。
❷ 厚底片手鍋に澄ましバターを熱して❶を入れる。
❸ 色がつかないようにやわらかくなるまで弱火で炒める。
❹ 辛口白ワインとワインビネガーを入れ、2/3量に煮詰める。
❺ 生クリームを加え、1回沸騰させる。
❻ バターを少しずつ加え、木べらで混ぜる。
❼ 塩、胡椒をする。
❽ 目の細かいこし器でこし、エシャロットゥをよくおさえてソースを絞る。

＜組み立てと仕上げ＞
❶ 生地が冷めたら、下から2/3の高さで水平に切る。上1/3がふたになる。
❷ プティ・クトーの先にアスパラガスを刺し、ブール・ブランに浸す。
❸ 生地の上にのせる。
❹ 穂先が見えるようにふたをのせる。
❺ サービスする直前に170℃のオーブンで温める。

Chapitre. 8 – Les bouchées chaudes pour cocktails

2 ピーマンのクルスタッドゥ

Croustades à la fondue de poivrons doux

材料

＜パータ・パテ＞
材料と作り方は3章参照。

＜ピーマンのフォンデュ＞
緑のピーマン 1個
赤のピーマン 1個
オリーブ油 50g
トマトペースト
塩、胡椒

器具

大理石かアクリルの板、めん棒、刷毛、プティ・フールかバルケットゥ型（直径4.5cm）、木べら、カード、プティ・クトー、網、厚底片手鍋（ふた付き）、重石

作り方

＜生地の成形＞
❶パータ・パテを3mmの厚さにのばし、プティ・フール型に敷き込む。
❷冷蔵庫で最低2時間休ませ、重石をのせて空焼きをする。

＜ピーマンのフォンデュ＞
❶緑と赤のピーマンは種を取り、5mm角くらいに切る。
❷厚底片手鍋にオリーブ油を熱し、ピーマンを入れてふたをする。中火にして、少し歯ごたえが残るくらいで火からおろし（約10分）、軽く塩をふる。
❸トマトペーストであえ、塩、胡椒で味をととのえる。バットにあけて冷ます。ピーマンは香りが強いので、胡椒は控えめにする。

＜組み立てと仕上げ＞
❶ピーマンのフォンデュが冷めたら、小さなスプーンで生地にたっぷり入れる。
❷サービスする直前に170℃のオーブンで温める。

第8章　温かいブーシェ

Chapitre. 8 – Les bouchées chaudes pour cocktails

3 うずらの卵のクルトン
Croûtons d'œufs de caille

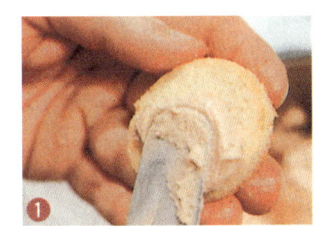

器具
刷毛、丸抜き型（直径5cm）、パレットナイフ（小）、プティ・クトー、網、フライパン、厚底片手鍋

材料
＜クルトン＞
パン・ドゥ・ミ
材料と作り方は3章参照。
溶かしバター

うずらの卵
澄ましバター

ムース・ドゥ・フォワ

作り方
＜クルトン＞
❶パン・ドゥ・ミは厚さ1cmにスライスして、丸抜き型で抜く。
❷天板に並べて、両面に、刷毛で溶かしバターを塗る。
❸200℃のオーブンで、キツネ色でカリカリになるまで6〜8分焼く。

＜うずらの卵＞
❶うずらの卵は膜がとても丈夫なので、殻を割るときはプティ・クトーの先で少し殻をこわしてから割る。
❷黄身がこわれないよう、小さな容器に入れる。フライパンに澄ましバターを少量入れ、卵をそっと移し、中火で目玉焼きを作る。
❸目玉焼きをこわさないように、パレットナイフで皿に移す。冷めてから、必要なら直径5cmの抜き型で余分な白身を落とし、クルトンと同じ大きさにする。

＜組み立てと仕上げ＞
❶クルトンの表面に、練ってやわらかくしたムース・ドゥ・フォワを薄く塗る。
❷❶の上に目玉焼きをのせる。

223

第8章　温かいブーシェ

Chapitre. 8 – Les bouchées chaudes pour cocktails

4 エスカルゴのブーシェ

Bouchées d'escargots

器具
大理石かアクリルの板、めん棒、刷毛、丸抜き型(直径3cmと5cm)、木べら、こし器かパソワール、プティ・クトー、星口金(直径7mm、切れ数8)、絞り袋、網

材料
＜パートゥ・フイユテ＞
材料と作り方は3章参照。

＜塗り卵＞
材料と作り方は 10 ミニ・ブーシェ・ア・ラ・レーヌ参照。

エスカルゴ(缶詰)

＜エスカルゴバター＞
イタリアンパセリ............25g
にんにく............................20g
エシャロットゥ................10g
バター..............................250g
塩、胡椒、ナツメグ
アニス酒.......................数滴

作り方
＜生地の成形＞
❶ 6回折ったパートゥ・フイユテを5mmの厚さにのばし、直径5cmの丸抜き型で抜く。
❷ 霧吹きをした天板の上に、抜いた生地を裏返して並べる。
❸ 表面に塗り卵をする。このとき、側面に塗り卵が流れないよう注意する。
❹ サラダ油を小さな容器に入れて加熱し、直径3cmの丸抜き型を浸け、生地の厚さの半分まで埋め込むようにして印をつける(ふたの部分になる)。
❺ プティ・クトーの先で、まわりに4ヵ所ピケをする。
❻ 冷蔵庫で1時間休ませる。
❼ 200℃のオーブンで焼く。
❽ 生地が冷めたら、プティ・クトーでふたを切り取る。

＜エスカルゴ＞
❶ こし器でエスカルゴの水気をきる。

【アドバイス】
生のエスカルゴを使ってもよいが、処理には時間がかかる。
処理の仕方は3巻1章参照。

＜エスカルゴバター＞
❶ イタリアンパセリとにんにくを細かいみじん切りにする。
❷ エシャロットゥをみじん切りにする。
❸ ❶と❷をバターと混ぜる。
❹ 塩、胡椒、ナツメグ少々、アニス酒で味付けし、よく混ぜる。

＜組み立てと仕上げ＞
❶ 生地にエスカルゴをおし込むように入れる。
❷ 星口金をつけた絞り袋にエスカルゴバターを入れ、中心に絞る。
❸ ❷の上にふたをのせる。
❹ サービスする直前にバターが沸騰しないように180℃で温める。

第8章 温かいブーシェ

Chapitre. 8 – Les bouchées chaudes pour cocktails

5 ムール貝のクルスタッドゥ、カレー風味

Croustades de moules au curry

器具
2 ピーマンのクルスタッドゥ参照。

材料
＜パータ・パテ＞
材料と作り方は3章参照。

＜ムール貝のマリニエール＞
澄ましバター
玉ねぎ
エシャロットゥ
ブーケガルニ
・タイム
・ローリエ
・パセリの茎
・ポロねぎの青い部分
白ワイン
胡椒

＜ほうれん草の蒸し煮＞
ほうれん草.................. 300g
澄ましバター .... 適量
バター 15g
塩、胡椒、ナツメグ

＜ソース・カレー＞
ムール貝の煮汁 500cc
ルー .... 適量
生クリーム 200cc
カレー粉
バター 30g

作り方
＜生地の成形＞
2 ピーマンのクルスタッドゥ参照。

＜ムール貝のマリニエール＞
❶ ムール貝は貝殻に付着しているものを取り、水で洗う。
❷ 玉ねぎとエシャロットゥを細かく刻む。
❸ ブーケガルニを用意する。
❹ 厚底片手鍋に澄ましバターを溶かし、❷を入れて弱火で軽く炒める。
❺ ❶と❸を加え、白ワインを注ぐ。
❻ 胡椒で味付けする。
【ポイント】
ムール貝自体が塩気を含んでいるので塩は加えない。
❼ ふたをして殻が開くまで火を通したら、冷ます。
❽ 冷めたら貝を殻からはずし、まわりのひもを取り、形をきれいにする。煮汁はソースに使うので取っておく。

＜ほうれん草の蒸し煮＞
作り方は11 鶏のレバーのクルスタッドゥ参照。

＜ソース・カレー＞
❶ 目の細かいこし器で、ムール貝の煮汁をこす。
❷ 煮汁を沸騰させて2/3量に煮詰め、ルーでとろみをつける。
❸ 生クリーム少々を加え、クリーミーにする。
❹ カレー粉を加える。そのまま弱火にかけて、こしてからバターでモンテ（細かくしたバターをソースに入れ、前後に小さく鍋をゆすりながら、ソースと分離しないように混ぜていくこと）し、火からおろす。

＜組み立てと仕上げ＞
❶ 空焼きした生地の底にほうれん草を敷く。大きければ1つ、小さければ2つのムール貝をのせる。
❷ ソースをスプーン1杯かける。
❸ サービスする直前に170℃のオーブンで温める。

第8章 温かいブーシェ

Chapitre. 8 – Les bouchées chaudes pour cocktails

6 カニのミニ・ブリオシェットゥ
Mini-briochettes au crabe

器具
大理石かアクリルの板、めん棒、刷毛、丸抜き型（直径4cm）、木べら、プティ・クトー、網、厚底片手鍋

材料
<パータ・ブリオッシュ>
材料と作り方は3章参照。

<塗り卵>
材料と作り方は10 ミニ・ブーシェ・ア・ラ・レーヌ参照。

カニ（缶詰）

<ソース・ナンチュア>
ソース・アメリケーヌ ...200g
フュメ・ドゥ・ポワソン ...500g
ルー ....少々
生クリーム.....................100g
塩、胡椒
カイエンヌペッパー ....少々
バター
コニャック ....少々

作り方
<生地の成形>
❶生地を8〜10mmの厚さにのばし、冷凍庫に入れてかたくする。
❷丸抜き型で抜く。
❸霧吹きをした天板の上に並べる。
❹1回目の塗り卵をして、2倍の大きさにふくらむまでホイロ（30℃くらいのところ）で発酵させる。もう1回塗り卵をし、220℃のオーブンで焼く。

<カニ>
❶カニの水気をきり、身をほぐして軟骨を取り除き、冷蔵庫に入れておく。

<ソース・ナンチュア>
❶ソース・アメリケーヌを1/2量に煮詰めて、フュメ・ドゥ・ポワソンを加え混ぜ、アクを取りながら、煮詰める。
❷ルーでとろみをつける。
❸生クリームでクリーミーにする。そのまま弱火にかける。
❹塩、胡椒、カイエンヌペッパー少々で味をととのえる。
❺バターでモンテ（5 ムール貝のクルスタッドゥ参照）し、コニャックを加える。

<組み立てと仕上げ>
❶プティ・クトーで生地の上を5mmほど切る。
❷下の生地の中にくぼみを作る。
❸丸抜き型で❶の形を丸くととのえる。
❹水気をきってほぐしたカニとソース・ナンチュアをそっと混ぜる。
❺小さなスプーンで、❷に入れる。
❻ガルニチュールをドーム状にととのえ、ふたをのせる。
❼サービスする直前に170℃のオーブンで温める。

7 姫ホタテ貝のクルスタッドゥ、セルフイユのクリームソース

Croustades de pétoncles à la crème de cerfeuil

材料

＜パータ・パテ＞
材料と作り方は3章参照。

＜シャンピニオンのデュクセル＞
エシャロットゥ 50g
シャンピニオン 200g
澄ましバター 30g
塩、胡椒、レモン汁

＜姫ホタテ貝＞
姫ホタテ貝
フュメ・ドゥ・ポワソン

**＜セルフイユの
　　　クリームソース＞**
澄ましバター 20g
エシャロットゥ 2個
シャンピニオン 50g
（軸も入れてよい）
セルフイユ 10本
辛口の白ワイン 70g
ノイリー酒 70g
（ヴェルモット）
フュメ・ドゥ・ポワソン ...250g
生クリーム 500g
塩、胡椒
バター 50g
ルー ....少々

器具
2 ピーマンのクルスタッドゥ参照。

作り方

＜生地の成形＞
2 ピーマンのクルスタッドゥ参照。

＜シャンピニオンのデュクセル＞
❶シャンピニオンの汚れを取り、レモン汁をふりかけて刻む。
❷エシャロットゥの皮をむき、みじん切りにする。
❸厚底片手鍋に澄ましバターを入れて熱し、❷を入れ、色がつかないように炒める。
❹❶を加える。
❺軽く塩、胡椒をしてふたをし、強火にして水分をとばす。
❻水分が出たらふたを取り、水分を蒸発させる。
❼塩、胡椒で味をととのえ、容器に移しておく。

＜姫ホタテ貝＞
❶厚底片手鍋に冷たいフュメ・ドゥ・ポワソンを入れ、姫ホタテ貝を入れてから加熱し、茹でる。
❷貝がかたくならないように弱火で、短時間で茹でる。

**＜セルフイユの
　　　クリームソース＞**
❶エシャロットゥをみじん切りにし、シャンピニオンを薄切りにする。これを澄ましバターで色がつかないように弱火で炒める。
❷白ワインを加える。
❸2分沸騰させて、ノイリー酒を加え、少し煮詰める。
❹フュメ・ドゥ・ポワソンを加え、1/2量に煮詰める。必要ならルーでとろみをつける。
❺生クリームを加え、弱火で煮続ける。塩、胡椒で味をととのえる。
❻ソースをこして、バターでモンテ（5 ムール貝のクルスタッドゥ参照）する。
❼セルフイユを散らす。

＜組み立てと仕上げ＞
❶生地の中に、シャンピニオンのデュクセルを少し入れる。
❷水気をきった姫ホタテ貝をのせる。
❸小さなスプーンでセルフイユのクリームソースを入れる。
❹サービスする直前に170℃のオーブンで温める。

第8章　温かいブーシェ

Chapitre. 8 – Les bouchées chaudes pour cocktails

8 ラングスティーヌのフイユテ

Feuilletés de langoustines

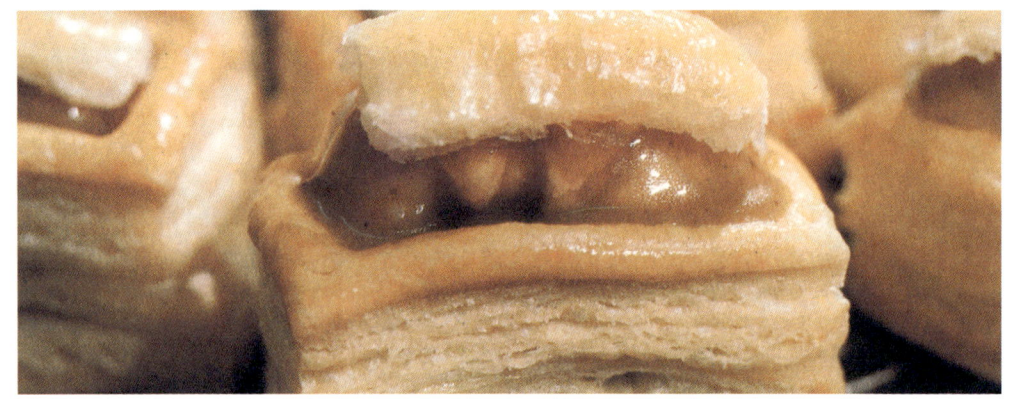

器具
大理石かアクリルの板、めん棒、刷毛、木べら、プティ・クトー、こし器かパソワール、網、厚底片手鍋(小、大)

材料
＜パートゥ・フイユテ＞
材料と作り方は3章参照。

＜塗り卵＞
材料と作り方は 10 ミニ・ブーシェ・ア・ラ・レーヌ参照。

＜野菜の蒸し煮＞
澄ましバター......................20g
エシャロットゥ 40g
にんじん 150g
玉ねぎ..................................50g
フヌイユ...........................100g
塩、胡椒

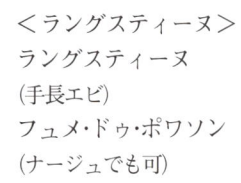

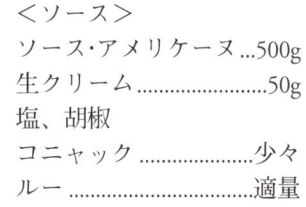

＜ラングスティーヌ＞
ラングスティーヌ
(手長エビ)
フュメ・ドゥ・ポワソン
(ナージュでも可)

＜ソース＞
ソース・アメリケーヌ...500g
生クリーム 50g
塩、胡椒
コニャック ....少々
ルー ....適量

作り方
＜生地の成形＞
❶6回折ったパートゥ・フイユテを3mmの厚さにのばす。長さ6cm、幅3cmに切り、1組に2枚用意する。
❷1枚目(底)に塗り卵をする。
❸もう1枚の中を長さ5cm、幅2cmに切り抜いて縁を作り、❷に重ねる。
❹軽くおさえて全体に1cm間隔でピケをする。2枚目の縁に塗り卵をし、冷蔵庫で最低1時間休ませる。
❺200℃のオーブンで焼く。
❻温かいうちに、プティ・クトーでふたになる部分を取っておく。

＜野菜の蒸し煮＞
❶野菜の皮をむき、小さい角切りにする。
❷厚底片手鍋(小)に澄ましバターを溶かし、❶を入れ、蒸し煮する。
【ポイント】
ふたをして野菜の水分だけで調理しなければならないので、十分に注意する。
❸塩、胡椒で味付けする。

＜ラングスティーヌ＞
❶生のラングスティーヌの殻を取る。この方がむきやすく、身を傷めることもない。まず頭と身を分け、殻を割り、身をそっとはずして背わたを抜く。
❷フュメ・ドゥ・ポワソン (またはナージュ1章参照)に入れ、温度を75℃にしてゆっくり茹でる。
❸きれいなふきんの上で水気を取る。

＜ソース＞
❶ソース・アメリケーヌを好みで煮詰める。必要ならルーでとろみをつける。
❷生クリームを加える。
❸塩、胡椒で味をととのえる。
❹最後にコニャックを加えて裏ごしする。

＜組み立てと仕上げ＞
❶生地の底に蒸し煮した野菜を小さなスプーン1/2杯入れ、ラングスティーヌを1つのせる。
❷ソースを熱くして小さなスプーン1杯入れる。
❸❷の上にふたをのせ、すぐにサービスする。

第8章　温かいブーシェ

Chapitre.8 – Les bouchées chaudes pour cocktails

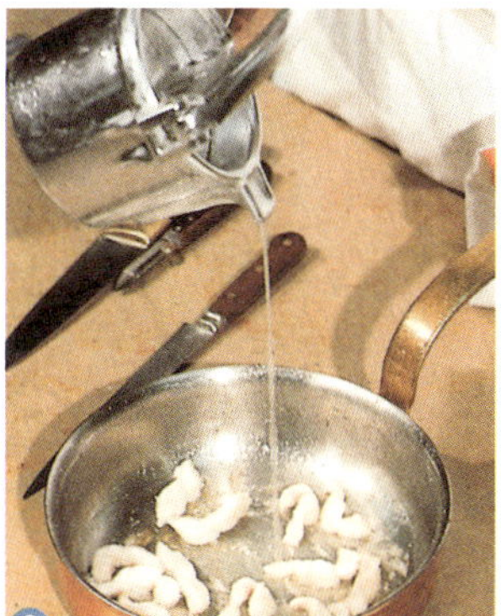

9 舌平目のフイユテ、ライム風味

Feuilletés de sole au citron vert

器具
大理石かアクリルの板、めん棒、刷毛、プティ・クトー、皮むき器、厚底片手鍋、ザル

材料

＜パートゥ・フイユテ＞
材料と作り方は3章参照。

＜塗り卵＞
材料と作り方は 10 ミニ・ブーシェ・ア・ラ・レーヌ参照。

ライム

＜舌平目のグジョネットゥ＞
舌平目
溶かしバター
ライムの絞り汁
塩、胡椒

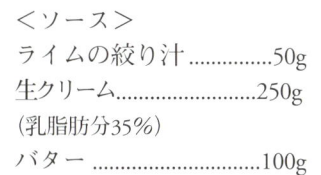

＜ソース＞
ライムの絞り汁 50g
生クリーム 250g
（乳脂肪分35%）
バター 100g

作り方

＜生地の成形＞
8 ラングスティーヌのフイユテ参照。

＜ライム＞
❶ライムをよく洗う。
❷プティ・クトーで、身を切らないようにライムの両端を切り落とす。
❸皮むき器でライムの皮をむく。皮をジュリエンヌ（細切り）に切る。
【アドバイス】
ライムの皮をまっすぐに同じ幅で幅広にむくと細切りにしやすくなる。
❹水を入れた鍋に❸を入れ、4分沸騰させて茹でる。
❺ザルにあけ、冷水で洗い、もう1回やわらかくなるまで茹でる。こうすることで苦みも取れる。
❻よく切れるプティ・クトーで、残ったライムの皮の綿の部分をすべてむく。身を袋から切り出して種を取る。

＜舌平目のグジョネットゥ＞
❶舌平目の切り身を長さ5cm、幅1.5cmくらいのバトネ（小さい棒状）に切る。
❷厚底片手鍋に溶かしバター少々を入れ、熱して❶を入れる。身が小さいのでサッと焼く。
❸ライムの絞り汁を少々ふりかけ、塩ひとつまみ、胡椒を入れて味付けし、皿に移す。

＜ソース＞
❶別の鍋にライムの絞り汁を入れ、煮詰める。
❷生クリームを加え、1/2量に煮詰める。
❸バターで、モンテ（5 ムール貝のクルスタッドゥ参照）する。

＜組み立てと仕上げ＞
❶生地の片側に舌平目のグジョネットゥを入れ、反対側に切り出したライムのくし切りを入れる。
❷小さなスプーンで縁にかからないよう注意してソースをかける。
❸❷の上にライムのジュリエンヌを飾る。温かいうちにサービスする。

229

Chapitre 8 — Les bouchées chaudes pour cocktails

10 ミニ・ブーシェ・ア・ラ・レーヌ
Mini-bouchées à la reine

器具
大理石かアクリルの板、めん棒、船抜き型（長さ3cmと5cm）刷毛、プティ・クトー、こし器かパソワール、木べら、網、厚底片手鍋、深めの厚底片手鍋、厚手のフライパン

材料

<パートゥ・フイユテ>
材料と作り方は3章参照。

<塗り卵>
卵黄	60g
牛乳	15g
グラニュー糖	1つまみ
塩	1つまみ

<リ・ドゥ・ヴォーのブレゼ>
リ・ドゥ・ヴォー	400g
澄ましバター	20g
サラダ油	少々
にんじん	50g
玉ねぎ	50g
ポロねぎの白い部分	40g
セロリ	10g

ブーケガルニ
・タイム
・ローリエ
・パセリの茎
・ポロねぎの青い部分

白ワイン	150cc
マデラ酒	150cc

塩、胡椒

<仔牛のクネル>
仔牛のクネル	250g
フォン・ブラン [blanc]	

<シャンピニオンの蒸し煮>
シャンピニオン	400g
水	200cc
バター	15g
レモン汁	1/4個分

塩、胡椒

<ソース>
ルー
・バター	75g
・小麦粉	75g
フォン・ブラン [blanc]	750cc
煮詰めたシャンピニオンの煮汁	100cc
煮詰めたリ・ドゥ・ヴォーの煮汁	150cc
卵黄	3個分（約60g）
クレーム・ドゥーブル	150cc

塩、胡椒

第8章 温かいブーシェ

Chapitre.8 – Les bouchées chaudes pour cocktails

作り方

＜塗り卵＞
卵黄をほぐして牛乳を加え混ぜる。グラニュー糖と塩を加え混ぜて裏ごしする。

＜生地の成形＞
❶6回折ったパートゥ・フィユテを5mmの厚さにのばし、長さ5cmの船抜き型で抜く。
❷霧吹きをした天板の上に、抜いた生地を裏返して並べる。
❸表面に塗り卵をする。このとき、側面に塗り卵が流れないよう注意する。
❹サラダ油を小さな容器に入れて加熱し、長さ3cmの船抜き型を浸け、生地の厚さの半分まで埋め込むようにして印をつける（ふたの部分になる）。
❺プティ・クトーの先で、まわりに1cm間隔でピケをする。
❻冷蔵庫で1時間休ませる。
❼200℃のオーブンで焼く。
❽生地が冷めたら、プティ・クトーでふたを切り取る。

＜リ・ドゥ・ヴォーのブレゼ＞
❶リ・ドゥ・ヴォーは流水の下に1時間おいて不純物を取り除く。水気をきり、下処理をする。まわりをおおっている皮を取り除き、筋を切る。
❷にんじん、玉ねぎ、ポロねぎの白い部分、セロリの皮をむき、3～4mm角に切る。ブーケガルニを作る。
❸厚底片手鍋に澄ましバターを熱し、切った野菜を入れ、濃く色づくまで炒める。
❹厚手のフライパンに澄ましバターとサラダ油を熱し、リ・ドゥ・ヴォーを焼く。ほんのり黄金色になるように表面だけ焼き色をつける。
❺❹を❸に移し、ブーケガルニを加える。塩、胡椒で味をととのえる。
❻リ・ドゥ・ヴォーを焼いたフライパンの油をすて、火にかける。白ワインを入れてデグラッセし、❺とマデラ酒を加え、ふたをして180℃のオーブンで蒸し煮にする。中位の大きさのリ・ドゥ・ヴォーなら15分くらい。
❼加熱半ばで裏返し、煮汁をかける。
❽煮えたら煮汁をこして、リ・ドゥ・ヴォーの汁気を取る。煮汁はソースに使うので煮詰めて取っておく。

【ポイント】
●リ・ドゥ・ヴォーのブレゼは仔牛か牛の脳みそを茹でたものでも代用できる。
●脊髄を使う場合もあるが、そのときは脳みそと一緒に茹でる。
●クネルとシャンピニオンの蒸し煮は必ず入れる。

＜仔牛のクネル＞
❶クネル用のフォン・ブランでポシェする。沸騰させるとクネルはくずれてしまうので十分に注意して茹でる。
❷茹で汁はこして取っておき、他の料理（牛を茹でるなど）に使う。

＜シャンピニオンの蒸し煮＞
❶シャンピニオンの汚れを取り、均一な大きさに切り、レモン汁をふりかける。
❷深めの厚底片手鍋に水、バター、レモン汁、塩、胡椒を入れる。煮立ったらシャンピニオンを入れて3～5分、ふたをして蒸し煮にする。必要なら味をととのえる。
❸煮汁をこしてシャンピニオンの汁気をきり、細かく刻む。こした煮汁はソースに使うので煮詰めて取っておく。
❹リ・ドゥ・ヴォーは2cm角、クネルは1cmの輪切り、シャンピニオンは細かく切る。

＜ソース＞
❶厚底片手鍋にバターを溶かし、小麦粉を加え、弱火にかけて木べらでよく混ぜて、薄いキツネ色になるまで炒める。
❷ソース用のフォン・ブランを加えて強火にし、ホイッパーでよく混ぜる。必要ならアクを取る。
❸煮詰めたシャンピニオンの煮汁とリ・ドゥ・ヴォーの煮汁を加えて煮立つまで、よく混ぜる。
❹味付けし、スプーンを入れたときにソースが少し厚めにつくくらいになるまで加熱したら、弱火にして沸騰しないように注意する。火からおろし、つなぎとしての卵黄とクレーム・ドゥーブルを混ぜながら温める。
❺あらかじめ1つにまとめておいたガルニチュールに、ソースをこしながらかけ、木べらでそっと混ぜる。

＜組み立てと仕上げ＞

●パーティなどの場合
ソースとガルニチュールをあえて、温かいうちに生地にサービスする。

●店頭販売の場合
❶ソースとガルニチュールをあえて、バットにのばし冷やしかためる。
❷生地にスプーンでガルニチュールを入れる。ややドーム状にしてふたをのせる。
❸サービスする直前に180℃のオーブンで4分温める。

Chapitre. 8 — Les bouchées chaudes pour cocktails

11 鶏レバーのクルスタッドゥ、ビネガー風味

Croustades de foies de volailles au vinaigre

器具

大理石かアクリルの板、めん棒、プティ・フール型（直径4.5cm）、刷毛、プティ・クトー、ホイッパー、シノワかパソワール、木べら、パレットナイフ、レードル、網、厚手のフライパン

材料

<パータ・パテ>
材料と作り方は3章参照。

<ほうれん草の蒸し煮>
ほうれん草......................300g
澄ましバター..................適量
バター................................15g
塩、胡椒、ナツメグ

<鶏レバー>
鶏レバー..........................500g
エシャロットゥ..................80g
澄ましバター..................適量

<フランボワーズビネガー
のソース>
ドゥミグラス....................500g
フランボワーズビネガー...60g
ルー..................................適量
バター................................30g
塩、胡椒

作り方

<生地の成形>
2 ピーマンのクルスタッドゥ参照。

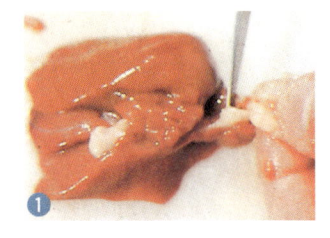

Chapitre. 8 – Les bouchées chaudes pour cocktails

＜ほうれん草の蒸し煮＞
① ほうれん草の茎を取り、よく洗い、砂を取る。
② 軽く絞り、水気をきる。
③ 厚手のフライパンに澄ましバターを入れ、②を入れてふたをし、少し強めの火にかける。フォークでほうれん草をほぐす。ほうれん草の量にもよるが、短時間で火が通る。
④ 火が通ったら、シノワでこし、水気をきる。
⑤ 別のフライパンにバターを入れて加熱し、焦がしバターを作り、④を入れる。フォークでほうれん草をほぐしながら焦げないように水分をとばす。焦げると苦味が出る。
⑥ 塩、胡椒、ナツメグ少々で味付けする。

＜鶏レバー＞
① レバーを一口大に切る。
【ポイント】
レバーを切り揃えるときは、筋や神経を切り、黄色い部分は苦いので全部取り除くこと。
② 全面に塩、胡椒をする。
③ 澄ましバターを熱し、強火でレバーを炒め、表面を焼きかためる。
【ポイント】
レバーを炒めるときは、決してフォークでつつかないで、木べらかパレットナイフを使うこと。
④ 半分火が通ったら、エシャロットゥのみじん切りを加える。
⑤ 弱火でエシャロットゥが焦げないようにしながら、レバーをロゼ(薄いピンク色)に保つ。
⑥ 炒め終わったらレバーを皿に移す。

＜フランボワーズビネガーのソース＞
① レバーの調理で出た油をすてる。
② エシャロットゥが残っている鍋の中に、フランボワーズビネガーを加えてデグラッセし(鍋についたうま味を溶かす)、さらにこれを3/4量に煮詰める。
③ ドゥミグラスを加え、1/2量に煮詰める。必要ならルーを加える。
④ 塩、胡椒で味をととのえる。
⑤ エシャロットゥをレードルでよくおさえシノワでこす。
⑥ バターで、モンテ(5 ムール貝のクルスタッドゥ参照)する。

＜組み立てと仕上げ＞
① 生地の底にほうれん草を敷く。
② 鶏レバーを入れる。
③ フランボワーズビネガーのソースをかける。
④ 低温のオーブンに数分入れて温め、すぐにサービスする。

第8章　温かいブーシェ

Chapitre.8 – Les bouchées chaudes pour cocktails

12 リ・ドゥ・ヴォーのクルスタッドゥ、シェリー酒風味

Croustades de ris de veau au xérès

器具
大理石かアクリルの板、めん棒、プティ・フール型（直径4.5cm）、刷毛、プティ・クトー、木べら、網、厚手のフライパン、こし器かパソワール

材料
〈パータ・パテ〉
材料と作り方は3章参照。

〈シャンピニオンのデュクセル〉
エシャロットゥ 50g
シャンピニオン 200g
澄ましバター 30g
塩、胡椒
レモンの絞り汁 1/2個分

〈リ・ドゥ・ヴォーのブレゼ〉
リ・ドゥ・ヴォー 500g
（下処理したもの）
にんじん 60g
玉ねぎ 50g
エシャロットゥ 20g
セロリ 30g
ポロねぎの青い部分 40g
ブーケガルニ
　・タイム
　・ローリエ
　・パセリの茎
　・ポロねぎの青い部分
澄ましバター 40g
塩、胡椒
シェリー酒 100g
ドゥミグラス 250g

〈ソース・オ・ゼレス〉
ブレゼの煮汁
生クリーム 200g
塩、胡椒
バター .... 少々
ルー .... 少々

作り方
〈生地の成形〉
2 ピーマンのクルスタッドゥ参照。

〈シャンピニオンのデュクセル〉
7 姫ホタテ貝のクルスタッドゥ参照。

〈リ・ドゥ・ヴォーのブレゼ〉
❶水につけて血抜きをする。
❷リ・ドゥ・ヴォー（仔牛の胸腺肉）は不要な部分を切り落とし、全体を包んでいる薄い皮を除く。
❸きれいなふきんで水気を取る。
❹野菜はみじん切りにする。

❶リ・ドゥ・ヴォーの両面に塩、胡椒する。
❷厚手のフライパンに澄ましバターを入れ、熱し、❶を入れる。両面にゆっくり焼き色をつける。
❸半分火が通ったら、野菜を加える。
❹フライパンにふたをして、180℃のオーブンに5分入れ、ブレゼ（蒸し煮）する。
❺リ・ドゥ・ヴォーを取り出し、油をすててシェリー酒でデグラッセ（鍋についたうま味を溶かす）する。
❻1/2量に煮詰めて、ブーケガルニとドゥミグラスを加え、リ・ドゥ・ヴォーをフライパンに戻す。
❼塩、胡椒で味をととのえ、ふたをして再びオーブンに入れる。

【アドバイス】
肉の大きさにもよるが、調理時間は約8〜10分である。油をきって皿に移しておく。火を通しすぎるとかたくなってしまう。リ・ドゥ・ヴォーはやわらかく、溶けるようでなければならない。

〈ソース・オ・ゼレス〉
❶煮えたブレゼの煮汁をこし器でこす。レードルでおすと野菜の甘みが入るので、おさないこと。
❷1/2量に煮詰め、必要ならルーでとろみをつける。
❸生クリームを加える。アクをすくいながら煮詰める。
❹塩、胡椒で味をととのえて、こし器でこす。
❺ごく軽くバターを加え、モンテする。

〈組み立てと仕上げ〉
❶生地の底にシャンピニオンのデュクセルを少々入れる。
❷リ・ドゥ・ヴォーを1cmくらいの薄切りにし、❶にのせる。
❸小さいスプーンでソースを全体にかけるが、側面に流れないよう注意する。
❹180℃のオーブンでさっと温め、すぐにサービスする。

Chapitre. 9

第9章
ビュッフェのためのグロス・ピエス
Les grosses pièces pour buffets

グロス・ピエスは、ビュッフェをより華やかに、そして個性的なものにします。テーブルを飾り、花束と同じような効果をもたらします。
グロス・ピエスはレセプションの規模と招待客の人数に応じて、1点だけ作ることもあれば、いくつもを組み合わせる場合もあります。したがってグロス・ピエスを作るときにはデコレーションのセンスも必然的に要求されることになります。サンドウィッチ、カナッペ、クレープ・フーレ、クリュディテ、その他にもカナッペ・アスピック、ブロシェットゥなども大きなグロス・ピエスに仕立てることができます。

第9章　ビュッフェのためのグロス・ピエス
Chapitre.9 − Les grosses pièces pour buffets

A Pains surprise パン・シュルプリーズ

ポイント

Point

"パン・シュルプリーズ"とは、見る楽しみを考えたいろいろな形のサンドウィッチです。
パンの中身をくり抜いてスライスし、具をはさみ、小さく切り分けます。これをパンの中に戻し、元のパンの形になるようにします。切ったふたの部分をかぶせてでき上がりです。

＜パン＞
よく使うパンの種類は、パン・ドゥ・ミ、ブリオッシュ、パン・ドゥ・セーグル、ハーブ入りパン、香味パン、クルミパン、レーズンパン、と形や大きさはさまざまです。
その中でもパン・ドゥ・ミが一番よく使われます。相性のよい具が多いのですが単調にならないように注意しましょう。丸いパン・シュルプリーズにはパン・ドゥ・セーグル（ライ麦の割合はいろいろ）が最もよく使われます。成形して丸い型に入れて焼くか、小さな丸天板においてやきます。パンの練り上がりにレーズンやナッツなどを加えてもよいでしょう。また、使用するパンは縁がしっかりしていないとプレゼンテーションがきれいにできないので、注意して選んでください。
パンは中に入れる具との相性を考慮して選び、スライスしやすいように、24〜48時間前に作っておきます。パンの切り口がシャープになるように、よく研いで切れる包丁を使いましょう。

＜具＞
中に入れる具には、いろいろな組み合わせが考えられます。相性のよい組み合わせになるよう、よく考えて選びましょう。具が数種類入っているものが人気がありますが、そのときはシンプルなパンを使ってください。

＜飾り＞
パンの上に、イーストを入れない生地の飾りをつけて焼くと、さらに見ためが華やかになります。もしふたの部分に飾りがなければ、リボンを巻いたり、紙で飾りをつけるとよいでしょう。

＜マスケ＞
パンに塗るものの種類もさまざまです。バター、ブール・コンポゼ（ミックスバター）、香辛料、香味野菜入りマヨネーズ、さまざまなムースなどがあります。

第9章　ビュッフェのためのグロス・ピエス

Chapitre.9 – Les grosses pièces pour buffets

A Pains surprise　パン・シュルプリーズ

1 カニとクレッソン

Pain surprise aux olives, crabe et cresson

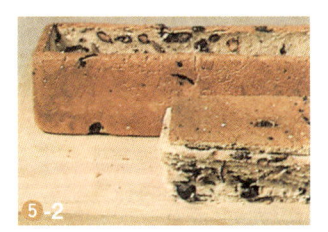

器具
プティ・クトー、パレットナイフ、波刃包丁、スライサー

材料
オリーブ入りパン
マイョネーズ

クレッソンの葉
カニの身

作り方
❶パンの縁から1.5cm内側に、長方形に印をつける。
❷プティ・クトーを、長方形の印に沿って底から1cm上まで刺し込んで、切る。
❸長い方の片側の1辺の端の方に、底から1.5cm上のところにプティ・クトーを入れ、手前に包丁を動かしながらパンを切り、中身を完全に切り離す。
【注意】
このとき反対側までプティ・クトーが突き抜けてしまうと、底が完全に切り離されてしまうので、注意すること。
❹パンを逆さまにし、中身を出す。
❺偶数の枚数に波刃包丁かスライサーでスライスする。
❻パンにマイョネーズを塗り、クレッソンの葉を並べる。
❼カニの身を散らして、マイョネーズを塗ったもう1枚のパンをのせてサンドする。
❽板をのせて軽く押さえる。
❾サンドウィッチを重ねて、4辺を揃えていくつかに切り分ける。
❿サンドウィッチを戻し、ふたをのせる。
オリーブのパンは野菜と相性がよい。

237

Chapitre.9 – Les grosses pièces pour buffets

A Pains surprise　パン・シュルプリーズ

2 ハムとコンテチーズ
Pain surprise au jambon et comté

作り方
①パンの切り方は＜カニとクレッソン＞作り方❶～❺参照。
②パンにバターを塗り、ハムをのせ、バターを塗ったもう1枚のパンをのせてサンドする。
③同様にコンテチーズで作る。
④❷と❸を交互に重ねて、4辺を揃えていくつかに切り分ける。
⑤サンドウィッチを戻し、ふたをのせる。

器具
プティ・クトー、パレットナイフ、波刃包丁、スライサー

材料
＜パン・ドゥ・ミ＞
材料と作り方は3章参照。

バター

ハム

コンテチーズ

3 若鶏とハーブ
Pain surprise au poulet et aux fines herbes

作り方
①パンの切り方は＜カニとクレッソン＞作り方❶～❺参照。
②若鶏はフォン・ドゥ・ヴォライユでポシェ(軽く茹でる)し、冷ましておく。
③皮を取り、骨をはずし、身をほぐす。
④パンにマヨネーズを塗り、❸をおく。好みで刻んだハーブを散らし、マヨネーズを塗ったもう1枚のパンをのせてサンドする。
⑤軽く押さえてくっつける。
⑥サンドウィッチを重ねて、4辺を揃えていくつかに切り分ける。
⑦サンドウィッチを戻し、ふたをのせる。

器具
プティ・クトー、パレットナイフ、波刃包丁、スライサー

材料
＜パン・ドゥ・ミ＞
材料と作り方は3章参照。

マヨネーズ

若鶏
フォン・ドゥ・ヴォライユ

ハーブ(セルフイユ、エストラゴン、シブレットゥなど)

Chapitre.9 – Les grosses pièces pour buffets

A Pains surprise パン・シュルプリーズ

4 クルミとロックフォールチーズ

Pain surprise au cumin, roquefort et noix

器具
プティ・クトー、パレットナイフ、波刃包丁、スライサー

材料
クミン入りのパン

ロックフォールチーズ
ポマード状のバター

刻んだクルミ

作り方
❶ パンの切り方は＜カニとクレッソン＞作り方❶〜❺参照。
❷ ロックフォールチーズをつぶし、その25％の重さのポマード状のバターを加えて混ぜる。
❸ パンに❷を塗り、刻んだクルミを散らし、❷を塗ったもう1枚のパンをのせてサンドする。
❹ サンドウィッチを重ねて、まわりを揃えていくつかに切り分ける。
❺ サンドウィッチを戻し、ふたをのせる。
【アドバイス】
パンは垂直にスライスしてもよい。

第9章 ビュッフェのためのグロス・ピエス

Chapitre.9 – Les grosses pièces pour buffets

Les boules de pain surprise 丸いパンで作るパン・シュルプリーズ

1 2種類のチーズ
Pain surprise aux deux fromages

2 ブリオッシュ・ムスリーヌ
Les brioches mousseline

器具
木べら、プティ・クトー、パレットナイフ、波刃包丁、スライサー

材料
パン・ドゥ・セーグル
ブール・サレ

クルミ
コンテチーズ
[Comté]

ボーフォールチーズ
(Beaufort＝かたくて穴のあいてないもの)

作り方
❶パンの切り方は＜シャルキュトゥリー＞作り方❶〜❺参照。

❷パンにブール・サレを塗り、刻んだクルミを散らす。チーズをのせ、ブール・サレを塗ったもう1枚のパンでサンドする。

❸コンテチーズとボーフォールをはさんだものを交互に重ねる。揃えて8等分に切り分ける。

❹サンドウィッチを戻し、ふたをのせる。

【アドバイス】
●中に戻すときに、扇のひだのようにずらして重ねていくとボリューム感が出る。
●パン生地の中にレーズンかドライフルーツを入れて焼いたものを使ってもよい。
●クルミをレーズンにかえてもおいしい。

器具
木べら、プティ・クトー、パレットナイフ、波刃包丁

材料
ブリオッシュ・ムスリーヌ

マヨネーズ
カニ
(鮭、フォワ・グラでも可)
セルフイユ

【ポイント】
ブリオッシュ・ムスリーヌは中くらいの大きさのものが生地がやわらかく、高さもちょうどよい。

作り方
❶パンを厚さ1cmほどで偶数の枚数にスライスする。一番上と下はふたと底にするので、具をはさまない。

❷マヨネーズにほぐしたカニの身と刻んだセルフイユを加えて混ぜる。

❸パンに❷を塗り、もう1枚のパンをのせてサンドする。

【アドバイス】
ブリオッシュはとてもやわらかい歯ざわりなので具もやわらかい方が相性がよい。

❹4等分に切る。

❺底になる生地をおき、その上に重ねていく。

【アドバイス】
重ねるときに1/8ずつずらしてのせると安定する。

❻ふたの生地をのせる。

第9章 ビュッフェのためのグロス・ピエス

Chapitre.9 – Les grosses pièces pour buffets

Les boules de pain surprise 丸いパンで作るパン・シュルプリーズ

3 シャルキュトゥリー

Pain surprise avec charcuteries diverses

器具
木べら、プティ・クトー、パレットナイフ、波刃包丁、スライサー、円盤(パンの直径より3cm小さいもの、同サイズの丸いものなら何でもよい)

材料
パン・ドゥ・カンパーニュ
ブール・サレ

具は下記のものを1種類または組み合わせて使う。
・生ハム
・ソーセージ
・サラミ
・ボンレスハム

【アドバイス】
● シャルキュトゥリー(ソーセージやサラミなど)をはさむ場合は、セーグルの入っていないパンを使う。
● フランスではヨーク産ジャンボン、ジャンボン・ドゥ・パリ、乾燥またはスモークジャンボン(バイヨンヌ、アルデンヌ、オーヴェルニュ、パルム)、山岳地帯の乾燥ソーセージ、サラミ、ニンニク入りソーセージ、またスモーク、さまざまなアンドゥイユ、モルタデルなどを使う。

作り方
❶ プティ・クトーを円盤に沿って底から1cm上のところまで刺し込んで、切る。
❷ 底から1.5cm上の1ヵ所にプティ・クトーを刺し、そこを軸として手前の半円分をプティ・クトーを動かして、半円を描くように切る。
❸ パンを180度回転させ、❷の反対側に刺し、同様に手前の半円分を切り、中身を切り離す。
【注意】
このとき反対側まで突き抜けてしまうと、底が完全に切り離されてしまうので、注意すること。
❹ パンを逆さまにし、中身を出す。
❺ 偶数の枚数に波刃包丁かスライサーでスライスする。
【アドバイス】
くっつきやすいパンの場合はプティ・クトーにバターかオイルを塗ると、きれいに切ることができる。
❻ パンにブール・サレを塗り、具をはさみ、ブール・サレを塗ったもう1枚のパンをのせてサンドする。同様にして違う具をはさんで重ねていく。
❼ まわりをきれいに切り揃えて8等分に切り分ける。
❽ サンドウィッチを戻し、ふたをのせる。
【アドバイス】
● 中に戻すときにずらして重ねていくとボリューム感が出る。
● パンの、スライスの厚さやサンドしてからの組み立ては好みでかえてもかまわない。

241

Chapitre.9 – Les grosses pièces pour buffets

Les boules de pain surprise 丸いパンで作るパン・シュルプリーズ

4 生野菜
Pains surprise de crudités

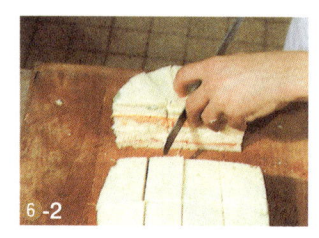

材料
<パン・ドゥ・ミ>
材料と作り方は3章参照。

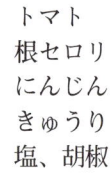

マイネーズ
（好みでハーブや香辛料を加えてもよい）

トマト
根セロリ
にんじん
きゅうり
塩、胡椒

器具
木べら、プティ・クトー、パレットナイフ、波刃包丁、スライサー

作り方
❶パンの切り方は<シャルキュトゥリー>作り方❶〜❺参照。
❷トマトときゅうりは厚さ5mmくらいの薄切りにする。にんじん、根セロリは細切りにする。
❸パンにマイネーズを塗り、トマトをのせ、軽く塩、胡椒してマイネーズを塗ったパンをのせてサンドする。
❹パンにマイネーズを塗り、根セロリをのせ、マイネーズを塗ったパンをのせてサンドする。
❺同様ににんじん、きゅうりをサンドして重ねていく。
❻いくつかに切り分ける。
❼サンドウィッチを戻し、ふたをのせる。

第9章　ビュッフェのためのグロス・ピエス

Chapitre.9 – Les grosses pièces pour buffets

Les boules de pain surprise　丸いパンで作るパン・シュルプリーズ

5 魚

Pains surprise au poisson

器具
プティ・クトー、パレットナイフ、波刃包丁、スライサー

材料
＜パン・ドゥ・ミ＞
(パン・ドゥ・セーグルでも可)
材料と作り方は3章参照。

ブール・サレ

・イクラ、あんこうの卵の塩漬け
・マス、サーモン、ウナギの燻製
・マス、サーモンのムース
・カニとシブレットゥのマヨネーズ

作り方
❶パンの切り方は＜シャルキュトゥリー＞作り方❶～❺参照。
❷パンにブール・サレを塗り、サーモンの燻製をのせ、ブール・サレを塗ったもう1枚のパンをのせてサンドする。
❸パンにブール・サレを塗り、あんこうの卵をのせ、ブール・サレを塗ったもう1枚のパンをのせてサンドする。
❹同様にイクラ、カニとシブレットゥのマヨネーズを塗り、サンドして重ねていく。
❺いくつかに切り分ける。
❻サンドウィッチを戻し、ふたをのせる。

243

第9章　ビュッフェのためのグロス・ピエス

Chapitre.9 – Les grosses pièces pour buffets

Les boules de pain surprise　丸いパンで作るパン・シュルプリーズ

6 ルイ14世風

Brioche Louis XIV

器具
プティ・クトー、パレットナイフ、波刃包丁、スライサー

材料
ブリオッシュ・ア・テットゥ（頭のついた、大きいブリオッシュのこと）
マイョネーズ
カニの身
レタス
茹で卵
塩、胡椒

作り方
❶ブリオッシュの縁から内側1cmのところを、形に沿って、斜めに1周切る。
❷パンの切り方は＜シャルキュトゥリー＞参照。
❸表面の焼き色の部分を切り取り（ふたになる）、厚さ1cmくらいで6枚にスライスする。
❹カニの身をほぐし、レタス、茹で卵を細かく切り、マイョネーズと混ぜ、塩、胡椒する。
❺パンに❹を塗り、もう1枚のパンをのせてサンドする。
❻一番下の小さいサンドウィッチは4等分に切る。2番目は6等分に、一番上は8等分に切り分ける。
❼サンドウィッチを戻し、ふたをのせる。
【アドバイス】
具にはムースやブール・コンポゼを使ってもよい。

Chapitre.9 – Les grosses pièces pour buffets

Les boules de pain surprise 丸いパンで作るパン・シュルプリーズ

7 クルミとレーズン
Pain surprise aux noix et aux raisins

器具
プティ・クトー、パレットナイフ、波刃包丁、スライサー

材料
パン・ドゥ・カンパーニュ
ブール・サレ

レーズン
（黒いカレンツか白いもの）
刻んだクルミ

作り方
❶パンの切り方はシャルキュトゥリー作り方❶〜❺参照。
❷たっぷりの水を沸騰させ火を止める。レーズンを入れ、1分ほど浸ける。表面が白くなったら湯をすて、しっかり水気をきる。やわらかくしたレーズンと、刻んだクルミを混ぜる。
❸パンにブール・サレを塗り、❷をのせ、ブール・サレを塗ったもう1枚のパンをのせてサンドする。
❹板をのせて軽く押さえる。
❺サンドウィッチを重ねて、まわりを切り揃えていくつかに切り分ける。
❻サンドウィッチを戻し、ふたをのせる。
【アドバイス】
レーズン入りのパンを使ってもよい。

Chapitre.9 − Les grosses pièces pour buffets

B Le Drakkar 海賊船

1 海賊船
Le Drakkar

パン・ドゥ・ミの大きさによって海賊船のサイズが決まるので、パーティの人数に応じて、パンの大きさと海賊船の台数を決めてください。パン・ドゥ・ミの大きさに合った作品を考えましょう。丸いカナッペは盾を、三角形のカナッペは船の櫓を、ブリオッシュは海賊を現しています。

器具
プティ・クトー、パレットナイフ、波刃包丁、金色の厚紙、楊枝、丸抜き型（直径4cm）、ミニタルトレットゥ型、丸口金、絞り袋

材料
＜パン・ドゥ・ミ＞
材料と作り方は3章参照。

＜海賊＞
ブリオッシュ（小）
材料と作り方は3章参照。

カニバター
フォワ・グラ
チーズ

＜カナッペ＞
パン・ドゥ・ミ
バター
ハム
サーモンの燻製
マヨネーズ
ピクルス

作り方
＜パン・ドゥ・ミ＞
❶パン・ドゥ・ミは船の形になるよう、両端を切り揃える。
❷パンの切り方は＜カニとクレッソン＞作り方❶〜❺参照。
❸好みのサンドウィッチを作り、パンの中に戻し、パンのまわりに金色の厚紙をかぶせる。

＜海賊＞
❶ブリオッシュはミニタルトレットゥ型で焼き、冷ましておく。
❷頭の部分より少し下で切り、上下を分ける。
❸下の部分をプティ・クトーでくり抜いて、カニバター、フォワ・グラ、チーズをそれぞれ詰め、頭の部分をのせる。

第9章　ビュッフェのためのグロス・ピエス

Chapitre.9 – Les grosses pièces pour buffets

B Le Drakkar　海賊船

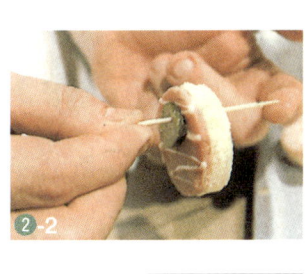

<カナッペ>
❶パン・ドゥ・ミを5mm厚さにスライスし、ハム用に丸抜き型で抜く。サーモン用に小さい三角形も用意する。
❷❶にバターを塗り、パンと同じ大きさにしたハムとサーモンをのせ、しっかりくっつける。
❸絞り袋でマヨネーズを絞って模様をつける。

<組み立てと仕上げ>
❶ブリオッシュをのせて、舟に帆を立てる。
❷ハムのカナッペにピクルスの輪切りを楊枝でとめてブリオッシュに刺して飾る。
❸サーモンのカナッペに長めの楊枝を刺し、船底のまわりにはりつけ、楊枝をハムのカナッペの裏側につける。帆の先に紙の飾りをつける。

247

Chapitre. 9 – Les grosses pièces pour buffets

C Le hérisson 針ねずみ

1 針ねずみのカナッペ

Le hérisson de canapés sur piques

このメニューは見ためが楽しく、華やかで人目をひく一品です。

器具
1.5cmの角棒2本、波刃包丁、スライサー、硫酸紙、刷毛、パレットナイフ、楊枝、台（発泡スチロール、スイカ、メロンなど）

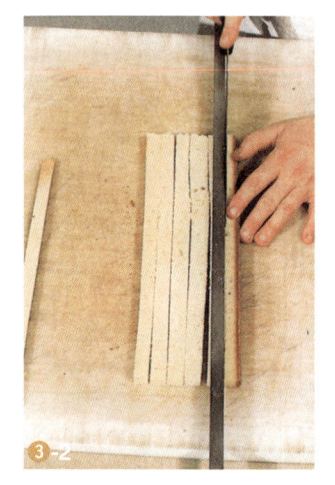

材料
＜パン・ドゥ・ミ＞
材料と作り方は3章参照。

サラダ油

バター
生ハム（パルマ産がおすすめ）
サーモンの燻製

作り方
❶パン・ドゥ・ミは両端を切り落とす。
❷1辺の外側の焼き色を切り取り、その部分を下にして、1.5cmの角棒を両サイドにあて、波刃包丁でスライスする。
❸1.5cmの角棒をスライスしたパンにのせ、角棒に沿って同じ幅に切る。
❹❸と同じ長さで、幅9cmの硫酸紙を用意する。
❺❹を天板に並べ、刷毛でサラダ油を薄く塗る。

Chapitre.9 – Les grosses pièces pour buffets

C Le hérisson 針ねずみ

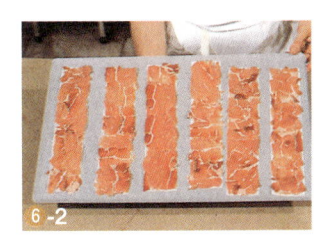

❻ サーモンと生ハムをスライサーで、薄くスライスし、硫酸紙と同じサイズにして❺にのせる。
❼ 冷凍庫でかためる。
❽❼に刷毛でポマード状にやわらかくしたバターを塗る。

❾ バター、生ハム、サーモンが少しやわらかくなったら、❽をのせて巻く。
【注意】
巻き終わりは1/4くらい重なるようにすること。
❿ 硫酸紙の端をはがしておくと、後で取りやすい。
⓫ 軽く押さえて、パンとガルニチュールをしっかりくっつけ、冷凍庫でかためる。

＜組み立てと仕上げ＞
❶ 巻いてある硫酸紙をそっとはがし、長さ2cmに切る。
❷ 楊枝を刺し、底を切って安定させた台に刺す。
【アドバイス】
彩りを添えるものを一緒に刺してもよい。
❸ 楊枝に紙の飾りをつける。

＜保存＞
パーティまで時間がある場合は、乾燥しないように、布、塗らした紙、アルミホイルなどをかぶせておく。また、カナッペはあらかじめ作って密閉容器に入れて冷凍庫で保存し、注文に応じてカットしてもよい。

Chapitre.9 – Les grosses pièces pour buffets

C Le hérisson 針ねずみ

2 クレープ・フーレの針ねずみ

Le hérisson de crêpes fourrées

器具
フライパン、パレットナイフ、楊枝、台(発泡スチロール、スイカ、メロンなど)

材料
＜クレープ＞
クレープのアパレイユ
セルフイユ
エストラゴン
シブレットゥ
塩、胡椒
ナツメグ

澄ましバター

ブール・サレ

＜ガルニチュール＞
ブール・サレ
(マイョネーズでも可)
魚の卵

サーモンのムース

カニ
マイョネーズ

ボンレスハム
ブール・サレ

ロックフォールチーズ
[Roquefort]
バター
クルミ

＜飾り＞
ヤングコーン
赤唐辛子
ジロール茸

作り方
＜クレープ＞
❶ クレープのアパレイユを作って休ませておく。(3巻1章参照)
このクレープは料理用なので、砂糖は入れず、ハーブを入れる。
❷ フライパンに澄ましバターを熱し、❶を入れて両面に軽く焼き色がつくくらいに焼く。天板を使ってオーブンで焼いてもよい。
【注意】
焼きすぎてかたくなると、後の作業がやりにくくなるので、焼き加減には注意すること。
❸ 冷ましておく。
❹ ガルニチュールのロスを出さないように、クレープの両端になる部分をまっすぐに切っておく。

第9章　ビュッフェのためのグロス・ピエス

Chapitre.9 – Les grosses pièces pour buffets

C Le hérisson 針ねずみ

<ガルニチュール>
① ロックフォールチーズとチーズの重さの25%のバターをよく混ぜる。
② クルミは細かく刻んでおく。
③ ハムはクレープと同じ幅に切っておく。

<組み立てと仕上げ>
① クレープにロックフォールチーズをまんべんなく塗り、クルミを散らす。
② 端からしっかり巻く。巻き終わりははがれないようにしっかり押さえる。
【注意】
破らない程度にしっかりと巻きつける。
③ 巻き終わりを下にして並べる。
④ サーモンのムースとカニのマヨネーズも同様に作る。

⑤ 魚の卵、ハムはクレープにブール・サレを塗り、同様にする。
⑥ 最低1時間冷蔵庫に入れ、全体をかたくする。
【アドバイス】
前日に作っておく場合は、ラップに包んで冷蔵する。
⑦ 長さ1cmに切る。
⑧ 巻き終わりが上になるように楊枝を刺す。
⑨ その他の飾りには野菜のビネガー風味、小玉ねぎ、ピーマン、チェリートマト、塩、胡椒で炒めたキノコなどを刺してもよい。
⑩ 台に刺す。

<保存>
パーティまで時間がある場合は、乾燥しないように、湿った布や紙をかぶせて、アルミホイルなどで覆っておく。

251

Chapitre.9 – Les grosses pièces pour buffets

D Le buisson de crudités クリュディテ

1 野菜のブーケ

Le buisson de crudités

パーティやビュッフェで、とても素晴らしい華やかさを与えてくれます。さまざまな料理の前のフレッシュな野菜とソースで食欲も湧いてくるでしょう。
お客様の人数に応じて、ブーケのサイズを決めてください。
このメニューは旬の野菜を取り入れて、1年を通していろいろな組み合わせのものを作ることができます。大きな野菜や果物の台に楊枝を刺しますが、さらにそれをのせるバスケットやトレーを使うといっそう華やかになります。比較的大きい場合はコルクの台がおすすめです。

器具
プティ・クトー、大きなトレー、台にするもの（すいか、メロンなど）、バスケット、トレー、楊枝

材料
<台>
すいか、メロン、キャベツ、紫キャベツ、グレープフルーツ、小さいアーティチョークなど

<ガルニチュール>
にんじん
きゅうり
メロン
セロリ
緑と赤のピーマン
カリフラワー
マッシュルーム
ベビーコーン
ビーツ
丸いラディッシュ
細長いラディッシュ
小玉ねぎ
チェリートマト

<ソース>
マヨネーズをベースにしたもの

作り方
① 大きなトレーにすいか、メロン、キャベツ、紫キャベツ、グレープフルーツ、小さいアーティチョークなどをおく。またボリュームを出すために、枝を添えてもよい。
バスケットなどに野菜をのせてもよい。

第9章　ビュッフェのためのグロス・ピエス

Chapitre.9 – Les grosses pièces pour buffets

C Le buisson de crudités クリュディテ

②-1 きゅうり 
③-3 カリフラワー 
③-7 コーン 
⑤ 小玉ねぎ 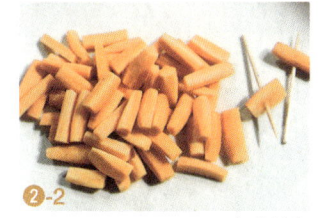
②-2 にんじん 
③-4 メロン 
③-8 赤ピーマン 
⑥ チェリートマト 
③-1 ビーツ 
③-5 緑ピーマン 
④-1 丸いラディッシュ   
③-2 セロリ 
③-6 シャンピニオン 
④-2 細長いラディッシュ
①

❷小さな野菜の串刺しを準備する。野菜は皮をむき、そのまま、あるいは大きいものは小さく切り、にんじん、きゅうりはトゥルネして元の野菜の形のようにする。

❸ビーツから赤ピーマンまでは写真のような形に切り揃える。
❹2種類のラディッシュは端を少し切り、先に十文字を入れる。
❺小玉ねぎは半分に切る。
❻チェリートマトはヘタを取る。

＜組み立てと仕上げ＞
❶準備した野菜の彩りを考えながら刺す。
【アドバイス】
シンプルな作り方で、材料費も安いが、種類も数も多いので準備には時間がかかる。数時間前に作っておくこともできる。その場合は湿らせたふきんをかぶせておく。

❷マヨネーズをベースにしたさまざまなソースを添える。

253

Chapitre. 10

Les brochettes froides

Chapitre.10

第10章
冷製ブロシェットゥ
Les brochettes froides

ここでは、鶏、牛、仔羊、ハム、魚、甲殻類を使った6種類のブロシェットゥ（串料理）を紹介します。主材料に合う野菜や果物を選び、串に刺してソースやジュレを塗ります。
とても個性的で彩りがきれいなことや、素材の組み合わせがおもしろいので、人気のある料理です。グリルで焼くブロシェットゥとは異なり、洗練されていて、とても繊細な味わいです。
レストランやカフェでは、前菜やおつまみとしてもよいでしょう。そのまま、あるいはサラダを添えたりします。
またライスなどを添えて盛り合わせ料理のバリエーションを楽しみましょう。
テイクアウト用には、パックに数本ずつ入れたり、好みで選べるように並べて販売します。
パーティのビュッフェテーブルに出す場合は、ポリエステルやコルクの台に刺すと演出効果が高くなります。

Chapitre.10 – Les brochettes froides

第10章　冷製ブロシェットゥ

ポイント

Point

6種のブロシェットゥ

1. 鶏のブロシェットゥ、ハーブのショーフロワ

- ●鶏 ●シャンピニオン ●小玉ねぎ ●にんじん
- ●ハーブのショーフロワ ●ジュレ・ドゥ・ヴォライユ

これは6種類のブロシェットゥの中で最もクラシックなタイプです。とても上品で繊細な味わいに仕上がります。
主材料は、鶏の胸肉、または七面鳥の胸肉を使います。
副材料は鶏肉と相性がよく、鶏肉の自然な色を際立たせるシャンピニオン、小玉ねぎ、にんじんがよく使われます。
また鮮度のよいもの、同じくらいの大きさのものを選び、ロスが出ないようにしてください。

2. ストゥロゴノフのブロシェットゥ、パプリカ風味

- ●牛肉 ●ピーマン ●小玉ねぎ ●チェリートマト
- ●パプリカのショーフロワ ●ジュレ・ドゥ・ヴィアンドゥ

とても暖かみのある色合いのブロシェットゥです。身近な材料で作るクラシックなタイプですが、パプリカのショーフロワがアクセントとなり、とてもおいしい一品です。
原価もそれほど高くなく、わりと簡単に短時間で作れます。

3. 仔羊のブロシェットゥ、カレー風味

- ●仔羊のもも肉 ●りんご ●バナナ ●パイナップル
- ●ソース・カレー ●ジュレ・ドゥ・ヴィアンドゥ

辛いソース・カレーとフルーツは、個性的で香り豊かな組み合わせです。
原価は少し高めになります。作り方はわりと簡単です。
レストランで出すときは、インド風ライスサラダを一緒に盛り合わせるとよいでしょう。

4. ハムとパイナップルのブロシェットゥ

- ●ハム ●パイナップル ●チェリー
- ●ソース・ガストリック

このブロシェットゥは原価がかからず、作業も簡単です。
塩味と甘い味のコントラストときれいな彩りはとても個性的です。
パーティでは、パイナップルに刺すと演出効果も高くなります。

5. 魚と野菜のブロシェットゥ

- ●アンコウ ●舌平目 ●ホタテ貝のコライユ ●ズッキーニ
- ●にんじん ●きゅうり ●サフランのジュレ

高価な魚を使うので原価は高めになりますが、とても洗練されたブロシェットゥです。
レストランではサラダを盛り合わせるとよいでしょう。

6. 甲殻類とエキゾチックフルーツのブロシェットゥ

- ●ムール貝 ●姫ホタテ貝 ●エビ ●ライム ●マンゴー
- ●キウイ ●アニスのジュレ

さっぱりとした味わいの素材にアニスのジュレを塗ってアクセントをつけ、マンゴーを使うことでより個性的に仕上げます。
作り方は簡単ですが、下準備には時間がかかります。
原価は少し高めになります。
レストランではサラダを添えて、パーティでは貝殻に盛り付けるとよいでしょう。

Chapitre.10 – Les brochettes froides

材料

質のよい材料を使うことがポイントです。副材料は主材料に合うものを選んでください。
1種類につき最低20本くらい作ります。注文の量が多い場合は、種類を増やしてバラエティをつけましょう。

＜主材料＞
鶏または七面鳥の胸肉
牛肉
（フィレ、ランプ、腰の上部）
仔羊のもも肉
ハム（ボンレスかロース）
アンコウの尾
舌平目のフィレ
エビ
ムール貝
姫ホタテ貝

＜副材料＞
野菜
フルーツ

切り方

材料はすべて大きさを揃え、均一にします。主材料は火を通すので調理後大きさが変化することを考えて切りましょう。

作り方

材料の種類が多いので、いろいろな調理方法を用います。作る前に主材料、副材料、ソースやジュレの材料の準備は完全かどうか確認します。調理と調味には十分注意してください。

＜主材料＞
肉は不要な部分や脂を除き、筋を取り、ソテ（炒める）します。ポシェ（茹でる）してもよいものもあります。
魚と甲殻類は殻やはらわたを取り、骨を除き、掃除します。
姫ホタテ貝、アンコウ、舌平目はクール・ブイヨンか軽いフュメ・ドゥ・ポワソンでポシェします。
ムール貝はマリニエールにします。

＜副材料＞
野菜とフルーツは皮をむき、不要な部分を取ります。バナナ、シャンピニオン、りんごなどは空気に触れると酸化して黒くなり、見た目が悪くなるので、切り口にレモン汁をつけてください。野菜は茹でるか蒸すか、炒めます。グラッセするものもあります。

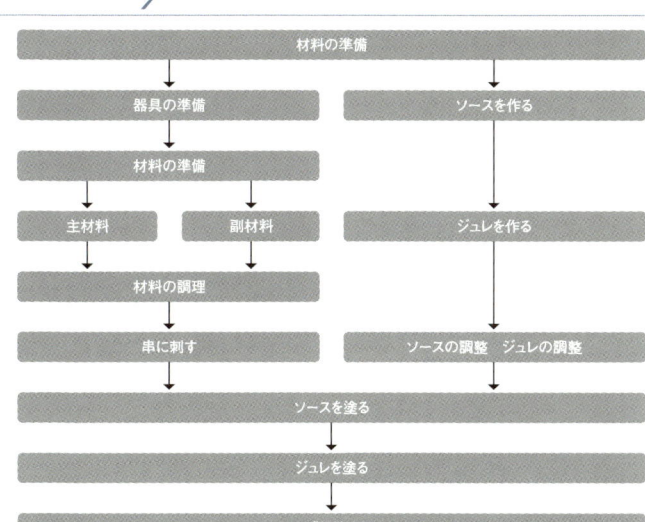

＜グラッセ用ソース＞
ジュレ、ショーフロワ、凝固剤を入れたソースには、それぞれ個性的な香りを加えています。

＜つや出し用のジュレ＞
ブロシェットゥをよく冷やしてからつや出し用のジュレなどを塗ると、とてもきれいに仕上がります。

＜組み立てと仕上げ＞
主材料と副材料の彩りを考えて交互に串に刺します。はずれないように両端にはかための材料を使ってください。
グラッセ用ソースを塗り、つや出し用のジュレを塗ります。

＜盛り付け＞
台に刺したり、銀盆、大皿、小皿に盛り付けます。

＜保存＞
よい状態でサービスするには、直前まで冷蔵庫に入れておきます。ただし、長時間の保存はできません。

第10章　冷製ブロシェットゥ

Chapitre.10 – Les brochettes froides

1 鶏のブロシェットゥ、ハーブのショーフロワ

Brochettes de volailles glacées au chaud-froid aux herbes

器具
薄い刃の包丁、エコノム（皮むき器）、プティ・クトー、串、深めの厚底片手鍋、厚底片手鍋、ホイッパー、シノワ、こし器、網付きアルミ天板、エキュモワール、硫酸紙、布袋、たこ糸

材料
鶏または七面鳥の胸肉

ソテする場合
澄ましバター
塩、胡椒

ポシェする場合
フォン・ブラン・ドゥ・ヴォライユ
材料と作り方は1章参照。
香味野菜
・にんじん
・玉ねぎ
・セロリ
・ポロねぎ
・にんにく
・エシャロットゥ

ブーケガルニ
・タイム
・ローリエ
・パセリ
・ポロねぎの青い部分

塩、胡椒

＜シャンピニオンのソテ＞
シャンピニオン
レモン汁
澄ましバター
塩、胡椒

＜玉ねぎのグラッセ＞
小玉ねぎ
水
バター
グラニュー糖
塩、胡椒

＜にんじんのグラッセ＞
にんじん
水
バター
グラニュー糖
塩、胡椒

＜ハーブのショーフロワ＞
ジュレ・ドゥ・ヴォライユ
マイヨネーズ
エストラゴン
セルフイユ
シブレットゥ

＜ジュレ・ドゥ・ヴォライユ＞
フォン・ブラン・ドゥ・ヴォライユ
板ゼラチン
ポルト酒やシェリー酒（好みで）

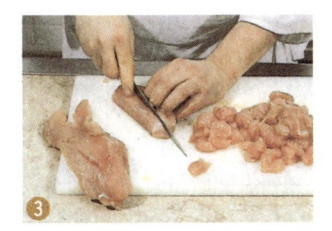

Chapitre.10 – Les brochettes froides

作り方

<鶏>

❶ 肉を傷つけないように、そっと皮を取る。傷つけると形が揃わなかったり、串に刺しにくくなる。

❷ よく研いだ薄い刃の包丁で不要な部分と筋を取り除く。

❸ 3cm角に切る。

❹ ソテする場合
厚底片手鍋に澄ましバターを熱し、❸に塩、胡椒して入れ、そっと裏返し、軽く焼き色をつける。かたくならないように注意して焼き、油をきる。

ポシェする場合
深めの厚底片手鍋に❸を入れ、かぶるくらいまで冷たいフォン・ブラン・ドゥ・ヴォライユを入れる。
香味野菜は2～3mm角に切って、布袋に入れ、たこ糸でしばってから加える(引き上げるときに便利)。

80～85℃まで温め、5～6分、この温度に保って茹でる(肉の大きさにより時間はかわる)。あまり長く茹でると肉がかたくなってしまうので注意すること。煮汁の中で冷ますと、肉はやわらかいままで野菜の香りと味がつく。

<シャンピニオンのソテ>

❶ シャンピニオンは白くて大きく、かためのものを選び、軸を切り、たっぷりの水でよく洗い、水気を十分にきり、縦に4つに切る。
【ポイント】
水につけたままにしておくと黒くなるので注意すること。

❷ レモン汁1/2個分をふりかけて、黒ずみを防ぐ。

❸ 厚底片手鍋に澄ましバターを十分に熱し、❷を入れて軽く色がつくくらいに炒め、塩、胡椒する。

<玉ねぎのグラッセ>

フランスではオニオン・ブランと呼ばれる新玉ねぎと小さくて黄色いオニオン・グルロの2種類を、季節によって使い分ける。

❶ 厚手の鍋に皮をむいた小玉ねぎが重ならないように入れる(火の通りがよくグラッセをしやすい)。

❷ 玉ねぎの高さの2/3まで水を入れ、バターを加える(水250gに対しバター40g)。オニオン・ブランを使う場合は、水は少なめにする。

❸ 塩、胡椒で味付けする。グラニュー糖を加える(水250gに対しグラニュー糖40g)。

❹ 硫酸紙を鍋の直径と同じ大きさに切り、真ん中に直径1cmの穴をあけた紙ぶたをかぶせる(煮汁に浸かっていない上の部分にも均一に火が通る)。

❺ 水分がだいぶ減ったところで紙を取り、かなり強火にし、水分を蒸発させながら茹でる。水分がなくなりほぼバターだけになるまで煮る。グラニュー糖はバターとともにブロンド色のカラメルになり、玉ねぎを包む。皿に移して冷ます。

<にんじんのグラッセ>

中くらいのものが芯もやわらかくてよい。均一で色のきれいなものを選ぶ。

❶ 長さ2cmくらいに切り、切り口の直径が大きいものは、縦に4等分する。

❷ 火の通りを均一にするためにトゥルネ(角を落として形をととのえる)する。これは初めは少し難しい。

❸ 玉ねぎと同様にしてグラッセする。にんじんの方がかたいので水を多めに入れる。

<ジュレ・ドゥ・ヴォライユ>

作り方は1章参照。

第10章　冷製ブロシェットゥ

Chapitre.10 – Les brochettes froides

＜ハーブのショーフロワ＞
❶エストラゴン、セルフイユの葉を取り、みじん切りにする。シブレットゥも同様にする。

❷ジュレ・ドゥ・ヴォライユ2に対してマイヨネーズ1の割合で混ぜ、❶を加える。

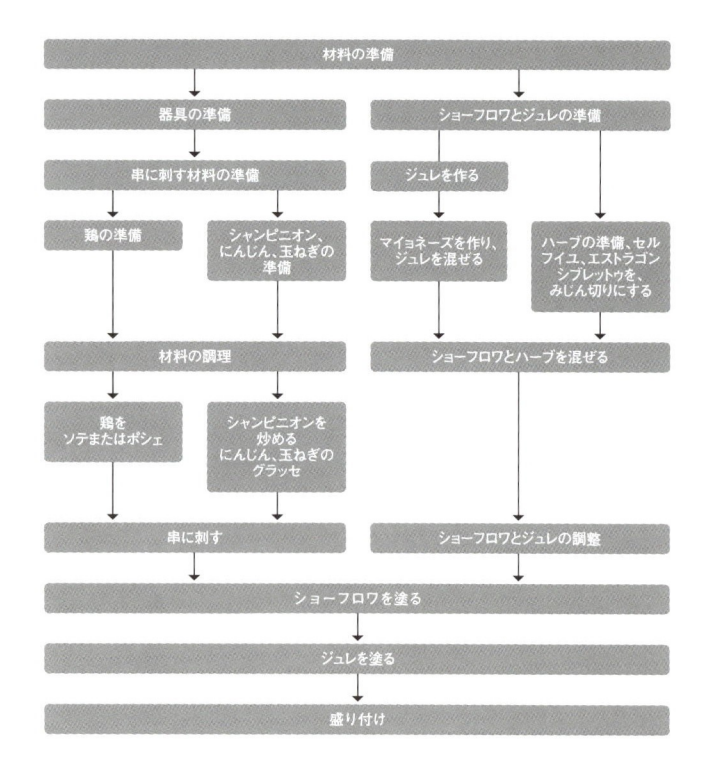

```
材料の準備
  ├─ 器具の準備
  │    ├─ 串に刺す材料の準備
  │    │    ├─ 鶏の準備
  │    │    └─ シャンピニオン、にんじん、玉ねぎの準備
  │    └─ 材料の調理
  │         ├─ 鶏をソテまたはポシェ
  │         └─ シャンピニオンを炒める にんじん、玉ねぎのグラッセ
  │    └─ 串に刺す
  └─ ショーフロワとジュレの準備
       ├─ ジュレを作る
       ├─ マイヨネーズを作り、ジュレを混ぜる
       ├─ ハーブの準備、セルフイユ、エストラゴン シブレットゥを、みじん切りにする
       └─ ショーフロワとハーブを混ぜる
            └─ ショーフロワとジュレの調整
ショーフロワを塗る
ジュレを塗る
盛り付け
```

＜組み立てと仕上げ＞
主材料、副材料、ショーフロワ、ジュレができ上がっているかどうかを確認する。
❶見ためが美しくなるように、彩りを考えて刺していく。
❷両端にはかたい材料を刺して、しっかり固定させる。
❸バットに並べ、冷蔵庫で冷やす。
❹ショーフロワを氷水にあて、十分なとろみがつくまで木べらかホイッパーで気泡が入らないように静かに混ぜる。
❺串の端を持ち、刷毛で❹を塗る。天板に網をおいて、その上にのせ、余分なショーフロワを落とす。
❻冷蔵庫でショーフロワをしっかり冷やしかためる。
❼残りのショーフロワのかたさを調整して、もう1回塗る。網の上にのせ、余分なショーフロワを落とし、冷蔵庫に入れる。 
❽見た目が美しくなり、保存もよくするためにジュレ・ドゥ・ヴォライユ(ポルト酒、シェリー酒などで香りをつけてもよい)を薄く塗ってつや出しする。
❾台に刺したり、銀盆などに盛り付ける。

Chapitre.10 – Les brochettes froides

2 ストゥロゴノフのブロシェットゥ、パプリカ風味

Brochettes Strogonoff au paprika

器具
薄い刃の包丁、エコノム（皮むき器）、プティ・クトー、串、厚底片手鍋、ホイッパー、カード、シノワ、こし器、網をおいたアルミ天板、エキュモワール、ルーシュ、硫酸紙、刷毛

材料
牛肉
（フィレ、ランプ、腰の上部など）
澄ましバター................少々
塩、胡椒、パプリカ
【ポイント】
肉の選択はとても重要。必ずやわらかい部分を使う。

チェリートマト

ピーマン
サラダ油
塩

＜玉ねぎのグラッセ＞
小玉ねぎ
水
バター
グラニュー糖
塩、胡椒

＜パプリカのショーフロワ＞
澄ましバター....................40g
玉ねぎ............................100g
白ワイン........................100cc
マデラ酒........................150cc
ドゥミグラス..................1ℓ
生クリーム....................150cc
ルー..................................適量
塩、胡椒、パプリカ
板ゼラチン................5〜8枚
（ソース1ℓ当たり10〜15g）

＜ジュレ・ドゥ・ヴィアンドゥ＞
フォン・ブラン・ドゥ・ヴォー
板ゼラチン

第10章　冷製プロシェットゥ

Chapitre.10 – Les brochettes froides

作り方
＜牛肉＞
① 牛肉の不要な部分と筋を取り除く。
② 2cm角に切る。焼き縮みするので少し大きめに切る。
③ 塩、胡椒する。
④ 厚底片手鍋に澄ましバターを入れ、強火で熱し、③を入れて表面に焼き色をつける。パプリカをふりかけ、木べらで混ぜる。
【ポイント】
決してフォークで肉を刺さないこと。血が流れ出て味が落ちてしまう。
⑤ 肉を皿に移す。ソースを作るので鍋はそのままにしておく。

＜パプリカのショーフロワ＞
① 玉ねぎをみじん切りにする。
② 肉を焼いた鍋の油をすて、鍋に焦げついた部分は残し、弱火にかけ、澄ましバターを入れる。
③ ①を加え、焼き色がつくまで炒める。
④ 白ワインを加え、デグラッセ（鍋に焦げついたうまみを溶かす）し、3/4量になるまで煮詰める。
⑤ マデラ酒を加え、煮詰めて1/2量にする。
⑥ シノワでこして玉ねぎを取り除く。
⑦ ドゥミグラスを加え、アクを取りながら弱火で煮る。
⑧ 必要ならルーでとろみをつける（使ったドゥミグラスの種類、煮詰め具合による）。
⑨ 塩、胡椒で味をととのえる。パプリカを加える。
⑩ 生クリームを加える。
⑪ 冷水でふやかしておいたゼラチンを加え、よく混ぜてシノワでこし、冷蔵庫に入れておく。

＜ピーマン＞
① よく洗って水気をきり、へたを取る。
② 内側の白い部分を、薄い刃の包丁で取る。
③ 1.5cm角に切り、厚底片手鍋にサラダ油を熱し、軽く火を通して、やわらかくする。
④ 塩を加え、油をきる。皿に移し、冷ましておく。

第10章　冷製ブロシェットゥ

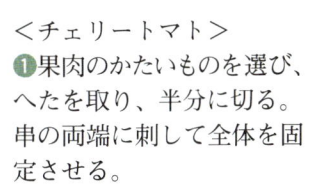

Chapitre.10 – Les brochettes froides

<チェリートマト>
❶果肉のかたいものを選び、へたを取り、半分に切る。串の両端に刺して全体を固定させる。

<玉ねぎのグラッセ>
1鶏のブロシェットゥ参照。

<ジュレ・ドゥ・ヴィアンドゥ>
作り方は1章参照。

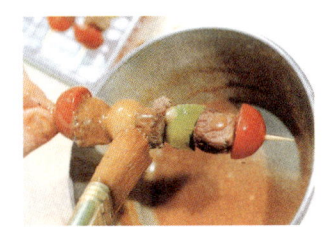

<組み立てと仕上げ>
1鶏のブロシェットゥ参照。ただしここではパプリカのショーフロワを、ジュレはジュレ・ドゥ・ヴォライユではなくジュレ・ドゥ・ヴィアンドゥを塗る。

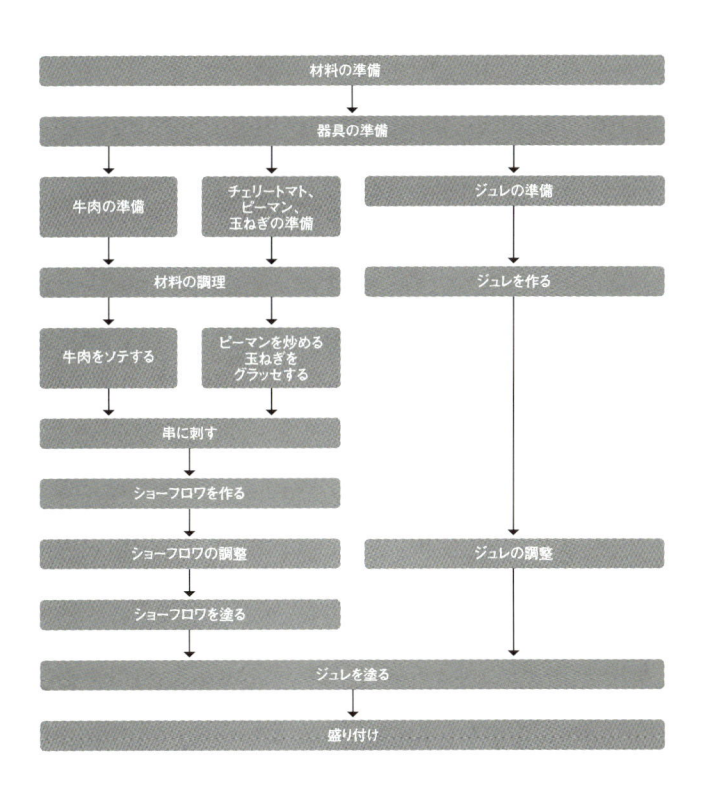

```
材料の準備
   ↓
器具の準備
   ↓
┌──────────┬──────────────┬──────────┐
牛肉の準備   チェリートマト、   ジュレの準備
            ピーマン、
            玉ねぎの準備
   ↓            ↓              ↓
          材料の調理        ジュレを作る
   ↓            ↓              ↓
牛肉をソテする  ピーマンを炒める
              玉ねぎを
              グラッセする
   ↓            ↓
        串に刺す
           ↓
     ショーフロワを作る
           ↓
     ショーフロワの調整      ジュレの調整
           ↓                    ↓
     ショーフロワを塗る
                ↓
          ジュレを塗る
                ↓
           盛り付け
```

263

Chapitre.10 – Les brochettes froides

3 仔羊のブロシェットゥ、カレー風味

Brochettes d'agneau au curry

器具
薄い刃の包丁、エコノム(皮むき器)、プティ・クトー、ステンレスの包丁、串、厚底片手鍋、シノワ、こし器、網をおいたアルミ天板、エキュモワール、ホイッパー

材料
上質の仔羊のもも肉
塩、胡椒
オリーブ油
澄ましバター
カレー粉......................少々

バナナ
りんご(ゴールデン種など)
レモン汁....................1/2個分

パイナップル(缶詰でも可)
シロップ(生の場合)
【ポイント】
おいしく、美しいブロシェットゥにするには傷みのないフルーツを使う。

<ソース・カレー>
玉ねぎ................................40g
にんにく 3片
にんじん 80g
セロリ................................40g
澄ましバター....................30g
ポロねぎの白い部分........50g
レモン汁....................1/2個分
オレンジの絞り汁......1個分
フォン・ダニョを煮詰めたもの
..................................1ℓ
(材料と作り方は1章参照)
ブーケ・ガルニ
・タイム
・ローリエ
・パセリ
・ポロねぎの青い部分
塩、胡椒
カレー粉
クレーム・ドゥーブル...150cc
ルー ....適量
板ゼラチン ....5～8枚
(ソース1ℓ当たり10～15g)

<ジュレ・ドゥ・ヴィアンドゥ>
フォン・ブラン・ドゥ・ヴォー
(フォン・ダニョを適量加えてもよい)
板ゼラチン

Chapitre.10 – Les brochettes froides

作り方

＜仔羊のもも肉＞
① 仔羊のもも肉をととのえ、脂を除き、包丁で骨をはずす。2cm角に切る。(肉屋で切ってもらってもよい)
② 塩、胡椒をする。
③ 鍋にオリーブ油を熱し、②を入れ、全体にきれいな焼き色をつける。中はピンク色が残るようにする。
④ カレー粉を加える。
⑤ 油をきり、皿に移して冷ます。ソースを作るので、鍋はそのままにしておく。

＜ソース・カレー＞
① 玉ねぎ、にんにく、にんじん、セロリ、ポロねぎの白い部分は5mm角に切る。
② 肉を炒めた油をすて、鍋に焦げついた部分は残し、弱火にかけて澄ましバターを入れる。
③ ②に①を入れ、色がつかないようにゆっくり炒める。レモンとオレンジの絞り汁を加え、デグラッセ(鍋に焦げついたうまみを溶かす)し、3/4量になるまで煮詰める。
④ フォン・ダニョを煮詰めたものを加え、ブーケガルニを入れ、アクを取りながら弱火で1/2量に煮詰める。
⑤ 必要ならルーでとろみをつける。
⑥ 塩、胡椒、カレー粉で味をととのえる。
⑦ クレーム・ドゥーブルを加える。
⑧ 冷水でふやかしておいた板ゼラチンを加え、よく混ぜてシノワでこし、冷蔵庫に入れておく。

＜バナナ＞
① かたいものを選び、皮をむき、レモン汁を表面につける。ステンレスの包丁で、1.5cm幅に切り、さらに半分に切り、レモン汁をつける。

＜パイナップル＞
① 生のパイナップルの場合は、1.5cm角に切り、軽いシロップで煮る(4ハムとパイナップルのブロシェットゥ参照)。缶詰の場合は、水気をよくきって、1.5cm角に切る。

＜りんご＞
① りんごの皮をむき、軸を取り、半分に切る。芯を取り、レモン汁をつける。ステンレスの包丁で縦半分に切り、1.5cm角に切る。レモン汁をつける。

第10章　冷製ブロシェットゥ

Chapitre.10 – Les brochettes froides

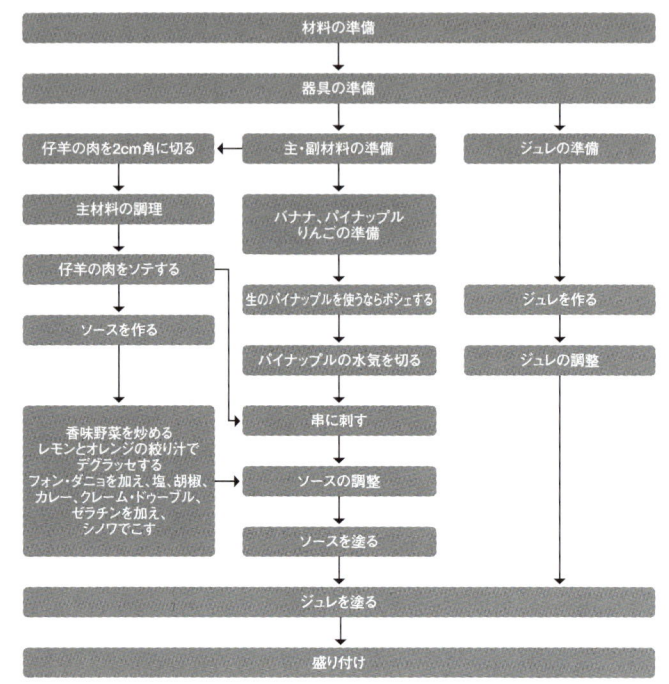

<組み立てと仕上げ>
1 鶏のブロシェットゥ参照。肉とフルーツを交互に刺す。ただし、ここではショーフロワではなくソース・カレーを、ジュレ・ドゥ・ヴォライユではなくジュレ・ドゥ・ヴィアンドゥを塗る。

```
材料の準備
   ↓
器具の準備
   ↓
┌──────────────┬──────────────────────┬──────────────┐
仔羊の肉を2cm角に切る    主・副材料の準備         ジュレの準備
   ↓                     ↓                      ↓
主材料の調理          バナナ、パイナップル      ジュレを作る
   ↓                  りんごの準備              ↓
仔羊の肉をソテする         ↓                  ジュレの調整
   ↓               生のパイナップルを使うならポシェする
ソースを作る              ↓
   ↓               パイナップルの水気を切る
香味野菜を炒める           ↓
レモンとオレンジの絞り汁で   串に刺す
デグラッセする            ↓
フォン・ダニョを加え、塩、胡椒、ソースの調整
カレー、クレーム・ドゥーブル、  ↓
ゼラチンを加え、          ソースを塗る
シノワでこす
   ↓
ジュレを塗る
   ↓
盛り付け
```

Chapitre.10 – Les brochettes froides

4 ハムとパイナップルのブロシェットゥ

Brochettes de jambon à l'ananas

器具
薄い刃の包丁、種抜き器、エコノム（皮むき器）、プティ・クトー、波刃包丁、串、厚底片手鍋、ホイッパー、シノワ、こし器、網をおいたアルミ天板、エキュモワール、ルーシュ、刷毛、ふきん

材料
ハム
（ボンレスかロース。上質のハムを使うこと）

パイナップル
（缶詰でも可。生の場合は完熟のものを使う）

チェリー
（少し酸味のあるグリヨットゥ種などがよい。日本にはビン詰で輸入されている。缶詰は上質で、甘みの少ないものを使う）

ワイン（白または赤）

<ソース・ガストゥリック>
パイナップルのシロップ............100cc
ワインビネガー..............80cc
ワイン（白または赤）......200cc
ドゥミグラス..................1ℓ
（煮詰めたフォン・ブラン・ドゥ・ヴォーでもよい）
ルー..................適量
塩、胡椒
板ゼラチン..................5〜8枚
（ソース1ℓ当たり10〜15g）

<ジュレ・ドゥ・ヴィアンドゥ>
フォン・ブラン・ドゥ・ヴォー
板ゼラチン

作り方
<ハム>
❶ハムは脂の部分を取り、1.5cm角に切る。

<パイナップル>
❶生のパイナップルは波刃包丁で両端を切り、縦におき、刃の薄い包丁で、果肉を傷つけないように皮をむく。トゲの部分を取り、くし切りにして芯を取り、1.5cm角に切る。
❷シロップ（水1ℓ＋グラニュー糖250g）を作り、冷たい状態で❶を加え、火にかけて沸騰直前まで加熱してやわらかくする（グラニュー糖の量はパイナップルの酸味によって調節する）。
❸火からおろし、シロップに漬けたまま、完全に冷ます。
【アドバイス】
缶詰を使う場合は、パイナップルの味と形がよいか確認する。缶詰は茹でる必要はない。

<チェリー>
❶洗って、軸を取る。果肉をつぶさないように、種抜き器で種を取る。
❷冷たい状態のワインから❶を加えて加熱し、軽く茹で、そのまま一晩おくと味わいに深みが出てくる。
【アドバイス】
缶詰を使う場合は、種が抜いてあるものを使う。缶詰は茹でる必要はない。

第10章　冷製ブロシェットゥ

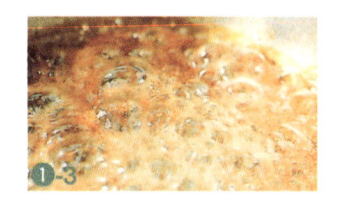

Chapitre.10 – Les brochettes froides

作り方

＜ソース・ガストゥリック＞

①パイナップルのシロップをカラメル・ブロン（薄い茶色のカラメル）まで煮詰める。濃い茶色にすると苦くなる。

②ワインビネガーを加える。

③生のチェリーを使った場合は、チェリーを茹でたワインを加える。また缶詰を使った場合は白ワインか赤ワインをそのまま加えてもよい。

④デグラッセ（鍋についているカラメルをのばす）し、2/3量に煮詰める。

⑤ドゥミグラスを加え、アクを取りながらさらに煮詰める。

⑥必要ならルーでとろみをつける。

⑦塩、胡椒で味をととのえる。

⑧冷水でふやかしておいたゼラチンを加え、よく混ぜて、シノワでこし、冷蔵庫に入れておく。

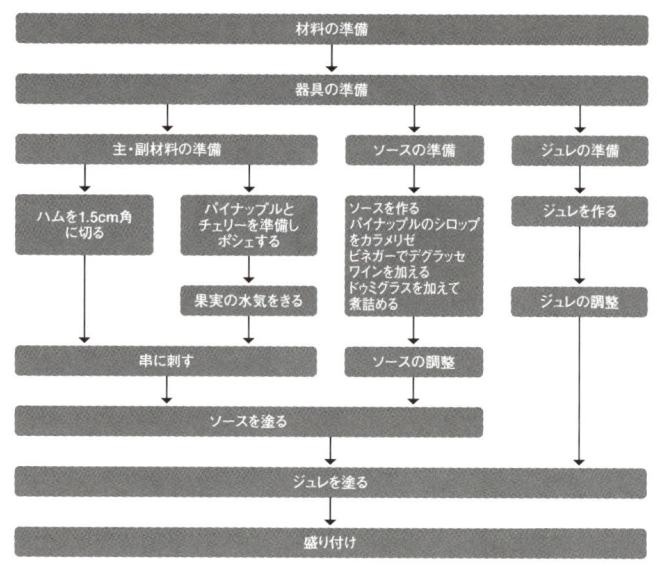

＜組み立てと仕上げ＞

①フルーツはしっかり水気をきり、ふきんの上におく。

②1 鶏のブロシェットゥ参照。ただしここではショーフロワではなく、ソース・ガストゥリックを、ジュレ・ドゥ・ヴォライユではなく、ジュレ・ドゥ・ヴィアンドゥを塗る。

第10章　冷製ブロシェットゥ

Chapitre.10 – Les brochettes froides

5 魚と野菜のブロシェットゥ

Brochettes de poissons aux légumes

器具
薄い刃の包丁、エコノム（皮むき器）、プティ・クトー、串、銅鍋(中)、厚底片手鍋、ホイッパー、カード、シノワ、こし器、網をおいたアルミ天板、エキュモワール、刷毛、ふきん

材料
アンコウ
舌平目
ホタテ貝のコライユ
フュメ・ドゥ・ポワソン
材料と作り方は1章参照。
【ポイント】
魚は必ず上質で新鮮なものを使う。

きゅうり
ズッキーニ
にんじん
フュメ・ドゥ・ポワソン
【ポイント】
野菜は色がきれいで、直径が同じくらいのものを使う。

＜サフランのジュレ＞
フュメ・ドゥ・ポワソン
板ゼラチン
サフラン

269

第10章　冷製ブロシェットゥ

Chapitre.10 – Les brochettes froides

作り方

＜舌平目、アンコウ、ホタテ貝＞
魚を丸ごと使う場合は内臓を取り除きよく洗い、フィレ（切り身）にする。

❶舌平目のフィレは、小骨を全部取る。2cm角に切り、茹でたときに身が縮まないように軽くたたいて筋を切る。身を破らないように注意する。

❷アンコウの皮を注意してむく。背骨をはずして、2枚のフィレにする。筋やくずはきれいに取り除き、2cm角に切る。

❸ホタテ貝はきれいな色のコライユ（赤い所）を使う。

❹フュメ・ドゥ・ポワソンの味をととのえる。

❺3つの鍋に冷たいフュメ・ドゥ・ポワソンを入れ、それぞれ魚を入れて加熱し、弱火で茹でる。

【ポイント】
火が強いと身が縮んでしまう。

❻身がしまったら、ふきんの上で水気をきる。

＜サフランのジュレ＞
❶フュメ・ドゥ・ポワソンを澄まして、冷水でふやかしておいたゼラチンを加え、よく混ぜる。シノワでこして、サフランを加え、冷蔵庫に入れておく。

＜きゅうり、ズッキーニ、にんじん＞
❶きゅうりは皮をむき、2cmの輪切りにして、半分にする。

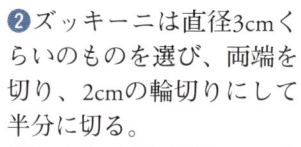

❷ズッキーニは直径3cmくらいのものを選び、両端を切り、2cmの輪切りにして半分に切る。

❸にんじんは直径1.5cmくらいのものを選び、皮をむき、2cmの輪切りにする。

❹銅鍋にフュメ・ドゥ・ポワソンを入れ、塩を加え、沸騰したら❶を入れて茹でる。（銅鍋で茹でると緑色がきれいに出る）

❺ズッキーニも同様にする。

❻厚底片手鍋に、フュメ・ドゥ・ポワソンを入れ、塩を加え、沸騰したら❸を入れて茹でる。

それぞれの野菜に串を刺してみて、煮え具合を確かめる。少しかための状態で氷水に入れ、すぐに水気をきって、ふきんの上におく。

第10章 冷製ブロシェットゥ

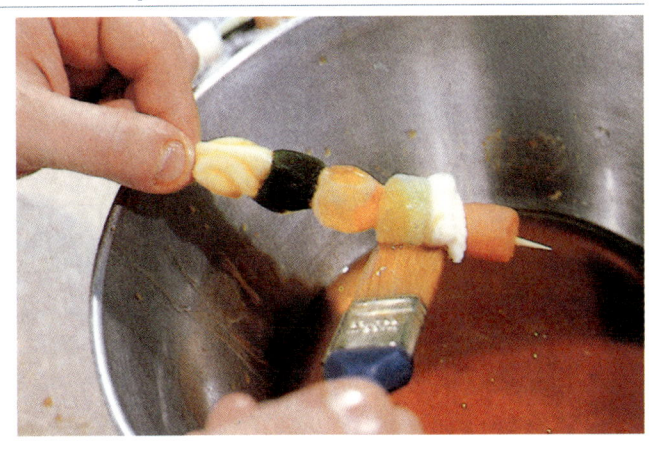

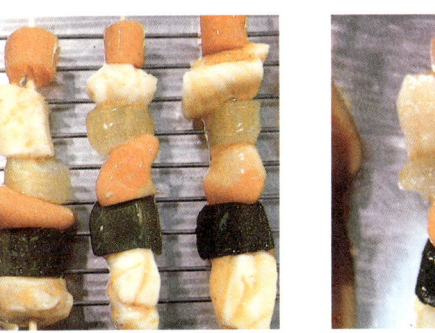

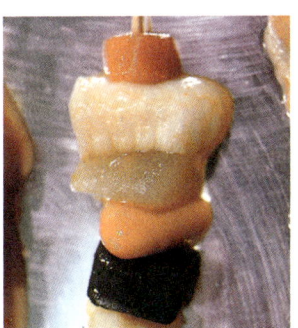

Chapitre.10 – Les brochettes froides

＜組み立てと仕上げ＞
1 鶏のブロシェットゥ参照。
ここではジュレ・ドゥ・ポワソンのみ塗る。

```
           材料の準備
              ↓
           器具の準備
              ↓
         主・副材料の準備 ─────────→ ジュレの準備
              ↓                        ↓
    ┌─────────┴─────────┐           ジュレを作る
    ↓                   ↓              ↓
  魚の準備            野菜の準備      ジュレの調整
  魚をおろす          きゅうり、にんじん、ズッキーニの
  ホタテ貝のコライユをとっておく  大きさを揃えて切る
    ↓                   ↓
  舌平目とアンコウは
  2cm角に切る
    ↓                   ↓
  フュメで魚をポシェ   野菜を茹でる
  そのまま冷ます
    ↓                   ↓
  網の上で水気をきり
  ふきんの上におく
              ↓
           串に刺す
              ↓
           ジュレを塗る
              ↓
           盛り付け
```

271

第10章　冷製ブロシェットゥ

Chapitre.10 – Les brochettes froides

6 甲殻類とエキゾチックフルーツのブロシェットゥ

Brochettes de crustacés aux fruits exotiques

器具
薄い刃の包丁、エコノム（皮むき器）、プティ・クトー、串、厚底片手鍋、カード、シノワ、こし器、網をおいたアルミ天板、エキュモワール、刷毛、ふきん

材料
＜ムール貝のマリニエール＞
ムール貝
玉ねぎ
エシャロットゥ
澄ましバター
ブーケガルニ
・タイムの束
・ローリエ 1/2枚
・パセリの茎
・ポロねぎの青い部分
白ワイン（辛口）
胡椒

エビ
フュメ・ドゥ・ポワソン

姫ホタテ貝
フュメ・ドゥ・ポワソン

マンゴー
キウイ
ライム
アネットゥ（飾り用）
【ポイント】
フルーツはよく熟していて色のきれいなもの、果肉はかたさのあるものを選ぶ。

＜ジュレ・ドゥ・ポワソン＞
フュメ・ドゥ・ポワソン
アニス
（パウダーかフランス産リキュールなどのリキュール）
板ゼラチン

Chapitre.10 – Les brochettes froides

作り方

＜ムール貝のマリニエール＞
❶ムール貝の掃除をする。
❷マリニエールを作る。玉ねぎとエシャロットゥはみじん切りにする。
❸厚底片手鍋に澄ましバターを熱し、❷を加え、軽く炒める。
❹❶、ブーケガルニ、白ワインを加え、胡椒を加える（ムール貝は塩気があるので、塩を加える必要はない）。
❺ぴったりとふたをして、強火にする。
【ポイント】
すぐに火が通るので気をつける。火を通しすぎるとかたくなり、ゴムのようになってしまう。
❻貝が開いたら、ボウルに移し、冷ます。
❼身を傷つけないように注意して殻からはずし、ひもを取り、形をととのえる。
❽煮汁をシノワでこす。

＜エビ＞
❶エビは冷たいフュメ・ドゥ・ポワソンから入れ、軽く茹でて頭を切り、殻をはずす。
❷大きさにより2つか3つに切る。

＜姫ホタテ貝＞
❶姫ホタテ貝は殻付きの場合は、刃のかたい包丁で殻を開け、身を傷つけないように殻からはずす。
❷貝柱とコライユを分け、よく水で洗う。
❸冷たいフュメ・ドゥ・ポワソンに軽く塩、胡椒をして、❷を入れ、弱火で茹でる。
❹身が少しかたくなったら、取り出して水気をきる。

＜マンゴー＞
ていねいに皮をむき、種を取り、2cm角に切る。

＜ライム＞
薄切りにし、半分に切る。

＜キウイ＞
ていねいに皮をむき、1cmくらいの輪切りにし、4つに切る。

＜ジュレ・ドゥ・ポワソン＞
材料と作り方は1章参照。ただしここではサフランではなく、アニスのパウダーかリキュールで香りをつける。

第10章　冷製ブロシェットゥ

Chapitre.10 – Les brochettes froides

<組み立てと仕上げ>
1 鶏のブロシェットゥ参照。ただし、ここではショーフロワではなく、ジュレ・ドゥ・ポワソンを塗る。飾りにアネットゥかフヌイユをのせる。

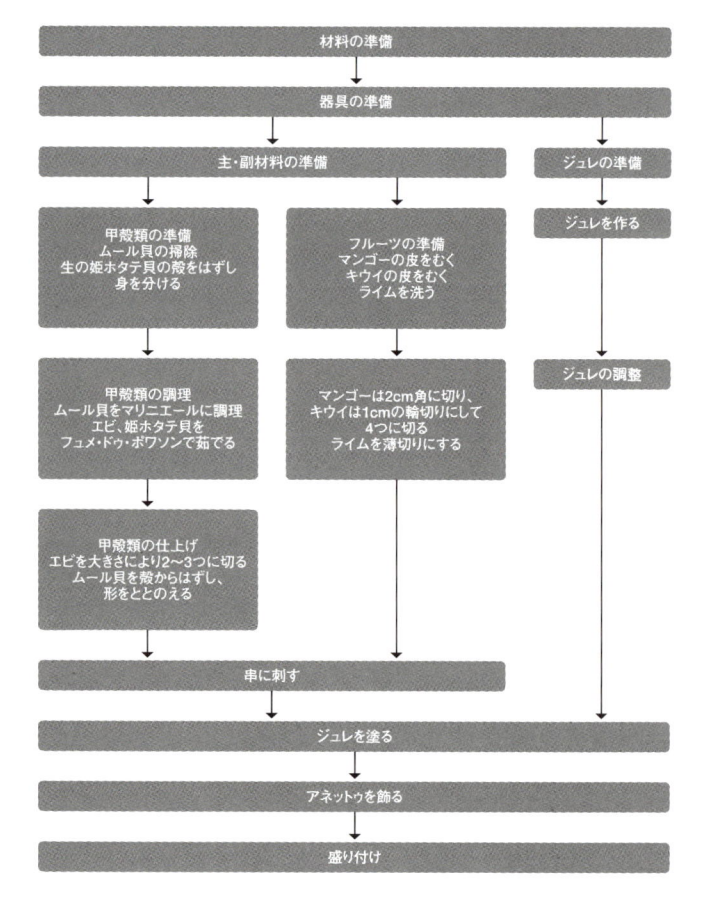

```
材料の準備
  ↓
器具の準備
  ↓
主・副材料の準備　　　　　　　　　　　ジュレの準備
  ↓                                    ↓
甲殻類の準備            フルーツの準備  ジュレを作る
ムール貝の掃除          マンゴーの皮をむく
生の姫ホタテ貝の殻をはずし  キウイの皮をむく
身を分ける              ライムを洗う
  ↓                      ↓              ↓
甲殻類の調理            マンゴーは2cm角に切り、  ジュレの調整
ムール貝をマリニエールに調理  キウイは1cmの輪切りにして
エビ、姫ホタテ貝を        4つに切る
フュメ・ドゥ・ポワソンで茹でる  ライムを薄切りにする
  ↓
甲殻類の仕上げ
エビを大きさにより2〜3つに切る
ムール貝を殻からはずし、
形をととのえる
  ↓                      ↓              ↓
           串に刺す
              ↓
           ジュレを塗る
              ↓
           アネットゥを飾る
              ↓
           盛り付け
```

274

Chapitre.10 – Les brochettes froides

バリエーション
Variation

1. 鴨の胸肉と桃のブロシェットゥ
Brochettes de magret de canard aux pêches

肉汁たっぷりな鴨の胸肉と桃の甘み、白ワインを使ったソース・ブロンドゥとの組み合わせは、とても繊細で上品な味わいです。

材料

＜主材料＞
鴨の胸肉

＜副材料＞
黄桃か白桃
水
グラニュー糖
（加えた水の重量の20％）

＜ソース・ブロンドゥ＞
桃を茹でたシロップ
ビネガー
白ワイン
フォン・ドゥ・カナール
ルー
塩、胡椒
板ゼラチン

＜ジュレ・ドゥ・ヴィアンドゥ＞
フォン・ブラン・ドゥ・ヴォー
板ゼラチン

作り方

＜鴨＞
❶鴨の胸肉をオーブンで焼く。
❷冷まして皮を取り、1.5～2cm角に切る。
❸桃は皮をむき、鍋に入れ、かぶるくらいまで水を加える。グラニュー糖を加え、弱火で串がすっと入るくらいのかたさに茹でて、皿に移す。

＜ソース・ブロンドゥ＞
❶❸の茹で汁を煮詰めて、カラメル・ブロン（薄い茶色のカラメル）にし、ビネガーを加え、デグラッセ（鍋に焦げついたうまみを溶かす）し、2/3量に煮詰める。
❷白ワインとフォン・ドゥ・カナールを加え、アクを取りながらさらに煮詰める。
❸必要ならルーでとろみをつける。
❹塩、胡椒で味をととのえる。
❺冷水でふやかしておいたゼラチンを加え、よく混ぜて、シノワでこし、冷蔵庫に入れておく。

＜組み立てと仕上げ＞
❶1鶏のブロシェットゥ参照。

2. コンテとアンディーブのブロシェットゥ
Brochettes de comté aux endive

とてもさわやかであっさりとした一品です。簡単で作業時間も短く、また原価も手頃です。干しブドウを間に刺してもよいでしょう。

材料

＜主材料＞
コンテチーズ

＜副材料＞
アンディーブ

作り方
❶コンテチーズを1.5～2cm角に切る。
❷アンディーブはきれいなものを選び、大きさを揃えて切る。
❸交互に刺す。

Chapitre.10 – Les brochettes froides

3. リ・ドゥ・ヴォーと野菜のブロシェットゥ
Brochettes de ris de veau aux légumes

それぞれの素材にひと手間かけた味わい深い一品です。シェリー酒を使ったソースが全体を引き立てます。

材料

<主材料>
リ・ドゥ・ヴォー
塩、胡椒
小麦粉
サラダ油

<副材料>
にんじん
玉ねぎ
シャンピニオン

<ソース・シェリー>
シェリー酒
ドゥミグラス
ルー
塩、胡椒
生クリーム
板ゼラチン

<ジュレ・ドゥ・ヴィアンドゥ>
フォン・ブラン・ドゥ・ヴォー
板ゼラチン

作り方

❶ リ・ドゥ・ヴォーの薄い膜と筋を取り、流水に1時間さらす。ここでもう一度ていねいに膜と筋を取り除く。
(3巻1章ブーシェ・ア・ラ・レーヌ参照)
❷ 鍋に冷たい水を入れ、❶を入れ、火にかけて、沸騰してから3分間茹で、皿に移す。
❸ 塩、胡椒をし、小麦粉をまぶす。厚手のフライパンにサラダ油を熱し、リ・ドゥ・ヴォーを入れ、焼き色をつけ、皿に移す。
❹ 冷めてから、大きさを揃えて1.5〜2cm角に切る。鍋はこのままにしておく。

<グラッセ>
にんじんと玉ねぎはそれぞれグラッセする。(1 鶏のブロシェットゥ参照)

<シャンピニオンのソテ>
シャンピニオンをソテする。(1 鶏のブロシェットゥ参照)

<ソース・シェリー>
❶ リ・ドゥ・ヴォーを炒めた鍋の油をすてて火にかけ、シェリー酒を加え、デグラッセし、3/4量になるまで煮詰める。
❷ ドゥミグラスを加え、アクを取りながら弱火で1/2量に煮詰める。
❸ 必要ならルーでとろみをつける(使ったドゥミグラスの種類、煮詰め具合による)。
❹ 塩、胡椒で味をととのえる。
❺ 生クリームを加える。
❻ 冷水でふやかしておいたゼラチンを加え、よく混ぜてシノワでこし、冷蔵庫に入れておく。

<組み立てと仕上げ>
1 鶏のブロシェットゥ参照。

4. 豚肉とあんずのブロシェットゥ
Brochettes de porc aux abricots

さっぱりした豚のフィレ肉と酸味のあるあんずはとてもさわやかな組み合わせです。あんずはパイナップルにかえてもよいでしょう。

材料

<主材料>
豚フィレ肉
サラダ油

<副材料>
乾燥あんず
水
グラニュー糖
(加えた水の重量の20%)

<ソース・ガストゥリック>
パイナップルのシロップ
ビネガー
グラニュー糖
白ワイン
ドゥミグラス
塩、胡椒
板ゼラチン

<ジュレ・ドゥ・ヴィアンドゥ>
フォン・ブラン・ドゥ・ヴォー
板ゼラチン

作り方

<豚フィレ肉>
❶ 肉をたこ糸でしばり、厚手のフライパンにサラダ油を熱し、焼いてからオーブンに入れてローストする。鍋はそのままにしておく。
❷ 完全に冷めたら1.5〜2cm角に切る。

<あんず>
❶ 乾燥あんずを、あんずより1cm高く、多めの水に一晩漬けてやわらかくし、グラニュー糖を加えて軽く茹でる。
❷ 水気をきり、冷まして1.5〜2cm角に切る。

<ソース・ガストゥリック>
作り方は4ハムとパイナップルのブロシェットゥ参照。

<組み立てと仕上げ>
1 鶏のブロシェットゥ参照。

5. レバーとブロッコリーのブロシェットゥ
Brochettes de foie aux brocolis

クラシックなタイプのブロシェットゥです。ポルト酒のソースがレバーの味を際立たせます。

材料
<主材料>
レバー
澄ましバター
塩、胡椒

<副材料>
ブロッコリー

<ソース・オ・ポルトゥ>
ポルト酒
ドゥミグラス
ルー
塩、胡椒
生クリーム
板ゼラチン

<ジュレ・ドゥ・ヴィアンドゥ>
フォン・ブラン・ドゥ・ヴォー
板ゼラチン

作り方
❶レバーを2cm角に切り、厚底片手鍋に澄ましバターを熱して、塩、胡椒して軽く焼き色をつける(中はピンク色)。皿に移し、鍋はそのままにしておく。

<ソース・オ・ポルトゥ>
❶鍋の油をすてて火にかけ、ポルト酒を加え、デグラッセし、3/4量になるまで煮詰める。
❷ドゥミグラスを加え、アクを取りながら弱火で1/2量に煮詰める。
❸必要ならルーでとろみをつける(使ったドゥミグラスの種類、煮詰め具合による)。
❹塩、胡椒で味をととのえる。
❺生クリームを加える。
❻冷水でふやかしておいたゼラチンを加え、よく混ぜてシノワでこし、冷蔵庫に入れておく。

<ブロッコリー>
ブロッコリーはかために茹で、大きさを揃えて切る。

<組み立てと仕上げ>
1 鶏のブロシェットゥ参照。

6. ウサギとりんごとプルーンのブロシェットゥ
Brochettes de lapin aux pommes et aux pruneaux

シードルのソースを使って軽い味わいに仕上げます。寒い季節に楽しめる一品です。

材料
<主材料>
仔ウサギのフィレ肉
澄ましバター
塩、胡椒

<副材料>
りんご
澄ましバター
乾燥プルーン

<シードルのソース>
シードル
ドゥミグラス
ルー
塩、胡椒
生クリーム
板ゼラチン

<ジュレ・ドゥ・ヴィアンドゥ>
フォン・ブラン・ドゥ・ヴォー
板ゼラチン

作り方
❶仔ウサギのフィレ肉を2cm角に切り、厚底片手鍋に澄ましバターを熱し、塩、胡椒して軽く焼き色をつける。皿に移し、鍋はそのままにしておく。

<シードルのソース>
❶鍋の油をすてて火にかけ、シードルを加え、デグラッセし、3/4量になるまで煮詰める。
❷ドゥミグラスを加え、アクを取りながら弱火で1/2量に煮詰める。
❸必要ならルーでとろみをつける。
❹塩、胡椒で味をととのえる。
❺生クリームを加える。
❻冷水でふやかしておいたゼラチンを加え、よく混ぜてシノワでこし、冷蔵庫に入れておく。

<りんご>
❶りんごは皮をむき、芯を取り、1.5cm角に切る。
❷厚手の鍋に澄ましバターを熱し、軽く炒める。

<プルーン>
プルーンは種を抜く。

<組み立てと仕上げ>
1 鶏のブロシェットゥ参照。

アルティザン・トゥレトゥール 第1巻
L'artisan traiteur

2002年6月25日	初版第1刷発行
著者	ドゥニ・リュッフェル
発行者	弓田 亨
発行所	株式会社イル・プルー・シュル・ラ・セーヌ企画
	〒150-0033
	東京都渋谷区猿楽町17-16 代官山フォーラム2F
	TEL.03-3476-5214
	FAX.03-3476-3772
印刷所	株式会社ヨシダコーポレーション
製本所	大日本製本株式会社

日本語版制作スタッフ

監修	弓田 亨/椎名眞知子
編集	田代ユキ/徳田朝美/田中淑江/塚本禎子/橋本佳子/戸田輪香子
編集協力	倉田國弘（株式会社ヨシダコーポレーション）
デザイン・ディレクション	土田 哲（SNoWK）
デザイン	鈴木健司（株式会社ヨシダコーポレーション）
	高橋裕一郎（DeeVOXX）
DTPオペレーション協力	鎌田栄太郎（株式会社ヨシダコーポレーション）
カバー撮影	五海裕治
制作進行	丸岡一志（株式会社ヨシダコーポレーション）
翻訳	下橋泰子/平井真理子/中川協子/大辻 都

本書の内容を無断で転載・複製することを禁じます。
落丁本、乱丁本はお取り替えいたします。
Printed in Japan

First published as *L'Artisan Traiteur* by Éditions ST-HONORÉ, Paris, France : copyright © 1987.
Copyright © 1987 by Denis Ruffel. All Rights Reserved.
Japanese translation copyright © 2002 by Il Pleut Sur La Seine Kikaku Co.,Ltd.
Design © 2002 Satoshi Tsuchita

日本語版版権 © 2002 株式会社イル・プルー・シュル・ラ・セーヌ企画